本书为教育部人文社科研究青年基金项目成果（项目号：08JC630049）

本书为教育部人文社科研究青年基金项目成果

管理者的职业弹性研究

以积极心理学为视角

李霞 著

暨南大學出版社
JINAN UNIVERSITY PRESS
中国·广州

图书在版编目（CIP）数据

管理者的职业弹性研究：以积极心理学为视角 / 李霞著．—广州：暨南大学出版社，2010.12

ISBN 978-7-81135-685-4

Ⅰ.①管… Ⅱ.①李… Ⅲ.①职业选择—研究 Ⅳ.①C913.2

中国版本图书馆 CIP 数据核字（2010）第 213389 号

…………………………………………………………………………………………

管理者的职业弹性研究：以积极心理学为视角

著　　者　李　霞
出 版 人　徐义雄
策划编辑　杜小陆
责任编辑　杜小陆　刘慧玲
责任校对　武艳飞
出版发行　暨南大学出版社（广州暨南大学　邮编：510630）
网　　址　http://www.jnupress.com　http://press.jnu.edu.cn
电　　话　总编室（8620）85221601
　　　　　营销部（8620）85225284　85228291　85228292（邮购）
排　　版　暨南大学出版社照排中心
印　　刷　佛山市浩文彩色印刷有限公司
开　　本　787mm×960mm　1/16
印　　张　17
字　　数　310 千
版　　次　2010 年 12 月第 1 版
印　　次　2010 年 12 月第 1 次
印　　数　1—2000 册
定　　价　38.80 元

序

李霞请我为她的书写个小序，尽管写序好像还不是我这个地位或者年龄的人应该做的，但我还是很乐意利用这个机会来呼吁社会对职业生涯研究的重视。这也正是此书有所贡献的地方。

职业生涯关系人的工作生命质量。这个术语尽管很早就在汉语里存在了，但是，中国人真正将职业作为一个应该认真对待的事情，大概是改革开放后很晚才发生的。我们的职业生涯文化可以从我们的习语中看得很清楚，“干一行爱一行”，也可以从我们的口号中看出，“一切听从党的安排”。在这样的文化中，环境对我们的要求是更为重要的，我们被迫去适应环境。此时，是不可能进行职业生涯设计的。这大概是我国五六十年代出生的人所面对的实际情况。

改革开放后，中国社会经济发生了翻天覆地的变化，但是，在职业生涯发展方面我们似乎还裹足不前。尽管人们已经意识到职业生涯占据了我们人生的绝大部分时间，决定了我们的生命质量，但是，我们仍然处于两种不理想的状态，一是进行了错误的规划，如逼迫孩子学习他们并不想学习的专业，选择专业时更多是在选学校，选择职业时更多是看工资高不高。第二种状况是大多数人根本不相信职业生涯设计是有意义的。他们认为那是可有可无的，或者认为规划不如变化，喜欢踩着西瓜皮，被西瓜皮带到西瓜皮要去的地方，到了岔路口再来想如何迈步。这大概是70后与80后职业生涯规划的概况。

在职业的定位上，有三种截然不同的人。第一种人寻找的只是一个职务，这种人工作的目的就是挣足够的钱来支持他的生活。

如果他在财务方面已经安全了，就不会再继续工作了，而更愿意做些其他事情。在工作的时候，他经常会希望时间过得更快些，他特别盼望周末和假期。如果可以重新过一次生活，他也许就不会再选择做这项工作了。他也不会建议他的子女和朋友选择这个工作。他们常常特别盼望退休。第二种人寻找的是一种职业生涯，他基本上还是喜欢自己的工作的，但是5年内他是不会希望在现在的工作上继续的。相反，他希望升迁到更高、更好的职位上去。他对于自己的未来有几个不同的目标，通过这些目标最后可以达到他的最终目标，有时候他会认为自己的工作是在浪费时间，但是他清楚地知道自己需要在现在的位置上好好做，这样才能推进到更高的职务上。他会迫不及待地想要获得晋升。对他来说，晋升意味着别人认可他的工作是出色的，是他与别人竞争获得成功的标志。第三种人选择的是一种内心的呼唤，或者说是他的使命。他的工作是他生命中最重要的事情，他很高兴找到了这项工作。他赖以为生的事情也是他生命中至关重要的。他在和别人交流的时候，最积极地想要告诉别人的就是他的工作。他会（自愿地）将他的工作带回家去做，也愿意在假期做。他的朋友大多数都是来自他的工作地的，他也归属于几个与他的工作相关的团体。对于他的工作，他很开心，因为他热爱这份工作。他相信工作可以给自己带来一个更好的世界，他会积极地鼓动他的子女和朋友也去做这份工作。如果有人强迫他退出工作，他会感觉相当难过。他不是特别盼望退休。

我已经多次听到别人告诉我，一个人能够将兴趣发展成职业是很奢侈的事情。一般人这样认为也就罢了，但是这样告诉我的却是我在国内两所知名大学工作时的管理学院的同事，而这本来是最可能接受职业生涯概念的人群。所以，即使不用去进行什么研究也可以知道我们当中有多少人是在做一个“职务”，有多少人是在做一个“生涯”，还有多少人是在根据自己的“呼唤”来完成自己的“使命”。

不过，我们很高兴看到职业生涯在实践方面已经热起来了，许多公司和个人都以职业生涯咨询为业。人们已经开始接受职业生涯的文化和观念。尤其是80后，他们中已经出现了一些听从自己内心呼唤的群体，如在丽江的“人子生活馆”。再如，我自己最近做研究时接触到的国内的做独立舞蹈和独立戏剧的一群可爱的80后，他们也是很好的样板。

相比之下，国内对职业生涯的学术研究却显得相当落后。在企业管理、人力资源管理的范围内，职业生涯的研究队伍还很弱小，还没有自己的组织和刊物阵地。组织的柔性虽已经被研究得很充分，但和这个概念相联系的职场人的柔性或者弹性的相关研究却不多。组织的柔性带来的对人的柔性的要求已经被证实。作为人力资源管理分析的基本单位的“职务”在许多场合已经变得不再有意义。“去职务化”、“工作的终结”等对未来工作世界的预测在学术界流行，作为劳动者的职务历史轨迹的职业生涯也变成了“无边界的”和“多变的”。在这样的背景下，李霞这个涉及职业弹性的题目就显得很有价值了。这个选题体现了李霞作为一个研究者的敏锐性，这同时又是一个值得长期深入探索的题目，延展性很强，说明她很会从长规划自己的选题。这些在年轻学者中是比较难得的。

近年来，许多社会现象的出现都迫使我们不得不重新开始重视职业的弹性。对目前的工作没有兴趣，对自己的职业感觉到疲惫和倦怠，甚至对工作感觉到厌恶，频繁地从一个单位换到另外一个单位。在80后、90后中出现的啃老族、米虫族、NEET族（no employment，no education，no training）现象引人深思。劳动者普遍的满意感和幸福感下降，所有这些都和职业生涯规划和职业弹性有或多或少的联系。

李霞有比较深的心理学背景，因此，选择开发新的职业弹性量表是很恰当的。这也是我国人力资源管理研究的弱项，同时也是进行本土研究可能有所突破的学术增长点。从完成的情况看，她进行的工作是值得肯定的。

从我在南开大学带博士研究生以来，一直倡导学生以职业生涯为题进行研究，目前，已经有多篇论文选题集中在这个领域，大概对推动这个被忽视领域的研究也有了些作用。一些毕业后进入大学工作的人还在延续着他们的研究。李霞是我在南开指导的最后一批博士生，她能在职业生涯领域选择题目是我特别高兴的事情，能够在这个领域对已有的研究小有贡献，也是我特别愿意看到的，希望她能够在这个领域继续开垦。

是为序。

谢晋宇

复旦大学思源楼

2010 年 9 月 18 日

目　录

表格目录

图示目录

第一章　绪　论

科技的快速发展以及全球化的激烈竞争使得组织所处的环境更加复杂、动荡、不确定。组织为了生存和发展，只有追求灵活性和弹性，而为了追求灵活性和弹性，就会采取一系列手段，如结构再造、扁平化、并购、裁员、外包等。这又使工作场所发生了巨大变化，使工作的性质和员工的职业生涯发生了巨大改变。更多员工必须在组织内的不同岗位和角色之间进行转换，或在不同的组织之间流动，由此便出现了无边界职业生涯时代。

在新的无边界职业生涯时代，员工要想在无职业稳定性保障的劳动力市场中生存和发展，只有追求自身的职业弹性。正是在此意义上，国外许多有远见的学者和实业人士开始倡导个体培养职业弹性以适应动荡、复杂、充满压力和挫折的新职业环境。

职业弹性是本书研究的核心概念，也是现代职业开发研究不可回避的概念，它将越来越受到人们的重视。本章将重点阐述本书的研究背景、研究问题和结构安排。

第一节　研究背景和问题的提出

一、研究背景

从20世纪80年代开始，商业战略、组织结构、生产流程发生了并继续发生着巨大的变化。这些变化根源于科技的进步、全球竞争和组织结构的重组，这些变化对当今的工作场所产生了深远的影响。①

1. 科技的快速发展

社会化大生产中自动化的科技创新和进步在提高生产率的同时也削减了对人力的需求。劳动密集型的产业从成本的角度考虑不得不解雇冗余的员

---

① Liu，Yu-Ching. *Relationships between career resilience and career beliefs of employees in Taiwan* (Doctoral dissertation). Texas A&M University，2003.

工。那些没有一技之长或者不能跟上技术发展的员工越来越难以在劳动市场上找到工作。并且，传播和信息技术的进步使信息的传递更加迅速和广泛，这也促进了组织的全球化发展，进而加剧了全球化竞争。

2. 全球化的激烈竞争

全球化对工作的性质和形式产生了巨大的影响。由于可以在更广泛的范围内获取产品和劳动力，组织可以自由选择在何地生产其产品，只要当地可以提供更加廉价的原料和劳动力。因此，全球化缩减了原料和劳动力昂贵的国家的劳动机会，同时又为能完成全球性任务的个体提供了机遇。全球化导致了世界性的竞争，加剧了经济和产业内的变化。为了能在这种复杂、动荡的环境中生存，所有的公司都被迫追求更加高效、灵活的运营方式。

3. 组织结构重组

从工业革命开始到20世纪下半叶，随着组织的日益庞大，组织为了控制运营不得不逐渐增加管理层级。然而管理层级众多的官僚组织结构却不能有效地应对快速变化的环境。因此，在20世纪80年代到90年代之间，许多国家的组织进行了结构重组以增强组织的灵活性，提高沟通的效率。结构重组的常见形式有缩减规模、削减组织层级、合并等。结构重组使组织的决策权得以下放，使处在第一线的员工有充分的决策权并对问题做出及时应对。结构重组也促生了类似小型商业组织的跨功能团队。这些变化导致了大量的中级管理人员被裁，而他们的职位在以前是固若金汤的。

Charles Handy① 在其著名的代表作《非理性时代》(*The Age of Unreason*)中提出了著名的三叶草组织概念，指出当前组织内劳动力的结构如同三叶草形状，有核心员工、合同员工和灵活的临时工。

网络组织、虚拟组织都是结构重组后出现的新的组织形式。最近，一种新的“细胞型组织”（cellular organization）开始受到注意。根据 Miles 和 Snow 的定义，“细胞型组织是由无数个细胞单元（如自我管理团队、自治的商业单元等）构成，这些细胞单元能独立存在，但是通过彼此相互作用能产生一个更强而富有竞争力的有机体。”②

技术的更新，全球范围内竞争的加剧以及组织结构的扁平化都对个体的职业生涯造成了巨大的冲击。与传统的职业开发观点形成鲜明对照的是，现

---

① Handy, C. *The age of unreason*. Boston: Harvard Business School Press, 1990.

② Miles, R. E. & Snow, C. C. Twenty-first century careers. In M. B. Arthur & D. M. Rousseau (Eds.). *The boundaryless career: A new employment principle for a new organizational era*. New York: Oxford University Press, 1996. 109.

在的员工要适应竞争激烈且不可预测的工作环境并将面临更大的挑战。

4. 工作稳定性的消失

当合并、并购、流程再造、瘦身在20世纪80年代后期日渐变成老百姓日常词汇的一部分时，人们越来越认识到雇佣的性质正在发生深刻的变化。在20世纪80年代和90年代间发生的组织缩减规模和削减管理层级的运动加剧了人们对工作稳定性的担忧。没有组织会再对员工许诺终生雇佣，因为组织本身都不知道它们能否在激烈的竞争中活到明天。所有的工作都变得具有临时性。在当今的美国，你经常会听到人们说“work”而不是“job”，“job”看起来已变成一个过时的概念①。工作的不稳定性直接影响着员工的长期职业规划。员工需要考虑自身安置和发展的问题，并且要为自己的职业管理负责。

雪恩曾在1965年这样描述雇主和雇员之间存在的隐性雇佣合同：“组织为员工做一些特定的事情，并注意不做某些事。组织付给员工报酬，使其地位和工作得以保障，避免让员工做与岗位说明书不相干的事情。作为交换，员工回报以努力工作、出色完成任务、避免在公共场所批评组织或做其他伤害组织形象的事情。组织期待员工遵守组织规章制度，员工期待组织能公平合理地对待自己。”② 而在30年之后，雇主和雇员之间的隐性合同却显著不同，可从Waterman等学者的描述中窥见一斑：“在新的合同下，只要雇员在组织内工作，雇主就给予个体机会来提升其可雇佣能力，作为交换，个体提供更好的生产率、一定程度对集体和组织目标的承诺。员工职业生涯管理的责任由雇员个人承担，组织的责任在于为雇员提供评价和开发其技能所需的工具、开放的环境和机会。各层的管理人员有责任关心雇员，不论雇员是否待在组织内。”③

Hall和他的同事也在1996年提出雇主和雇员间的心理合同已经发生了变化。④ 心理合同与法律合同不同，它没有法律效应，也不受法律约束，它

---

① work意指“做某件事”以及“某件被做的事”，现在常被用来专指固定支薪的工作。work被用来专指“有支薪的工作”，是资本主义生产关系发展的结果。Job这个原来被用来专指“少量的、零星的工作”的词现在已经成为一个普遍的词，用来表示“规律的、一般的工作”。摘自：[英]雷蒙·威廉斯（Raymond Williams）. 关键词：文化与社会的词汇. 刘建基译. 北京：生活·读书·新知三联书店，2005

② Schein, E. H. *Organizational psychology*. Englewood Cliffs, NJ: Prentice-Hall, 1965. 44.

③ Waterman, R. H., Waterman, J. A. & Collard B. A. Toward a career-resilient workforce. *Harvard Business Review*, 1994, 72 (4): 88.

④ Hall, D. T. & Associates. *The career is dead: Long live the career.* San Francisco: Jossey-Bass, 1996.

是雇主与雇员之间的一种对彼此权利与义务的心理期许。在传统的心理雇佣合同中，雇员努力工作、工作内容尽在岗位说明书的范围内、雇员对组织忠诚，相应地，组织给雇员以薪水、地位、工作保障作为交换。在这种传统的心理合同中，雇主不得不负责雇员的职业开发，这种合同隐含着雇主与雇员之间是一种父母型的关系。而现在，在新的心理合同中，雇主与雇员之间却是一种伙伴关系，企业的责任在于为雇员提供工作的工具、开放的工作环境、评价和发展自身技能的机会，而雇员则以更高的生产率和组织承诺作为交换。

5. 去职务化趋势日益明显

学者 William Bridges 则强调“去职务化”的趋势，并将大规模生产的消失、技术的应用、大型组织把任务分包给小型组织等因素作为其重要原因。[①] 现实的工作和环境正全面迅速地呈现出“非固定职业化”的特征。按照 Bridges 的观点，认为职业是工业革命的产物，而且职业代表那个时代所特有的工作形式。在 1 800 年以前从来没有人拥有一份固定意义的职业。几个世纪以来，“职业”的含义一直是指一项任务或一份工作。同样，也没有类似于职业保障的概念，因为传统意义上的职业在定义上就强调了今天在这儿而明天在那儿的流动性。今天的职业可能是在下雨前整理干草，明天的职业可能就是为女儿做鞋，后天可能就是把自制的奶酪拿到邻镇上出售，而到了周末，可能又变成了修整房子的屋顶。

但随着工业化社会的到来，人们的活动开始向工厂转移。在工厂里，工作以完全不同的方式被组织起来。人们需要花很多时间和机器打交道，而且，生产流程被分解为一个个独立的部分或环节，每一个环节被分配给一个固定的工人，每个工人在每天重复着相似的活动。职业从此有了相应的内容和要求，这种内容和要求开始是不明确的、隐含的，后来逐渐用明确的方式规定出来，这样每个人就拥有了自己“固定的”职业，就像拥有了一份财产一样。

这种情形大约持续了两个世纪，人们从事工作的方式和结构又发生了变化。在信息时代，人们从事的工作方式并不像工业时代那样适合固定职业的方式。固定职业作为工业时代最重要的一个产物，是与工业时代的特征相吻合的。这些特征包括：易于分解的职能和责任范围；易于分割的流水线工作流程；可预期的活动序列；零散的和相对较少的变化。固定职业的出现是因

---

① Bridges, W. Jobshift: How to prosper in a workplace without jobs. *Reading*, MA: Addison - Wesley, 1994.

为它是那个时代完成各种生产活动最为有效的方式。而今天它已不再那么有效了，因为最有效率的生产方式已经发生了改变。这就解释了为什么传统的固定职业如今正被临时性工作、项目分包、专家咨询、交叉领域的合作团队或者自我管理的自由职业者等所代替。

6. 职业路径不再具有可预见性和单维向上流动的特点

在传统意义上，职业成功意味着沿组织层级阶梯逐步攀登直至登上组织层级的顶峰，与职位攀升相对应，薪水也不断攀涨。然而由于组织变得扁平，因此，许多员工将会在组织内的不同部门间平行流动甚至向下流动，个体向上晋升的空间变小、机会变少，组织内的垂直晋升开始衰落。当然，学者 Kaye 和 Farren 认为主要有六种原因导致了组织内垂直晋升的衰落，即对技能要求的变化、组织结构扁平化、婴儿潮进入工作、增加的自动化、临时工、职业期待的变化。① 由此以来，职业成功的含义亦逐渐发生变化，其新的内涵“心理成功”正逐渐展现出来，并被人们接受和奉行。职业的心理成功是一种由个人界定的个体化的内部感受，其衡量标准不像职位和薪水，具有主观性和个体性。

由于组织在结构和人事上变得更加灵活，组织也开始实行更加灵活的工作时间和工作形式，如允许员工在家工作、兼职，以及聘用合同工、外包等。对某些人来说，周期性的雇佣状态的变化（如从全日制工作到非全日制工作或被解雇或待业）和周期性的嵌入程度的变化（如从核心员工到合同员工），可能会给个体造成自我身份认同的混乱和挫折。可是对另一些人来说，这种灵活性和变化却是一件好事，他们可以更好地兼顾家庭和非工作的需求，因而可以形成一个更加开阔的自我概念并享受更加平衡的生活。

7. 要求持续的学习和评价可雇佣性

在过去的年代里，职务显得相对静态。一旦员工掌握了某种技能就可以胜任工作并且终生受用。但现在，由于快速的技术更新和激烈的竞争，员工不得不持续更新他们的技能才能跟上时代的步伐，不仅高科技行业的员工需要持续更新技能，那些经常进行工作轮换、平行职业流动、做短期项目任务或重新开始新的职业的个体都需要持续更新技能才能确保被雇佣。参照本领域的技能标准进行标杆、瞄准，并时常评价自己的长处和不足也是必须的，这样可以使个体清楚自己的可雇佣性。

---

① Kaye, B. L. & Farren, C. Up is not the only way. *Training and Development*, 1996, 50（2）: 48－53.

8. 小结工作场所发生的变化

从上面的分析可以看出，科技的快速发展以及全球化的激烈竞争使得工作场所发生了巨大的变化。实际上，这些工作场所发生的变化正被越来越多的学者所注意和研究。例如，学者 Schein 曾做过这样的描述："在组织水平上，我们看到在许多行业内，如供货商、生产商、顾客……之间的边界正在逐渐模糊。同时，从秘书工作到复杂的生产过程等各项事情的自动化进程使得各种工作的体力化程度更低而概念化程度更高。"[①] 学者 Johansen 和 Swigart[②] 则发现在组织内四种传统的边界受到冲击：谁干些什么——任务边界；谁负责些什么——职权边界；哪些是维护我们的——政治边界；谁是谁不是我们的一员——身份边界。表 1.1 是对工作场所的变化及所关注学者的粗略小结。

表 1.1　工作场所发生的变化

工作本身的变化	由于组织瘦身、裁员以及新技术和流程再造等，许多传统的职务在不断地消失	Bridges（1995），Cascio（1995），Mirvis（1993）
	科学技术使人们可以在任何时间、任何地点工作，工作得以脱离固定的时间和地点	Birchall & Lyons（1995），Bridges（1995），Cascio（1995）
	临时性劳动力渐成趋势，如合同工、临时工等	Bridges（1995），Handy（1988），Kotter（1995），Pfeffer（1994），Sharpe（1996），Walker（1992）
工作场所的结构与设计上的变化	非核心的业务被外包	Birchall & Lyons（1995），Bridges（1995），Cascio（1995），Defillippi & Arthur（1994），Handy（1988），Mirvis & Hall（1994），Meyer（1996）
	公司总部规模与数量的削减与大量授权自主团队的涌现	Bridges（1995），Meyer（1996）

① Schein，E. H. *Career survival*：*Strategic job and role planning*. San Diego，CA：Pfeiffer & Co.，1993. 44.

② Johansen，R. & Swigart，R. Upsizing the individual in the downsized organization. *Reading*. MA：Addison-Wesley，1994.

（续上表）

工作场所的结构与设计上的变化	静态、固定的职务开始转向围绕个体的技能或才能来组织	ASTD（1994），Cascio（1995），Hammer & Champy（1994），Lawler（1994），Meyer（1996）
	高度相互依赖的工作任务以团队的形式被重组为基本的工作单元	Cascio（1995），Hammer & Champy（1994），Yeatts & Hyten（1998）
	组织结构扁平化	Cascio（1995），Moss - Kanter（1989），Kiechel（1993），Kotter（1995），Lawler（1994），Meyer（1996）
员工的变化	需要跨学科培训的多面手或专家	Bridges（1995），Cascio（1995），Hammer & Champy（1994），Peters（1992）
	劳动力多元化	Cascio（1995），Mirvis（1993），Pfeffer（1994）
	权利转向知识员工	Birchall & Lyons（1995），Bridges（1995），Handy（1988）
	需要终身学习	Cascio（1995），Defillippi & Arthur（1994），Kiechel（1993），Meyer（1996）

资料来源：Fourie，C. & Van Vuuren，L. J. Defining and measuring career resilience. *Journal of Industrial Psychology*，1998，24（3）：52 - 59.

与工作场所的变化紧密相随的就是个体职业生涯模式的变化。事实上，职业生涯的定义、模式及如何管理职业生涯在20世纪90年代早期就发生了巨大的变化。[①] 表1.2是对传统职业生涯与多变性职业生涯的比较的粗略小结。

---

① Collard，B.，Epperheimer，J. W. & Saign，D. *Career resilience in a changing workplace.* Columbus，OH：ERIC Clearinghouse on Adult，Career，and Vocational Education（ED396 191），1996.

表 1.2　传统职业生涯与多变性职业生涯的比较

	传统职业生涯	多变性职业生涯
就业关系	以忠诚换取就业保障	以绩效换取就业能力
职业边界	一个或两个组织	多个组织
所需技能	组织专有技能	可转移或携带的技能
成功的标准	薪酬、晋升、地位	心理上的成就感、意义和价值
就业契约	固定就业契约	弹性就业契约
心理契约类型	关系型	交易型
心理契约的内容	工作安全感	灵活的受聘能力
生涯运动方向	垂直运动	水平运动
生涯管理责任	组织	个人
生涯运动形式	直线性、专家型	短暂性、螺旋型
专业知识	知道怎么做	学习怎么做
生涯开发	很大程度上依赖正式培训	更依赖人际互助和在职体验

资料来源：谢晋宇．人力资源开发概论．北京：清华大学出版社，2005．303；郭志文，B. I. J. M. 范·德·赫登．无边界职业生涯时代的就业能力：一种新的心理契约．心理科学，2006，29（2）：485～486；Sullivan，S. E. The changing nature of careers：a review and research agenda. *Journal of Management*，1999，25（3）：457－484.

二、问题的提出与积极心理学视角

工作场所的变化和职业生涯模式的转变对众多个体来说是一个挑战，个体面对的将是一个更加动荡、变化，需要增强自我职业管理能力的职业生涯。事实上，早在 1996 年纽约时报上刊登的一项调查研究就显示，近 3/4 的全美家庭都经历过解雇或至少有一位亲戚、朋友或邻居在 1980 年后至调查实施时失去过工作。① 毫无疑问，在我国，工作场所和职业生涯模式也正在发生着同样的变化。

① Uchitelle，Louis & Kleinfield，N. R. On the battlefields of business，millions of casualties. *New York Times*，March 3，1996，sec. 1，p. 1. 引自 Collard，B.，Epperheimer，J. W. & Saign，D. Career resilience in a changing workplace. Columbus，OH：ERIC Clearinghouse on Adult，Career，and Vocational Education（ED396191），1996.

在中国台湾，根据2001年的《劳动力统计年报》可知，失业率上升到5%，失业人员中有54%的人员为产品和机器操作工或与之相关的人员。失业的主要原因为组织关闭或缩减规模，占到总失业人数的45.9%。[①] 在中国大陆2006年的失业统计中，登记的失业人数达到847.0万人，比1984年多了611.3万人，登记失业率也从1984年的1.9%逐年攀升到34.1%。2007年，中国内地城镇登记的失业人数达到830万，失业率为4.0%。[②]

在中国内地历年的失业原因统计中，单位的原因皆为失业的主要原因。在2004年，因为单位破产或下岗或内退而失业的人员占到总失业人数的50.3%；而在2001年，因为下岗或原单位破产而失业的人员占总失业人数的55.9%。[③] 在2006年的失业人员中，若按行业分，制造业占总失业人数的40.3%，而制造业从业人数仅占全国总从业人数的4.39%；若按失业前的职业分，商业及服务业人员占总失业人数的34.2%，生产运输设备操作人员及有关人员占总失业人数的32.4%。[④] 在2007年的失业人员中，制造业人员占35.9%；商业和服务业人员占37.7%；生产运输设备操作人员及有关人员占31.5%。[⑤] 这些数据表明，生产运输设备人员以及商业、服务业人员的高失业率，是由于全球化竞争的影响而使许多国有和民族企业破产，再加上自动化技术淘汰了那些没有技能或低技能的员工。

从失业的时间来看，失业的时间不断延长，而且长时间失业的人数和比率不断增大。失业6个月以上的人员在1996年仅占失业总人数的59.88%，而在2007年，则占到失业总人数的66.7%。[⑤]

与失业率升高相伴随的另一个现象是职业流动性的增强。上海市就业促进中心于2006年3月发布的《上海市劳动者职业流动周期分析报告》显示，2005年，上海市劳动者的职业流动周期为46.4个月，接近4年。中国劳动力市场信息网监测中心发布的《2007年第四季度部分城市劳动力市场供求状况分析》表明，就业转失业人员在所有求职人员中占到21.7%。

---

① Liu, Yu-Ching. *Relationships between career resilience and career beliefs of employees in Taiwan* (Doctoral dissertation). Texas A&M University, 2003.6.

② 国家统计局人口和就业统计司．中国人口和就业统计年鉴（2008）．北京：中国统计出版社，2008

③ 国家统计局人口和就业统计司，劳动和社会保障部规划财务司．中国劳动统计年鉴（1997—2008）．北京：中国统计出版社，1997—2008

④ 国家统计局人口和就业统计司，劳动和社会保障部规划财务司．中国劳动统计年鉴（2006）．北京：中国统计出版社，2006

⑤ 国家统计局人口和就业统计司，劳动和社会保障部规划财务司．中国劳动统计年鉴（2007）．北京：中国统计出版社，2007

中国已在2001年12月10日正式加入WTO，随着对外贸易和政策开放的深入，中国的企业面临越来越多全球化的竞争。为了应对日益激烈的全球化竞争，中国的企业、事业、政府部门都在演绎组织结构的再造过程。在中国，越来越多的事业性质的部门在进行着企业改制，越来越多的国有企业已完成私有化进程，政府部门和事业部门开始定编定岗。总而言之，无数人的职业生涯将会受到冲击并发生变化。事实上，有学者研究表明，中国人的职业生存方式已经发生了七大变化：第一是就业方式的变化；第二是职业地位获得途径的变化；第三是职业心理契约的变化；第四是职业流动方式的变化；第五是职业成功标准的变化；第六是职业种类的变化；第七是职业形态的变化。①

我国在2007年末曾因新法律的执行导致“买断工龄”现象而出现壮观的“大裁员”；而2008年的全球金融风暴则导致全球范围内无数员工的职业生涯受到影响。事实上，经过30年的改革开放，中国的许多企业进入维持阶段，为了追求组织弹性和缩减冗员，组织结构再造、瘦身、扁平化、兼并、并购、裁员、外包等这些西方国家使用的管理手段将会在中国逐一演绎，这一切变化将使自工业社会以来建立的传统的职业生涯模式逐渐瓦解，新的、无边界的职业生涯模式将日益成型和普遍化。

中国的管理者可能面临着更大的困难和压力。由于中国正处在经济体制转型期，许多原有的政策和体制被打破，新出现的政策和体制又在试验期，而处在变革的风口浪尖上领导这些变革和转型的领导者不仅要求具有高超的管理技能，而且还必须有很强的压力应对能力和适应能力。可是，对于管理者而言，却存在这样两种迥异的现象：一类管理者在充满变化和压力的职业生涯中变得精疲力竭、倦怠、功能失调，而另一类管理者却能在高职业压力和变化下高效能地工作，对工作充满热情。为什么后一类管理者能超越压力和危机而不被击垮呢？管理者作为组织成员的一个特殊群体，若能挖掘后一类管理者超越危机的机制，不仅对前一类管理者有所帮助，而且对于处在压力和逆境下的许多员工和管理者都有帮助。

国外新近的“职业弹性”概念有助于分析和应对这一现象，尽管对职业弹性的研究目前还处于起步阶段。职业弹性是人力资源开发领域中一个新出现的概念，意指个体适应变化的职业环境甚至是逆境的职业能力。由于在新的无边界职业模式下，传统的稳定、可预见的职业生涯变得动荡、变化、复

① 周文霞．职业成功：从概念到实践．上海：复旦大学出版社，2006. 4 ~ 8

杂，充满压力和挫折，西方的学者开始研究职业弹性，并呼吁在新的职业生涯模式下，个体需要培养职业弹性而非仅仅是传统所提倡的专业知识技能，只有具备职业弹性的个体才能在生涯发展中取得成功。

尽管职业弹性的概念已经提出了二十多年，但关于职业弹性的学术研究著作却并不丰富。考虑到职业弹性是个体在当前及今后的职业生涯中取得成功所必须具备的特征，更多地了解职业弹性的结构以及职业弹性与其影响因素和后效因素的关系将有助于人力资源开发中培训项目的设计和职业咨询的展开。管理者作为组织的稀缺资源，以管理者群体作为研究对象，揭示职业弹性的机制将对管理开发项目有着更强的针对性。因此，本书将选择管理者的职业弹性作为研究主题。

职业弹性符合当今风头正健的积极心理学运动的研究主旨，也是积极心理学倡导的一个研究领域。本书正是以积极心理学为视角而展开思考和调研分析的。积极心理学（Positive Psychology）是美国心理学界兴起的一个新的心理学研究思潮，它致力于研究人的发展潜力和美德等积极心理品质。[①] 美国心理学会前主席、宾夕法尼亚大学著名的心理学教授 Seligman 是积极心理学这一概念的提出者和积极心理学运动的倡导者。[②] Seligman 指出心理学自成立之日起就面临着三项主要使命，即治疗人的精神或心理疾病、帮助普通人生活得更充实幸福、发现并培养具有非凡才能的人。这三项使命在第二次世界大战以前均得到了心理学工作者同等程度的关注，但在“二战”以后，心理学把自己的研究重心放在了心理问题的研究上，如心理障碍、婚姻危机、毒品滥用和性犯罪等，心理学正在变成为一门类似于病理学（Pahtology）性质的学科。心理学研究重心的转移实际上背离了心理学存在的本意，因为它导致了很多心理学家几乎不知道正常人怎么样才能在良好的条件下获得自己应有的幸福。[③]

正如 Seligman 所指出的那样，心理学在过去对人类做出了很大贡献，至少有十余种以前难以控制的心理疾病，现在已经了解了它们的机理，并且能够采取有效的治疗措施。但就在我们为心理学的成就欢呼时，却也发现世界上患心理疾病的人口数量随着时间的推移出现了成倍的增长，而且许多心理

---

① Sheldon, K. M. & King, L. Why Positive Psychology is necessary. *American Psychologist*, 2001, 56 (3): 216 – 217.

② 崔丽娟，张高产. 积极心理学研究综述——心理学研究的一个新思潮. 心理科学，2005 (2): 402 ~ 405

③ 任俊. 积极心理学. 上海：上海教育出版社，2006. 3 ~ 4

疾病都呈现出一种低龄化倾向。消极心理学的已有实践证明，我们不能依靠对问题的修补来为人类谋取幸福。因此，心理学必须转向人类的积极品质，通过大力倡导积极心理学来帮助人类真正到达幸福的彼岸。

积极心理学把自己的研究重点放在人自身的积极因素方面，主张心理学要以人实际的、潜在的、具有建设性的力量、美德和善端为出发点，提倡用一种积极的心态来对人的许多心理现象（包括心理问题）做出新的解读，从而激发人自身内在的积极力量和优秀品质，并利用这些积极力量和优秀品质来帮助有问题的人、普通人或具有一定天赋的人最大限度地挖掘自己的潜力并获得良好的生活。

积极心理学研究的主要内容也被称为积极心理学研究的“三大支柱”，分别为积极情感体验、积极人格和积极的社会制度。第一研究支柱是积极情感体验，如主观幸福感（subject well-being）、生活满意感等，着重研究人针对过去、现在和将来的积极情感体验的特征及产生机制。第二研究支柱是积极人格，Peterson 和 Seligman 在 2004 年创建了一个有关性格特质和美德的分类（Character Strengths and Virtues，CSV）系统，由 6 种美德和 24 种性格特质构成。6 种美德分别为智慧、勇气、仁爱、正义、节制、卓越；24 种具有积极力量的性格特质分别为：富余创造力、好奇、头脑开放、爱学习、洞察力、真诚、勇敢、坚持性、热情、友善、爱、社会智力、公平、领导力、团队合作能力、宽恕、谦逊、谨慎、自我调节、崇尚美和卓越、感恩、希望、幽默、虔敬的信仰。[①] 积极心理学的第三研究支柱是积极的社会制度，这一内容就是确定社会、家庭、学校、单位等怎样做才有利于一个人形成积极的人格，并产生积极的情感体验。这要涉及国家的方针、政策以及各具体单位的各种规章制度等的制定，其内容明显地超出了心理学的研究范围，单靠心理学本身已不能胜任。因此，有学者建议这一课题研究要邀请社会学、人类学、政治学和经济学等领域的专家一起参与到研究中来。[②]

积极心理学目前正以一种蓬勃的姿态影响着社会的许多领域，它的许多观点已经渗透到社会学、教育学、经济学、管理学等领域，并对其中的许多理论产生了重大影响。在管理学领域，组织理论与组织行为学家也认识到了这场积极运动的力量与潜能，导致了两种并行而又互补的运动，即我们通常所说的积极组织学（POS）和积极组织行为学（POB）。积极组织学主要由

---

① Peterson，C. & Seligman，M. E. P. *Character strengths and virtues*：*A handbook and classification.* Washington，DC：American Psychological Association，2004.

② 任俊．积极心理学．上海：上海教育出版社，2006. 4 ~ 5

密歇根大学的一个研究小组发起，而积极组织行为学起源于内布拉斯大学（University of Nebraska）的盖洛普领导力研究所。这两种运动是相互补充的，但 POS 更倾向于关注宏观的组织层面，而 POB 主要是从更微观的个体层面出发。① 而弹性研究是积极心理学与 POB 共同倡导的研究课题，它凸显了积极心理学与 POB 的研究主旨。

第二节 研究目的、内容和意义

一、研究目的和内容

鉴于管理者职业发展中面临的诸多问题最终都会影响管理者的领导效能，而以往的研究又多侧重于考察危险因素是如何导致危害的，忽略了积极的力量在调节危险因素时的重要作用，本书旨在中国文化的背景中深入探索管理者职业弹性的水平特征、形成机制和效应，并在实证研究的基础上提出职业弹性的培养对策。

研究的主要内容包括：①职业弹性的结构探索。主要通过开放式问卷收集职业弹性的一些特征描述，并结合从国外的一些相关研究中得到的职业弹性特征描述，编制职业弹性问卷初稿。然后在 MPA、MBA 学员以及一些管理的培训班中发放职业弹性问卷初稿进行施测，然后做因子分析，探测职业弹性的结构并挑选项目形成正式职业弹性问卷。②职业弹性与前因、后效变量关系的研究。主要考察 4 个方面：a. 管理者的人口统计学变量上职业弹性的特征分布。b. 个体变量，如心理资本等对职业弹性的影响。c. 环境变量，如上司、同事的职业支持，组织职业管理，组织文化等对职业弹性的影响。d. 职业弹性对后效变量，如个人绩效、职业满意度等的影响。最后，根据研究结果提出管理者职业弹性培养的对策和措施。

二、研究意义

1. 理论意义

在理论上，本书有助于促进职业高原、中年职业危机、职业成功等相关理论问题的研究。将积极心理学视角引入管理开发和职业开发研究是人力资

---

① ［美］路桑斯等．心理资本——打造人的竞争优势．李超平译．北京：中国轻工业出版社，2008. 7 ~ 8

源开发研究吸收其他人文社会科学研究成果，提升人力资源开发研究理论层次的一次有益探索。

职业弹性研究强调积极的力量在克服职业阻碍中的作用，彰显了积极组织研究这一新的研究范式。积极心理学被认为是心理学的一场革命，打破了旧的“不良因素—不良结果”的消极研究模式，倡导“积极因素—积极结果”的积极研究模式。它最早是由美国的心理学家 Seligman 和 Csikzentmihalyi 提出来的[①]，主张心理学研究的重点要从人们实际的、潜在的、具有建设性的力量和美德出发，倡导一种积极的方式来对人的心理现象作出新的诠释，从而激发人内在的、积极的力量和优秀的品质，并在此过程中帮助人们最大限度地挖掘人自身的潜力并获得幸福和快乐。积极心理学的研究主要集中在研究人的积极情绪与体验、积极的人格品质、积极的环境关系等方面（Fredrickson，2000[②]；Diener，et al.，1999[③]）。

目前，积极心理学已经在社会各领域里被提及或运用，将积极心理学的研究成果运用于现代的人力资源管理和开发，将对提高企业或组织的绩效具有十分重要的意义。与积极心理学运动相辉映的是，在组织研究中也同期进行着“积极组织行为”（Positive Organizational Behavior，POB）和“积极组织研究”（Positive Organizational Scholarship，POS）运动。[④] 本书正是以积极心理学为视角，通过考察积极因素对于职业弹性形成的影响，从而在中国文化背景下结合当前管理者的实际情况探索职业弹性的形成机制、效应和培养对策。

2. 实践意义

本书不仅有助于管理者战胜危机和职业压力、提高和发挥其领导效能，对于一般员工和管理者而言，具备职业弹性将有助于成功应对越来越大的工作压力和进行职业自我管理，有助于在多变的职场中生存并取得成功。对于那些需要职业弹性的处于就业、创业期的大学毕业生和下岗、转岗、再就业的员工以及处在变革中的组织成员来说，本书对他们也有借鉴意义，将有助

---

① 崔丽娟，张高产．积极心理学研究综述——心理学研究的一个新思潮．心理科学，2005（2）：402～405

② Fredrickson B. L. Why positive emotions matter in organizations：Lessons from the broaden-and-build model. *Psychologist Manager Journal*，2000，4（2）：131－142.

③ Diener E.，Suh E. M.，Lucas R. E.，et al. Subjective well-being：Three decades of progress. *Psychological bulletin*，1999，125（2）：276－302.

④ Youssef，C. M. *Resiliency development of organizations*，*leaders and employees*：*Multi-level theory building and individual-level*，*path-analytical empirical testing*（PhD dissertation）. University of Nebraska，2004. 2－3.

于这些群体的职业适应和职业转换的成功，有助于组织变革的成功。

第三节 技术路线、结构安排和创新点

一、技术路线

本书采用的研究方法主要为问卷调查法和访谈法。在对国内外文献进行回顾与分析的基础上确立研究的假设，通过访谈和开放式问卷调查并结合文献研究探讨职业弹性的特征和测量指标。对开放式问卷的分析主要采用了内容分析法。对获取的职业弹性测量指标，通过问卷调查的方式进行修订，以确立一个有着较好信效度的职业弹性测量量表并探索职业弹性的内部结构。然后通过在天津电子行业内的大样本调查来研究管理者职业弹性的影响因素与后效因素，在此过程中使用了大量的统计分析方法，考察了职业弹性与其各方面的影响因素及后效因素的关系。通过实证研究的分析，揭示了职业弹性的影响机制与后效作用，得出了一些有益的结论，在此基础上提出了提高和加强管理者职业弹性的策略。最后，对本书的结论进行了总结，指出了本书的局限与不足，并对未来的研究提出了建议。本书的技术路线如图 1.1 所示：

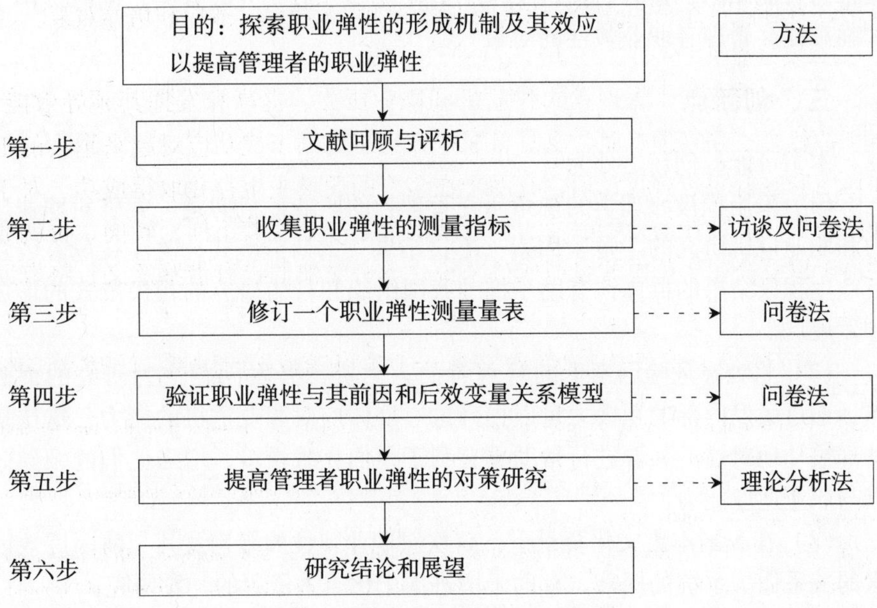

图 1.1 职业弹性的研究内容和思路

二、结构安排

本书的结构安排如下：

第一章，绪论。基于国内外工作场所和职业生涯模式发生的巨大变化的背景，提出了研究问题，指出了研究管理者职业弹性的理论意义和实践意义。随后交代了本书的技术路线、结构安排、理论框架、研究假设和研究的创新点所在。

第二章，文献回顾。本书通过文献分析，回顾了弹性的辞源、不同学者对职业弹性的定义以及职业弹性的特征、各种理论模型和研究变量、研究方法以及测量工具。在文献回顾的基础上，笔者对前人的研究进行了总结和评述，并指出前人研究中存在的不足和本研究开展的必要性。

第三章，本研究的理论框架与研究方法。本章介绍了职业弹性量表的开发过程、本研究中所设计的研究变量的界定和测量以及正式调查所使用的主要统计分析技术。

第四章，研究结果。在对各测量工具进行必要的信效度分析之后，运用多种统计分析技术考察了人口学变量、个体特征变量和组织变量对职业弹性的影响以及职业弹性对后效因素的影响作用。

第五章，讨论与结论。本章对本书的研究结果做了总结，并讨论了部分结果的可能原因，最后还指出了本书的局限和今后研究的方向，同时提出了加强和提高管理者职业弹性的对策。

三、创新点

本书可能的创新之处为：

（1）采用积极心理学的视角研究管理者的职业危机问题。突破对职业压力和职业危机研究的“危险因素—不良结果”的研究范式，关注在危险因素下产生积极结果的群体，有助于推动我国组织和行为研究的积极范式的形成和发展。

（2）将处在危险因素下的管理者的人力资源开发问题作为研究的突破点，通过激发内部的积极力量以提升这一群体应对职业危机的能力，这比从外部被动地对这一人群进行帮助更有利于他们克服逆境，增强他们的领导效能与职业适应能力。

（3）在我国本土文化背景下，首次对职业弹性的结构及其与前因后效因素的关系做了系统的探索，有助于增进本土化人力资源的开发研究。

第二章　文献回顾

第一节　职业弹性的概念

一、career 与 resilience 的词源考查

career[①] 含义：career 在 16 世纪初出现在英文里，最接近的词源为法文的 carrière——意指赛马场。可追溯的最早词源为拉丁文 carraria——意指马车道。career 这个词在 16 世纪时其词义为“赛马场”、“骑马奔驰”，并且被引申为“任何快速、持续的活动”。在 17 世纪和 18 世纪，它的一个普遍用法是指急促而放纵的活动。到了 19 世纪中叶，这个词变得很普遍，它指涉职业上的进展，后来也指涉职业本身。在 19 世纪中叶，尤其是 20 世纪，这个词常与 work，job，labour 等词相提并论。career 的抽象意义是指政治人物与演艺人员的生涯，也被广泛地用来指涉具有某种发展前景的工作。它最常被用来指涉具有明显的内在进程的工作，如“公职生涯”（a career in Civil Service），但是它可以扩及任何适宜、满意的职业。career 这个词不必然包含“升迁”（promotion，advancement）之意，它通常隐含“连续性”（continuity）。

resilience 一词的词根为 resile。其词根 resile 在 1529 年进入英语，其词源为拉丁语“resilire”，意为“跳回、弹回”。resilience 是在 1824 年进入英语，而其相应的形容词 resilient 在 1674 年就进入了英语，与之同义的名词 resiliency 在 1836 年进入英语。[②] resilience 在字典中有两种含义[③]：①弹性，物体在受力，尤其是压力变形后恢复原先的形状和尺寸的性能；②迅速从不幸或变化中恢复过来或调整的能力。

极易与 resilience 相混淆的一个词是 elasticity，在汉语译文中它们都表示

---

① ［英］雷蒙·威廉斯（Raymond Williams）. 关键词：文化与社会的词汇 . 刘建基译 . 北京：生活·读书·新知三联书店，2005. 37 ~ 39

② Hoad，T. F. *Oxford Concise Dictionary of English Etymology*. Oxford：Oxford University Press，1996. 400.

③ *Merriam-Webster's Collegiate Dictionary* （11th ed.）. Springfield：Merriam-Webster，Inc.，2007. 1060.

弹性的含义。区别在于 resilience 主要用于描述人，它意味着个体具备某些品质来使个体能面对并克服困难或灾难性环境，而 elasticity 则主要用于描述物的可塑性。

国内关于 resilience 的翻译有多种，香港学者多把它翻译为“压弹”（岳晓东，2004），台湾学者多把它翻译为“复原力”（叶欣怡，2005），大陆学者的翻译有“弹性”（席居哲、桑标，2002）、“压弹”（刘取芝、吴远，2005），“韧性”（于肖楠、张建新，2005）、“抗逆力”（陈志成，2005），还有“复原力”（杨从杰、吴兴华、董国峰，2005）。目前，大陆学者用得最多的是“弹性”和“韧性”这两个译法。而 career 的翻译则主要有“职业”和“职业生涯”以及台港学者的译法“生涯”。Career resilience 的翻译也有多种，如台湾学者把它翻译为“生涯复原力”（叶欣怡，2005），大陆有学者把它翻译为“职业韧性”（许诺、凌文辁，2007）。在本书的研究中，选取的是“职业”和“弹性”这两个译法，笔者认为译法“职业弹性”能更好地体现这个概念的内涵。

二、弹性（resilience）的含义

职业弹性概念尽管出现得较晚，相关的理论和实证研究还很缺乏，但是这个术语中的核心概念“弹性”却是儿童心理学中一个相当成熟、有着丰富的理论与实证研究的概念。理解概念“弹性”有助于深入理解概念“职业弹性”。

弹性在字典中的意义为“在被挤压或拉长后能跳回或弹回的行为或仍能恢复已有的力量、精神、幽默感①”。然而作为一个学术概念，其渊源则来自20世纪四五十年代对精神分裂症的研究。② 一些研究者发现那些父母患有严重精神分裂症的儿童并没有表现出行为失调，相反却表现出了良好的社会适应行为，这引起了许多学者的兴趣，于是开始了对儿童战胜逆境（如父母患有精神病、出生前或围产期出现并发症、长期贫困、家庭破裂、受到虐待、社区暴力、慢性病等）的个人特征、环境保护因素、应对机制以及干预的实践探索和理论构建。

不同学科的研究者，如心理学、精神病学、医学、流行病学、护理、社会科学、人类发展学（human development）、变革管理等都从自己的学科出发独立地对弹性做了考察，也从自己专业的角度对弹性做了定义。尽管这些

---

① *Webster's new collegiate dictionary*. Springfield：Merriam-Webster，Inc.，1981.

② 李海垒，张文新．心理韧性研究综述．山东师范大学学报，2006，51（3）：149～152

众多的定义提供了不同的视角和强调重点，却有相似的含义。在大多数领域，弹性被看做是一种潜能、力量、能力。

尽管在不同的研究和学科中，弹性有不同的定义，但研究者还是试图识别这个概念的一些基本特征。共同的方面有恢复的能力、弹回、应对与适应、实施变化的能力和意愿、克服逆境、忍受苦难、面对的力量等。

回顾众多关于弹性的定义，可以得出以下推论：①该术语意指生理的或心理的成长或恢复；②弹性意味着行动或力量；③弹性意味着应对或适应；④弹性意味着成功感或生存；⑤该术语意味着对环境的影响，这种影响可能是内部的，也可能是外部的。各学科对弹性定义的小结如表 2.1 所示。

表 2.1　各学科对弹性定义的小结

学科	定义
心理学	弹性是弹回的能力，即忍受苦难并修复自己。（Wolin & Wolin，1993；Higgins，1994）
精神病学	弹性是人类成功掌握变化所需的心理和生理的力量。（Flach，1988）
儿童精神病理学	弹性是个体在维持内部自我完整感的同时应对挑战和威胁的能力。（Garmezy & Masten，1996）
人类发展学	弹性是忍受和成功应对逆境的能力。（Werner & Smith，2001）
变革管理	弹性是在变革过程中展示力量和灵活性，并且显示最少功能失调行为的能力。（Conner，1993）
流行病学	弹性是在压力下生存和在不利条件下上升的能力。（Rutter，1979）
护理学	弹性是在内外环境的要求下为了生存、成长和发展产生再生力量的能力。（Jones，1991）
社会科学	弹性是从消极生活经验中跳出并在克服中变得坚强的能力。（Henderson & Milstein，1996）
医学	弹性是到事情开始正常前承认、感谢、忍受痛苦的能力。（Flach，1988）

资料来源：根据 Isaacs，A. J. *An investigation of attributes of school principals in relation to resilience and leadership practices*（PhD dissertation）. The Florida State University，2003. 12－13. 整理。

三、职业弹性（career resilience）的概念

Luthar 等人[①]（Luthar，Cicchetti & Becker，2000）认为弹性具有特定领域性，也就是说，个体在某些领域有较高的弹性水平，但在另一些领域却显现出问题。换句话说，弹性有助于个体在相似的领域有一致的表现，但是在不同领域却无法表现出一致性。因此，Luthar 等人建议在研究弹性时，应该要明确指出是哪个领域的弹性，使用限定性名词，诸如“教育弹性”、“情绪弹性”、“行为弹性”等，这将有助于提高学术术语的准确性。据此，职业弹性将是职业领域中弹性概念的准确描述。

职业弹性这个概念最早是由 London 于 1983 年在其论文《职业动机理论》中提出来的。[②] 在 London 的职业动机理论中，职业弹性是职业动机的三个维度中的一个，另外两个维度分别是职业洞察力和职业身份。他把职业弹性界定为“在不乐观的环境中个体对职业破裂的反抗”。后来，在 1993 年，他又将其修订为“个人适应环境变化的能力”[③]。在 London 的理论中，职业弹性是一种个人特质，职业弹性的对立面是职业脆性（career vulnerability）。职业脆性的含义是个体面对不乐观的工作条件（如获取职业目标受阻、不确定性、不良的同事关系等）时心理脆弱的程度（如焦虑不安、功能失调等）。职业弹性与职业脆性是一个维度的两极，高弹性意味着低脆性。高弹性并不是对环境不敏感，而是能更有效地应对不良的工作情境。作为职业动机的一个成分，职业弹性起着维持行为的作用。

另一个有影响力的定义是由位于加利福尼亚州的职业行动中心（Career Action Center，CAC）的研究者 Collard 等提出来的。Waterman 和 Collard[④] 于 1994 年联合撰文《迈向有职业弹性的劳动力》，并刊登在《哈佛商业评论》上，他们对“有职业弹性的劳动力”这一术语作了描述性定义。有职业弹性的劳动力是指“能继续学习的，为赶上变化随时自我投资的，对自我职业管理负责的，对组织成功有承诺的一群员工。”随后在 1996 年，Collard 等撰文

---

① Luthar，S. S.，Cicchetti D. & Becker B. The construct of resilience：A critical evaluation and guidelines for future work. *Child Development*，2000，71（3）：543－562.

② London，M. Toward a theory of career motivation. *Academy of Management Review*，1983，8（4）：620－630.

③ London，M. Relationships between career motivation，empowerment and support for career development. *Journal of Occupational and Organizational Psychology*，1993b，66（1）：55－69.

④ Waterman，R. H.，Waterman，J. A. & Collard B. A. Toward a career-resilient workforce. *Harvard Business Review*，1994，72（4）：87－95.

《变化的工作场所中的职业弹性》对职业弹性作了比较精确的描述性的界定，并用职业弹性车轮来表示这一概念的结构。Collard 认为"职业弹性是职业自我依赖的结果"。CAC 对职业自我依赖的定义是"在快速变化的环境中积极管理自己工作的能力，以及在公司内外所持的自我雇佣的态度"。随后在 1995 年，CAC 又把职业自我依赖修订为"终身承诺于在快速变化的环境中致力于积极管理自己的职业生活和积极学习"①。

此外，还有许多学者也都在自己的研究中对职业弹性作了描述或界定，例如，Pulley（1995）对职业弹性作了质性研究，并以此研究获得人力资源开发方向的教育学博士学位。在其博士论文中，她没有对职业弹性下定义，只对其进行了描述，即"本研究的目的在于探索为什么有些人经历了非自愿的失业后能够重新站起来，从经验中汲取教训，感觉比失业前还好。我用'职业弹性'这个术语来描述这种能力"②。

McDougall（2002）在其研究中将职业弹性定义为"积极适应连续变化的工作环境的能力"③。当然，这个定义改编自 Collard 等在 1996 年的文章。Hively（2003）则在其研究中把职业弹性操作定义为"经受高强度的工作压力但仅体现低水平的职业衰竭"④。该文没有编制职业弹性的测量量表，而是在用"工作压力量表"与"职业衰竭量表"测量之后，进行交叉分析，确定高压力低衰竭组为高职业弹性组，而高压力高衰竭组为低弹性组。然后研究人格变量和环境变量在这两组人群中的影响。结果发现，人格变量对职业弹性的贡献超出环境变量。Hall（1987）也强调，若个体的人格特质较易倾向于受挫，则他们将会对其所面临的阻碍施展出无效的因应策略，进而重复阻碍模式的循环，影响生涯的顺利发展。⑤

Amrani-Cohen（1998）在其论文中将职业弹性定义为"能够忍受和应对工作压力并且在工作环境中能有效地胜任、成功地发挥作用"⑥。

---

① Collard, B., Epperheimer, J. W. & Saign, D. *Career resilience in a changing workplace.* Columbus, OH: ERIC Clearinghouse on Adult, Career, and Vocational Education, 1996.

② Pulley, Mary Lynn. *Beyond the corporate box: Exploring career resilience* (EdD dissertation). Peabody College for Teachers of Vanderbilt University, 1995.

③ McDougall, Mary P. *The impact of adding personal counseling to traditional career services for unemployed middle-aged adults* (PhD dissertation). Wayne State Universtiy, 2002.

④ Hively, Jocelyn Dilano. *Resilience among school psychologists: Applying positive psychology to burnout prevention* (MS dissertation). California State Unviersity, Fresno, 2003.

⑤ Hall, D. T. Careers and socialization. *Journal of Management*, 1987, 13 (2): 301 - 321.

⑥ Amrani-Cohen, I. R. *Resilience among social workers: A cross-cultural study of Americans and Israelis* (PhD dissertation). Boston College, 1998.

Greifer（2004）对职业弹性的定义为“弹性一般指各种形式的对心理社会逆境的能导致积极结果的个人超越”①。

Barner（1994）在论述其职业战略模型时提到了职业弹性（job resiliency）的概念，“在新的模型下，你不能制定一个单一的、长期的职业目标；相反，你的计划要有灵活性以允许意外变故。……职业战略家追求的不是职业的稳定性（job security），而是职业的弹性（job resiliency），即开发快速响应雇主变化的要求所需的技能和灵活性”②。

Masten 和 Reed（2002）从个体水平的角度把弹性定义为“由在逆境或危险情境中表现出的各种积极适应模式所表征的一类现象”③。而 Luthans（2002a）④ 把弹性定义为一种可发展的能力，一种可从逆境、冲突、失败甚至积极的事件或增加的责任中跳回或弹回的能力，这种能力包含灵活性、调整、适应能力和对变化和不确定的持续的应答等。Worline 及其同事⑤（2002）以及 Klarreich⑥（1998）等则在组织水平下把弹性定义为结构和过程的动力，以允许组织或单位吸收压力、保持凝聚力和弹回的能力，使其具有持续的抗危险能力。

尽管 CAC 的研究者 Collard 认为 CAC 对职业弹性的理解与 London 的观点有许多相似之处，职业弹性与职业自我依赖也经常被交互替代使用，但是，笔者认为这两个概念是有细微不同之处的。第一点不同之处在于 London 认为职业弹性始于个人的童年生活，当个体开始职业生涯时，已发展得相当成熟。尽管工作环境对个人的这一特征能够产生影响，但组织不会提供有利于弹性发展所需的环境。而 CAC 则认为职业弹性尽管在早年已开始形成，但是个体仍然能通过采纳自我雇佣的态度和行为来培养职业弹性，并且组织

---

① Greifer, A. N. *Occupational resilience: protective factors among clinical social workers* (PhD dissertation). Michigan State University, 2004.

② Barner, R. The new career strategist: career management for the year 2000 and beyond. *The futurist*, 1994, 28 (5): 8 - 14.

③ Masten, A. S. & Reed, M. G. J. Resilience in development. In C. R. Snyder & S. Lopez (Eds.). *Handbook of positive psychology*. Oxford, UK: Oxford University Press, 2002. 74 - 88.

④ Luthans, F. The need for and meaning of positive organizational behavior. *Journal of Organizational Behavior*, 2002a, 23 (6): 695 - 706.

⑤ Worline, M. C., Dutton, J. E., Frost, P. J., Kanov, J. & Maitlis, S. *Creating fertile soil: The organizing dynamics of resilience.* Paper presented at the Academy of Management, Organizational Behavior Division, national meeting. Denver, CO., 2002.

⑥ Klarreich, S. Resiliency: The skills needed to move forward in a changing environment. In S. Klarreich (Ed). *Handbook of organizational health psychology: Programs to make the workplace healthier.* Madison, CT: Psychosocial Press, 1998. 219 - 235.

有责任为员工提供有助于职业弹性发展的组织环境。第二点不同之处在于两个概念的焦点不同。职业自我依赖关注的是个体的职业自我管理，强调员工在对组织的成功作出承诺时要对自己的职业生涯和成长担负责任，而职业弹性更多关注的是员工的职业开发，强调员工要培养对组织有价值和贡献的知识和技能。第三点不同在于两个概念的广度不同。London 的定义与儿童心理学中最先对弹性（resilience）的理解相一致，强调弹性必须具备一个标准就是要么处在危险因素中，要么处在不利的工作环境中，如不良工作关系、超负荷工作、高难度高要求等所谓一般的工作压力；要么遭受了创伤性事件或严重灾难，如被解雇、遇到重大工作事故等。这是一种狭义的职业弹性定义，而 Collard 的定义则是一种广义的定义，即只要能主动地管理设计自己的职业生涯，主动地适应变化中的工作环境，就说明具有了职业弹性，并不要求经受逆境或创伤。

从上面各种对职业弹性的定义的分析可知，各学者在界定职业弹性时的侧重点是不同的，有的侧重结果，有的侧重过程，有的侧重品质。据此，可把职业弹性的定义分为三种类型：结果性定义、品质性定义、过程性定义。结果性定义强调在遭遇职业逆境后最终取得的良好结果，不管导致良好结果的主要原因是个人的良好品质还是环境中的有力支持抑或是机遇；品质性定义则强调个人是否拥有某些特质或能力，只要拥有这些品质，不管最终是否超越职业逆境都认为是具有职业弹性的；过程性定义则强调个人应对职业逆境是个过程，是个人与环境、保护性因素与危险因素相互作用的动态过程，因为环境因素是动态的，而个人的应对方式和品质也是变化的。

品质性定义的学者有 London、Collard、McDougall、Barner、Luthans 等。结果性定义的学者有 Pulley、Hively、Amrani - Cohen、Greifer 等。过程性定义的学者有 Worline、Klarreich 等。由于对职业弹性的定义不同，在实证研究中对高弹性者或有弹性的操作性界定也存在三种情况：第一种情况认为一个人要具有职业弹性要符合两个标准，即要经历严重危险的职业逆境（如不良工作关系、超负荷工作、高难度要求、被解雇、重大工作事故等）和个体遭受打击后发展仍然良好，如 Pulley；第二种情况认为每个人职业生活都危机四伏，只要个体能主动地管理设计自己的职业生涯，主动地适应变化的工作环境，就说明具有职业弹性，并不要求经受逆境或创伤，如 Luthans、Collard 等；第三种情况认为若个体具有良好的保护因素就具有弹性，如 London。第一种属于狭义定义，后两种属于广义定义。品质性定义者多采用第三种方法，结果性定义者多采用第一种方法。在实际研究中，研究者往往根据自己的研究对象和兴趣选择以上的不同观点对职业弹性进行操作化，选取具体类型的职业逆境并确立良好发展的标准。

综上所述，对职业弹性有众多的定义，但至今仍没有一个被大多数学者所公认的定义，对它共同的理解就是这个概念是关于灵活适应变化的工作环境的能力。在这些定义中，以 London 和 Collard 对职业弹性的定义最有影响，其他研究的定义与他们俩的定义虽然措辞不同，角度不同，操作测量方式不同，但内涵却是基本一致的。

第二节　职业弹性的特征

一、心理学研究揭示的弹性特征

Werner 和 Smith[①] 在夏威夷的考艾岛所做的长期追踪研究被认为是弹性研究的代表性研究。在这项历时二十多年的研究中，Werner 等人考察了能使儿童从高危环境发展到技能完好的青少年和成人的特征，他们把在 2 岁以前经历 4 种或更多的危险因素，称为高度危险，如围产期问题、长期贫困、父母很少受到正规教育、组织涣散的家庭环境、父母酗酒或有精神疾病等。所谓危险因素，一般是指阻碍个体正常发展，使个体更易受到伤害而得到不良发展结果的生理的、心理的、认知的或者环境方面的因素。其研究证明，这种高危群体中有 1/3 的人非常脆弱。跟踪调查还发现，到儿童中期和青少年时期时，高危群体有更高的心理社会问题比率。第一，能终生有效地促进弹性的变量，其类型有着一致性。这些变量包括：能从他人处诱发积极社会反应的倾向性特征；与自我效能感和自尊有关的有计划的生活方式；有称职的照料者和支持型的成人；在学校和单位中新的体验等。第二，危险因子或保护性因子均通过发展过程起作用。这些新经历成为生活的转折点，对促进个体弹性发展有着重要作用。第三，存在着间接连锁效应现象。例如，儿童早期气质特征或其行为问题的显露程度，均预示着其在今后生活中得到社会支持的可能性大小，而后者对于弹性起着重要作用。第四，一些变量，特别是认知技能和高成就动机，对那些来自高危背景的人具有更重大的影响。[②]

Werner 和 Smith（1982）总结出了三大保护性因素群。所谓保护性因素，

---

① Werner, E. S. & Smith, R. S. *Vulnerable but invincible*: *A longitudinal study of resilient children and youth*. New York: Adams, Bannister, and Cox, 1982.

② 席居哲，桑标. 心理弹性（resilience）研究综述. 健康心理学杂志，2002，10（4）：314～318

一般是指能减轻不利处境中的个体所受到的消极影响、促使个体弹性发展的各种因素，它与危险性因素相对立。这三大保护性因素群为：①至少正常的智力和能引发别人肯定反应的倾向性特征；②与祖辈或哥哥姐姐等这些“替代性父母”的情感纽带；③外部支持系统，在教堂、青年人群体或学校中，该系统可以使个体获取技能和一致感。[①] Werne 和 Smith（1982）认为，有效应对的核心成分是一致感（sense of coherence），这是一种对自我和环境能有效预测，对事物能进行合理预期，对事物的结局能把握的自信感觉[②]。

Higgins（1994）[③] 对40位在童年期经受过严重的虐待和创伤的成人进行了访谈和心理测试。她发现有弹性的儿童会主动寻找替代性父母，维持这种替代性的爱，并选择性地内化这些关系。进入少年期后，这些有弹性的儿童会利用收养关系来发展自主性、胜任力和管理情绪的能力。有弹性的个体倾向于提到积极的信仰和与困难作战的个人意义。她发现有弹性的成人拥有积极的关系，擅长解决问题，有自我提升的动机。她发现的弹性特征有智力、创造力、实践精神、高水平的自我发展、比其家庭高的经济地位等。

Steven J. Wolin 和 Sybil Wolin（1993）[④] 通过对有弹性的生存者进行访谈，研究了酗酒父母对子女的长期影响。一般在问题家庭中成长的个体常会经历恐惧、疏离、痛苦，而研究者在弹性个体身上则看到了相反的现象。他们把在战胜逆境时会出现的这种力量称为弹性，并提出它包含 7 种成分，即洞察力、独立性、关系、主动性、创造力、幽默感、道德。

Rutter（1987）[⑤] 对一些儿时由于受到虐待或被丢弃而被某机构抚养成人的英国妇女做了为时 14 年的追踪研究。尽管儿时的成长面临着高度的危险因素，但其中大约有 1/3 成为成功的、负责任的成人。这可以从她们对配偶的选择和结婚中看出来，也可从她们的就业选择中看出来。

Flach（1988）[⑥] 是一位精神病学家。他花了 30 年的时间治疗精神病患

---

① Werner, E. S. & Smith, R. S. *Vulnerable but invincible*: *A longitudinal study of resilient children and youth.* New York: Adams, Bannister, and Cox, 1982.

② Werner, E. S. & Smith, R. S. *Vulnerable but invincible*: *A longitudinal study of resilient children and youth.* New York: Adams, Bannister, and Cox, 1982.

③ Higgins, G. O. *Resilient adults*: *Overcoming a cruel past.* San Francisco: Jossey-Bass. Inc., 1994.

④ Wolin, S. J. & Wolin, S. *The Resilient Self*: *How survivors of troubled families rise above adversity.* New York: Villard Books, 1993.

⑤ Rutter, M. Psychosocial resilience and protective mechanisms. *American Journal of Orthopsychiatry*, 1987, 57 (3): 316 – 331.

⑥ Flach, F. *Resilience*: *Discovering a new strength at times of stress.* New York: Fawcett Columbine, 1988.

者。在此过程中，他观察到患者是如何战胜苦难，应对潜在危险情境的。他根据自己的经验整理出了弹性人格特征的轮廓，其包括具有强自尊感，独立思考和行动的能力，高度的自律和责任感，承认和发展个人的特殊才能和天赋，思维开放，兴趣广泛，有幽默感，具有对自己和他人情感的洞察力并用合适的方式表达的能力，对压力的高忍受力，对生活的关注与承诺（focus and a commitment to life）等。

二、组织研究中揭示的弹性特征

Conner（1993）[①] 在各种经历变革的企业中做了近二十年的咨询师、培训师和研究者，对于研究转型中人的行为有丰富的经验。他于 1974 年成立了 ODR 公司，即组织开发资源公司（Organizational Development Resources），一家研究和开发性质的公司，致力于研究人们如何应对重大的变革。他和他的同事发现那些能成功实施重大组织变革的人身上具有一些共同的特征，包括集中注意、灵活性、积极性、组织性和前瞻性等。这些特征可由他们的信仰、行为、技能和知识领域显示出来。他还发现高弹性的人倾向于把问题视为挑战，而弹性低的人则更倾向于把问题视为威胁。有弹性的人会在困难和逆境中展示力量和灵活性。其研究揭示的职业弹性特征体现在其“弹性连续轴”图中，如表 2.2 所示。

表 2.2　Conner 的弹性连续轴

弹性连续体		
	低 ←→ 高 D 型	O 型
积极	把世界解释为二元的和连续的	把世界解释为多面的和重叠的
	期待未来是有序的、可预测的	期待未来充满连绵不断的变数
	把未满足期待的事解释为个人报复和阴谋	把中断解释为变化世界的自然结果
	花时间解决众多的矛盾	花时间理解众多的悖论

① Conner, D. R. *Managing at the speed of change: How resilient managers succeed and prosper where others fail*. New York: Villard Books, 1993. 241 – 244.

（续上表）

弹性连续体 低 ←→ 高 D 型		O 型
积极	视重大变化为不舒服的和应极力避免的	视重大变化为不舒服的，但同时视为重大机遇
	觉得大多挑战是不公平的和无目的的	相信通常可以从挑战中习得经验
	视生活中充满惩罚	视生活中充满回馈
目标专注	缺乏总的目标或愿景或是缺乏达到目标所需的专注能力	有坚定的目标和愿景，这不仅是意义的源泉还是重大中断之后重建愿景的指导系统
灵活	认为变革是神秘莫测的	认为变革是可管理的
	对模糊的容忍力低，如在无结构和不确定工作环境下的低绩效	对模糊的容忍力高
	经历逆境和失望后需长时间恢复	经历逆境和失望后需很短时间恢复
	在变化中自觉是受害者	在变化中有授权感
	从事超出个人或组织能力的变革	清楚个人的长处和短处，知道何时接受内部或外部的局限
	囿于固有的思维方式和成见	挑战和适时修改假设和参照框架
	不能打造和维持提供支持的营养性关系	依赖营养性关系获取支持
	面对变革时缺乏耐心、理解和幽默	处理变革时显示出耐心、理解和幽默
组织	面对混乱的信息感到迷茫	能识别混乱情境中隐藏的脉络
	参与许多不同的变革项目变得筋疲力尽	把几个看似无关的变革整合在一个中心主题下以集中用力
	在变革中不能建立和/或更新优先顺序	在变革中设立或调整优先顺序
	不能有效处理同时发生的多个任务和要求	能成功处理同时发生的多个任务和要求

（续上表）

弹性连续体 低 ←————→ 高 D型　　　　O型		
组织	不能划定任务和压力的边界，导致一个领域的压力溢到另一个领域	擅长划定边界，所以一个领域的压力不会带入其他项目或个体生活的其他部分
	在需要时不能向他人寻求帮助	知道何时该向他人寻求帮助
	倾向于不经思考的本能行为	认真计划思考后才采取行动
前瞻性	不能识别即将发生的或潜在的变化	断定何时变化是不可避免的、必须的或有利的
	当面临意外时仍固守旧的运营方式	重新组织变化的情境，临时采用新的方法，设法获取优势
	当结果难以确定或明显消极时仍不能冒险	尽管存在潜在的消极结果仍能冒险
	重复同样的变革却不能显著地产生学习动力	从变革相关经验中吸取教训并应用于相似情境
	面临中断时的反应是抱怨、攻击、遮掩行为	面临中断时投入更多精力到问题解决和团队工作中
	不能影响他人或有效解决冲突	能影响他人和解决冲突

资料来源：Conner, D. R. *Managing at the speed of change: How resilient managers succeed and prosper where others fail*. New York: Villard Books, 1993. 241 – 244.

第三节　职业弹性的理论和模型

一、London 的职业动机理论和模型

London 的职业动机理论源自 AT & T 公司的人力资源研究中心针对青年管理者的开发所做的评价中心研究以及随后的长期追踪研究。后来，该理论被扩展为一般理论，用来解释所有员工的职业动机，并且被广泛地应用到职

业规划上，尤其是处在变革中的组织的员工职业管理。

1. 职业动机（career motivation）的概念

动机一词，来源于拉丁文“movere”，意为“推动”（to move），被用来解释单有能力所不能解释的决策和行为，常指引起个体行为或解释个体为什么那么做的各种力量、驱动、渴望、需求。

London 的职业动机概念的基础是“工作动机”和“管理动机”。London 认为以上两个现存的概念范围太小，且没有反映出与职业有关的个体特征、决策和行为，如个体为何寻找或接受一个职位、决定留在组织内、修改职业规划、寻求培训和新的工作经验、设置和获取职业目标等。于是 London (1983)① 把职业动机定义为：“反映个体的职业认同（career identity）、职业洞察力（career insight）、职业弹性（career resilience）的系列个体特征、职业决策和行为。”也就是说，职业动机是指引起并维持个体关于职业规划、行为及决策的力量，由职业弹性、洞察力和认同三个维度构成，其范围涵盖了一个人在职业历程中有关工作动机、管理动机以及所有与职业决策和行为相关的动机。

2. London 的职业动机理论模型

London 的职业动机理论模型由三个成分构成：个人特征、情境条件、决策和行为。个人特征是指与个体的职业潜在相关的个人需要、兴趣、人格变量。与职业相关的个人特征变量众多，可以归为三类：职业弹性、职业洞察力、职业认同。它们构成职业动机的三个结构维度。这三个维度间的关系为：职业认同为职业动机指定方向，职业洞察力起激发和唤醒作用，职业弹性则起维持作用。以下对其含义进行解释：

职业认同是指个体在多大程度上用工作来定义自己。它包含对工作、组织和专业的卷入以及对晋升、认可、领导角色的内在需求。职业洞察力是指个体能够实际了解自我和自我职业，并将这些知觉用于目标的设立上。它包含设立清晰、实际的职业目标和了解自己的优缺点。职业弹性是适应环境变化的能力，甚至是非常恶劣的环境。它包含的个人特征变量有自我信念、成就需要、冒险性以及视需要与他人合作或独立作业的能力。

情境变量是工作环境中对个体职业动机产生影响的因素，包括人事政策、程序、领导风格、工作设计、群体凝聚力、职业开发项目、薪酬系统等。职业决策和行为是与职业有关的决策和行为，包括产生备选行动方案、

---

① London, M. Toward a theory of career motivation. *Academy of Management Review*, 1983, 8 (4): 620-630.

搜集信息、评价信息、设立目标、做决定、执行决定等。

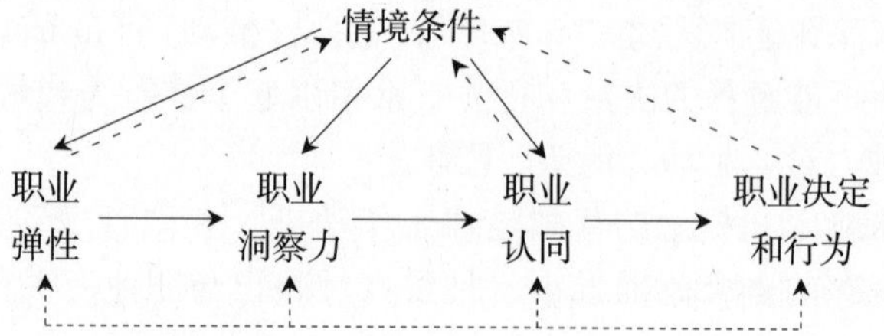

⟶ 指未来式关系（prospective relationships），从情境条件至职业动机，再从职业动机至职业决定和行为。

- - - - -➤ 指回溯式关系（retrospective relationships），从对个人职业决定和行为的自我知觉回至职业动机的感受（如弹性、洞察力、认同的感受等），以及从职业动机与决定和行为的感受回至情境的知觉。

图 2.1　London 的职业动机模式图（London & Noe，1997）

资料来源：London，M. & Noe，R. A. London's career motivation theory：An update on measurement and research. *Journal of Career Assessment*，1997，5（1）：61 – 80.

在 London 的职业动机模型中，个人特征、情境条件、职业决定和行为三者之间的互动关系可以用前瞻理性（prospetive rationality）和反省理性（retrospective rationality）来描述①，如图 2.1 所示。

前瞻理性指个体的决策和行为受预期的结果和获取结果的欲望所引导。前瞻理性假定组织、职务、个体的客观差异决定职业决策和行为。反省理性指个体花费大量时间来思考和检讨自己行为和决策的结果，也就是说，决策和行为、情境条件影响个体如何解释外界环境和内在心理状态。

从图 2.1 可知，个人的职业动机是受到情境条件的影响的，也就是说，支持性的环境有助于提高个人的职业动机，其中职业弹性是基础，良好的职业弹性有助于形成正确的职业洞察力，正确的职业洞察力又有助于形成合理且有意义的职业认同，而职业动机的差异会影响个体的职业决策和行为，这是前瞻式关系；反之，就反省式关系而言，个人对职业决策和行为的自我知觉会影响其职业动机，而个体的职业动机又会影响其对情境的知觉。因此，

① London，M. & Noe，R. A. London's career motivation theory：An update on measurement and research. *Journal of Career Assessment*，1997，5（1）：61 – 80.

前瞻理性和反省理性都会影响个体的职业决策和行为。London 认为职业洞察力和职业认同是通过信息加工的方式而发展的，因此较容易在职业发展的过程中发展出来，而职业弹性则较不易发展，并会随着时间有所增强或减弱。因此，London 建议工作者应在进入成年期前好好地发展其职业弹性，将有助于其职业的成功。

在情境条件方面，影响职业弹性的情境特征包括正强化、组织的改变、鼓励自主性、对学习和技能开发的支持、建设性的绩效反馈、对创造力的支持、对品质的要求等；影响职业洞察力的情境特征包括目标设定的结构化、目标结构的路径（如达到某一组织地位的标准路径）、组织的灵活性、改变的机会、组织过程的可见性（如对个人评价方式的直接性和透明化）等；影响职业认同的情境特征则包括鼓励专业化、注重组织承诺、升迁和领导机会、认可、获取金钱收益的可能性等。

在这个模型中存在 6 种假设关系：①个人特征对环境具有直接影响。与职业动机相关的个人特征越稳定，越融入个体的自我概念，则个人特征对职业决策和行为的直接影响就越大；②环境条件对职业决策和行为具有直接影响。环境条件对行为和决策的可能选择的限制或控制越大，对其社会接受程度的定义越严，合理性的评价标准越依赖他人，则情境条件对个人的职业决策和行为的影响越大；③个人特征和情境条件在影响职业决策和行为时存在交互作用。个人特征与环境特征越匹配，则职业决策和行为越有效（如对个人和组织产生更加积极的结果）；④个体的职业决策和行为对个体特征产生影响。个体的职业决策和行为所产生的结果越积极或越消极，结果持续的时间越长，则对个体与职业有关的个体特征影响越大；⑤情境特征对个体特征产生影响。情境特征越被视为积极或消极，越是最近出现的，越能控制职业决策和行为的可能选择，则对个体与职业有关特征产生的影响越大；⑥个人特征影响个体对环境的解释。情境起初越是模糊、不确定、没有连续性，与职业动机有关的个性特征越会影响个体对环境的知觉。[①]

3. 职业动机水平高低的度量

职业动机现有的测量方法有两种：评价中心和纸笔测验。AT & T 公司的人力资源研究中心的 London 和 Bray（1984）[②] 设计了一个为时两天的职业

---

① London, M. Toward a theory of career motivation. *Academy of Management Review*, 1983, 8 (4): 620 -630.

② London, M. & Bray, D. W. Measuring and developing young managers' career motivation. *Journal of Management Development*, 1984, 3 (3): 3 -25.

动机评价中心来研究 48 位青年管理者的职业动机。评价中心用背景面视、心理学测验与角色扮演练习来度量这些管理者的职业动机。评价中心能为评价提供丰富的信息，但是要耗费大量的时间和资金，一般学者很难采用。

一般学者采用纸笔测验来研究职业动机。London① 在 1993 年编制了一套 17 题的“职业动机问卷”，这些题目聚焦的是个体的情感和态度。测量职业弹性的题目为“能适应改变的环境；愿意冒险；对于工作或组织上的改变表示欢迎；能够处理任何工作上的问题；期望与新的不同的人一起工作”。测量职业洞察力的题目为“有很清晰的职业目标；有很实际的职业目标；知道自己的长处（哪些事情我能做好）；知道自己的缺点（哪些事情我做不好）；承认那些可以做得好和做不好的事”。测量职业认同的题目为“用工作来定义自己；尽我所能地努力工作，即使要经常加班加点和占用周末时间；很投入地工作；以能为所属的组织工作为荣；相信自己的成功取决于雇主的成功；忠于雇主；视自己为专业性的或技术性的专家”。London② 曾用 183 名员工和他们的上司来做研究，发现问卷的内部一致性信度为 0. 80 ~ 0. 88，自评的重测信度为 0. 52，上司的重测信度为 0. 54，问卷有清晰的三因子结构，这说明 London 的问卷有较好的信度和效度。

Noe 等（1990）③ 也独立开发了一套 27 题的“职业动机问卷”，不过他们的测量聚焦的是行为。此外，Carson 和 Bedeian（1994）④ 开发的一套 12 题的“职业承诺问卷”也被 London 视为职业动机测量的工具，职业承诺只不过是针对职业动机另设的一个概念。

二、Collard 的职业弹性模型

Collard 提出的职业弹性模型是一个概念模型，她用职业弹性车轮来表示这一概念的结构⑤，如图 2. 2 所示。职业自我依赖车轮（Collard，Epperheimer & Saign，1996）。

① London，M. Career motivation of full and part-time workers in mid and late career. *International Journal of Career Management*，1993a，5（1）：21 – 29.

② London，M. Career motivation of full and part-time workers in mid and late career. *International Journal of Career Management*，1993a，5（1）：21 – 29.

③ Noe，R. A.，Noe，A. W. & Bachhuber，J. A. An investigation of the correlations of career motivation. *Journal of Vocational Behavior*，1990，37（3）：340 – 356.

④ Carson，K. D. & Bedeian，A. G. Career commitment：Construction of a measure and examination of its psychometric properties. *Journal of Vocational Behavior*，1994，44：237 – 362.

⑤ Collard，B.，Epperheimer，J. W. & Saign，D. *Career resilience in a changing workplace*. Columbus. OH：ERIC Clearinghouse on Adult，Career，and Vocational Education，1996.

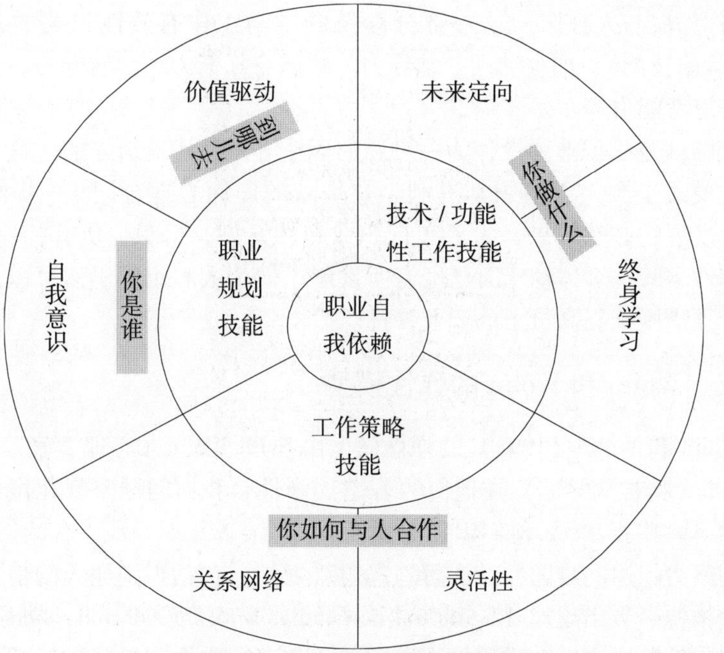

图 2.2 Collard 的职业弹性车轮

资料来源：Collard, B. Epperheimer, J. W. & Saign, D. *Career resilience in a changing workplace*. Columbus. OH：ERIC Clearinghouse on Adult, Career, and Vocational Education, 1996.（注：图由笔者翻译制作。）

在职业弹性车轮中，职业弹性（职业自我依赖）具有 6 个关键特征：自我意识、价值驱动、未来定向、终身学习、灵活性、关系网络。自我意识指个体对自己的能力、特征、职业兴趣、优劣势有清晰的认识，价值驱动指个体有明确的价值追求，未来定向可使个体留意未来发展趋势以便及时调整职业发展计划，终身学习可使个体跟上本领域的发展，灵活性可使个体快速适应变化，关系网络可使个体从中获得支持。

这个车轮被分成相等的三部分：

“你是谁？到哪里去？”这一部分主要涉及的是职业规划的技能。它包括评估个体的职业兴趣、价值观、技能、风格，识别最佳的工作场所与工作方式。这一部分技能可帮助个体识别对自己有意义的、满意的工作。

“你做什么？”这一部分涉及的是技术/功能性工作技能，它是个体所从事的领域或专业所需要的技能。专业知识和技能需要经常性更新以便能跟上变化，使个体有市场竞争力。

“你如何与人合作”这一部分涉及的是与工作有效性相关的工作技能（工作策略技能），如主动性、领导力、团队合作能力、沟通能力、问题解决技能、思考能力等。

Collard 是把职业弹性作为一种新的职业开发模式提出来的。这种新的职业开发模式于个人于组织都有利。它是新的雇佣心理合同——提高可雇佣性——发展的必然结果。为了实行职业弹性开发，组织也负有相应的责任。职业弹性尽管在个体幼年时已经有所发展，但个人和组织仍然可以采取一系列的干预措施来提高员工的职业弹性。

三、Wolin 和 Wolin 的弹性模型

Wolin 和 Wolin（1993）的弹性模型由 Sybil Wolin（心理学家）和 Steven J. Wolin（精神病学家）在他们的著作《弹性自我：问题家庭儿童如何在逆境中腾飞》中提出。[①] 他们识别的弹性成分为：

洞察力：追问难题并诚实解答的思维习惯，包括识别他人的信号、找出问题的根源、看出规律（figure out how things work for self and others）。

独立性：在自己和重要他人之间确立正确、安全的界限，包括情绪的疏离和什么时候该从不良关系中脱身。

关系：与他人发展和维持亲密的关系，包括选择有益的伙伴、建立新的关系、维持良好的关系。

主动性：主动管理自己和自己的环境。

创造力和幽默：包括创造性和发散思维，能够运用创造力来忘却伤痛、表达情感，运用幽默来减少紧张。

道德：知道什么是对错并坚守这些信念。

四、Sandra Hagevik 的弹性模型

Sandra Hagevik（1998）在《环境健康杂志》中发表《需要弹性》一文。[②] 在她二十多年的职业咨询师生涯中，她咨询、指导、鼓励、访谈了数以百计的处在职业转换中的人。她自己也由于各种原因多次转换职业和职务，她的职业生涯以教师开始，讲授科学与健康，后来进入职业咨询领域，

---

① Wolin, S. J. & Wolin, S. *The Resilient Self: How survivors of troubled families rise above adversity.* New York: Villard Books, 1993.

② Hagevik, S. Career consultant resilience required. *Journal of Environmental Health*, 1998, 60(10): 37.

还做过大学行政工作，当过企业外置咨询师等。她认为面临变化的个体和组织取得成功的必要因素是弹性。她认为职业弹性由以下成分构成：

积极性：积极性意味着除了做好岗位期待你做的以外还要提供改善工作境况的建议。有弹性的员工倾向于把自己描述为多面体。他们期待变化，视破裂为变化世界的自然而然的结果，花时间来理解发生在他们工作生活中的矛盾现象。尽管在经受重大变化时也会觉得不舒服，但他们视变化为成长和发展的机会。他们相信生活会给予他们以回报，他们相信自己能从挑战中学到东西。

集中精力：这样的人能维持一种强烈的目的或愿景，这种目的和愿景既是意义的源泉又是在重大中断后回到原轨的指导系统。

灵活性：灵活性是相信变化是可管理的能力。高灵活性的员工对模糊性有较高的容忍力，经历逆境后能很快恢复，对于职业转换有一种授权感。他们承认自己的优势和缺点，富有忍耐力，在处理转变时富有理解力和幽默感。这些员工知道什么时候以及如何接受来自内部或外部施加的局限。他们不会参与超越自身或组织能力的变革。他们依赖亲密的关系获取支持。在变革中他们不觉得自己是受害者。

组织性：有组织性意味着能在混乱的情境中辨认主题和关键，能把表面现象整合起来形成一个有逻辑的整体。他们能在转变中确立和调整优先顺序，能同时处理几个不同的任务和要求。他们知道何时该寻求帮助，经过仔细计划后再行动。而那些组织技能差的员工在遇到目标冲突或优先顺序冲突时则会手足无措，不能同时有效地处理多个任务。

前瞻性：有前瞻能力的人知道什么时候的变化是不可避免的、必须的或有利的。他们是冒险家，能从处理变化中吸取经验教训并将这些经验迁移到相似的情景中。缺乏前瞻性的人在工作场所会僵于守旧的或过时的做法或政策，对于职业中的中断他们抱怨或迁怒、攻击他人或组织系统。有前瞻性的人遇到职业中断时致力于问题解决，依靠团队的力量而不是个人的单个行动。

五、Daryl Conner 的弹性模型

Conner 是一位心理学家，他是畅销书《管理变革的速度：弹性管理者如何成功和发达》（*Managing at the speed of change: how resilient managers succeed and prosper where others fail*）的作者。Conner（1993）在各种经历变革的企业中做了近二十年的咨询师、培训师和研究者，对于研究转型中人的行为有丰富的经验。起初，他研究美国国内处在转型中的人的行为，后来他的研

究界限超出了美国，他把研究拓展到加拿大、墨西哥、亚洲各国、澳大利亚、西欧各国、南美洲各国、匈牙利、俄罗斯、南非的企业。对于变革管理他写了两本著作和六十多篇杂志、期刊、会议等论文。他的弹性研究曾被无数的研究所引用。他和他的同事发现能成功实施重大组织变革的人身上具有一些共同的特征，即5种主要特征（7种亚特征），包括集中精力、灵活性（思维和社会）、积极性（世界和自我）、组织性、前瞻性。[①] 现分别表述如下：

集中精力：由于变革和压力情境一般都具有模糊性和不确定性的特征，拥有强烈的目的感和优先顺序对于一个有弹性的人来说，其重要性不言而喻。当目标或优先顺序清楚时，个体在遭受中断或挫折后更易回到正轨。研究者发现，那些描述自己有强烈目的感的人，或说自己的生活有意义或目标的人，能更好地管理冲突情境，找出重要的问题，评价备择方案的价值，更有效地运用自身能量。没有目的和优先顺序的人，大多时候不能有效地运用资源。

灵活性—思维：应对模糊性是弹性的一个关键作用。应对模糊性的一个重要方面就是个体具有能从不同角度看问题的能力和意愿，并能接纳矛盾和对立，在矛盾和对立中生活，把矛盾和对立作为生活的一部分。许多时候，当一个人头脑开放时，他会找到更多看问题的视角，对问题有更宽广的理解力，能形成更加富有创造力、更加有效的解决办法。

灵活性—社会：能利用他人资源的能力。研究表明高弹性的人承认自己与他人的相互依赖。他们拥有很强的社会连带关系，在困难时期可依赖它获取支持。他们能建立和维持亲密的关系，乐意经营这种给予他人又从中获取的互惠的支持性友谊，知道如何利用他人的技能与自己互补。如果个体没有这种类型的支持或找不到这类支持，那么个体处理压力和不确定性的能力就会大大降低。

积极性—世界：对大多数情景来说，大多数人既有积极的又有消极的观点。研究表明，积极的人与消极的人在倾向上的差异在于他们关注的是环境中的积极因素，视其环境为复杂而有挑战性。他们能从乍看是问题的情景中看到机会和希望。而那些主要关注消极因素的人则会陷入焦虑和抑郁的恶性循环中，使他们看不到环境中隐含的价值和机会。乐观的精神很重要，它激励人们为扭转消极因素寻找途径，主动创设积极的环境。

---

① Conner, D. R. *Managing at the speed of change: How resilient managers succeed and prosper where others fail.* New York: Villard Books, 1993. 241 – 244.

积极性—自我：对自己抱有积极的信念，相信自己是个有价值、有能力的人。人们需要一个牢固的根基以面对生活中的不确定性和压力。这个根基可以从对自己能力的现实评价和发展性的自我接纳中形成。当个体觉得能达到自己的目标时，个体就会自信地采取行动，能经受住失败的考验，不会因为失败而失去价值感，觉得自己一无是处。这种信念还意味着个体相信自己能影响环境，能掌控自己的生活，而不是相信外力在控制自己的命运。

组织性：弹性的另一个重要成分就是组织能力。组织能力使个体在混乱和模糊中找到秩序，从思考中走向行动。在评价既有信息，选择前行方向，计划具体步骤时，都需要组织能力。这种能力很重要，它要求个体有很高的处理信息的能力，能辨认和识别有用的、重要的信息，抛弃无益的信息，把掌握的信息逻辑化和结构化成一个可行的、具体的操作计划。如果没有组织能力，个体就会浪费大量资源来不断地尝试问题的解决方案，而不能取得任何实际进展。

前瞻性：个体不能仅仅被动应答环境的压力，要有前瞻性。个体必须愿意冒些险，忍受一些不适，坚信冒险会带来积极的结果，如成长、个人发展、重要目标的取得等。有前瞻性的人主动寻找挑战而不是躲避挑战，在遇到职业中断时致力于问题解决而不是退缩。与此形成对照的是那些极度重视稳定性、确定性和安全性的人，他们会在坐等“当然的事”时错失良机。

六、Nan Henderson 和 Mike Milstein 的弹性模型

Nan Henderson 和 Mike Milstein（1996）是《学校中的弹性》一书的作者。这本书告诉教育者、教育管理者和学校的社区要更多地关注积极力量而不是缺陷，他们还提出了一些建议，以提高学生和教职员工的弹性。

在他们的研究中，他们识别了学校行政人员所具有的 6 种弹性元素[①]：

①增进关系：在学生和教职员工中形成关怀性关系。

②确立清晰和连续的规定：规范、规则、限制要清楚地传达。

③教授生活技巧：提供有意义的发展机会和培养自我价值感。

④提供关怀和支持：经常提供反馈以保持满意的进步水平。为行政管理者的出色工作、忠诚、勤奋提供回报。

⑤确立和传达高期待：传达对行政管理者的高期待，行政管理者必须树立高的目标。

---

① Henderson, N. & Milstein, M. *Resiliency in schools: Making it happens for students and educators.* Thousand Oaks, CA: Corwin Press, 1996.

⑥提供有意义参与的机会：提供机会让行政管理者贡献自己的技能和继续学习。

七、Flach 的弹性模型

Flach 是一位精神病学家，他提出的弹性（1998）有以下要素[①]：

①自尊感。

②独立思考和行动，但需要依赖他人时并不畏惧和退缩。

③与他人交往时有妥协能力以及拥有良好的关系网络，这包括一个或多个亲密朋友。

④高水平的自律与责任感。

⑤对自我特有才能与天赋的认可和接纳。

⑥头脑开放、愿意探新。

⑦乐意梦想。

⑧兴趣广泛。

⑨犀利的幽默感。

⑩敏锐地洞察自己与他人的情感并有效地表达。

⑪对压力的高耐受能力。

⑫集中精力，热爱生活，有生活哲学或信仰。在最绝望的时候，这些生活哲学能给予个体意义和希望。

八、Richardson 的过程模型

Flach（1988，1997）曾提出弹性品质是通过瓦解与重新整合过程获得的[②]，而 Richardson 则提出了一个详细的过程模型。Richardson（2002）的过程模型[③]如图 2. 3 所示。

---

① Flach, F. *Resilience: Discovering a new strength at times of stress.* New York: Fawcett Columbine, 1988.

② Flach, F. *Resilience: Discovering a new strength at times of stress.* New York: Ballantine, 1988; Flach, F. *Resilience: How to bounce back when the going gets tough.* New York: Hatherleigh Press, 1997.

③ Richardson, G. E. The metatheory of resilience and resiliency. *Journal of Clinical Psychology*, 2002, 58 (3): 307 -321.

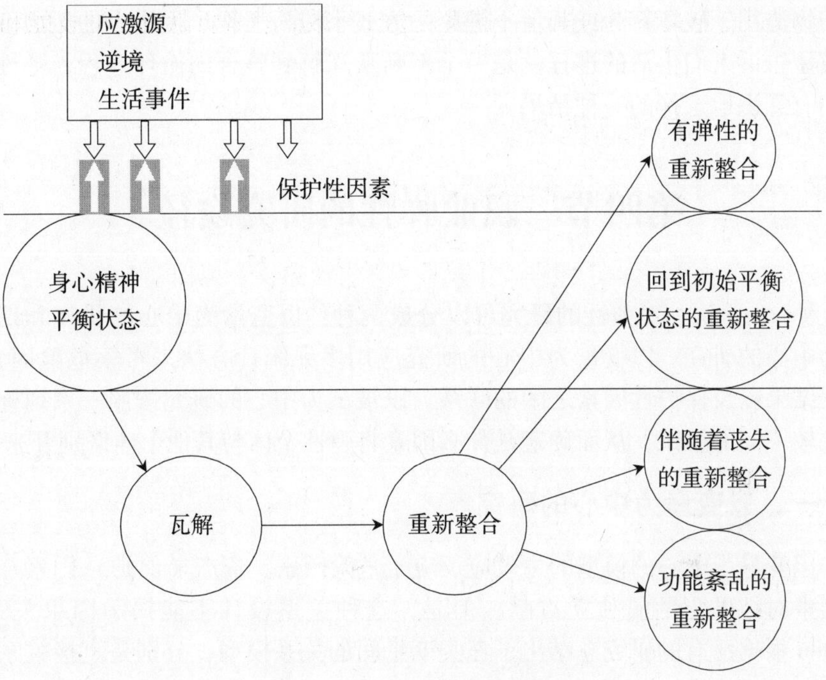

图 2.3　Richardson 的过程模型

资料来源：Richardson, G. E. The meta theory of resilience and resiliency. *Journal of Clinical Psychology*, 2002, 58 (3): 307－321.

Richardson 从瓦解与重新整合以及意识与无意识选择的角度来看待弹性。该模型认为，当个体适应了其工作生活环境时，个体处于“身心精神平衡状态”(biopsychospiritual homeostasis)，即一种身、心、精神的适应状态。在面对个体内外部的变化，如工作生活的压力、逆境、机遇或其他变化时，原本处于“身心精神平衡状态”的个体为了维持平衡，就会调动众多的保护性因素与工作生活刺激相抵抗。若压力过大、抵抗无效，平衡就会发生瓦解。这时，个体常会体验到失落、伤害、内疚、困惑、恐惧等情绪，即“poor me”阶段。随后个体开始思考该怎么应对的问题，即进入整合过程。这个过程会导致 4 种不同的结果：①达到更高水平的平衡状态，即有弹性的重新整合，个体通过瓦解后得到成长，弹性品质得到增强；②回复到初始平衡状态，由于个体为了维持暂时的心理安逸而不肯改变，失去了成长的机会；③伴随着丧失而建立起更低水平的平衡，这时个体不得已放弃生活中原有的动力、希望或动机；④伴随着功能紊乱而出现的失衡状态，在这种情况下个体转而采用药物滥用、破坏行为或其他不健康的方式来应对工作、生活中的压力。这个模型告诉人们生活的进程就是一个不断从瓦解到整合的循环过程，弹性是人们有意识地选择的一种结果。①

第四节 职业弹性的研究途径

Masten② 认为对弹性的研究可以分成两种：以变量为中心的研究和以被试为中心的研究。以变量为中心的研究应用多元统计方法来考察危险因素、发展结果以及保护性因素之间的联系。以被试为中心的研究按照一系列标准来比较不同的被试，从而确定是什么因素将弹性个体与其他个体区别开来。

一、以变量为中心的研究

以变量为中心的模型的主效应反应了危险因素、资产（保护）因素、两极因素对结果变量的独立贡献。但是，这种关系设计不能揭示因果关系。Masten 根据已有的研究总结出了三类变量间的关系模型，分别是直接关系模型、间接关系模型和交互关系模型。下面的三个设计图分别反映了这三种关系模型。③

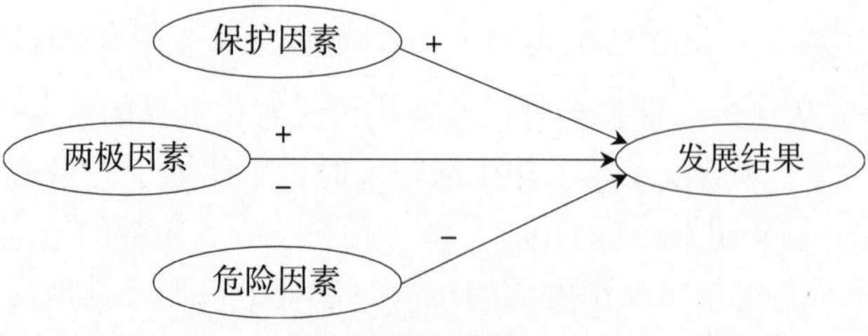

图 2.4 直接关系设计图

资料来源：李海垒，张文新．心理韧性研究综述．山东师范大学学报，2006，51（3）：149～152

① 模型的翻译参考了：于肖楠，张建新．韧性（resilience）——在压力下复原和成长的心理机制．心理科学进展，2005，13（5）：658～665

② Masten，A. S. Ordinary magic：Resilience processes in development. *American Psychologist*，2001，56（3）：227－238.

③ 模型的翻译参考了：李海垒，张文新．心理韧性研究综述．山东师范大学学报，2006，51（3）：149～152

图 2.4 反映的是三类因素对发展结果起直接的影响。正号表示积极影响，负号表示消极影响。发展的结果取决于保护因素与危险因素的力量对比。如果保护因素的力量较大，则可能会产生良好的结果；如果危险因素力量较大，就可能会出现不良后果。有时候危险因素的力量可能非常强大，以至于保护因素力量再大，也不能改变消极结果的产生。这种情况下，保护因素起的作用是能够减弱消极后果的影响，或者使个体能够尽快从困境中恢复过来。①

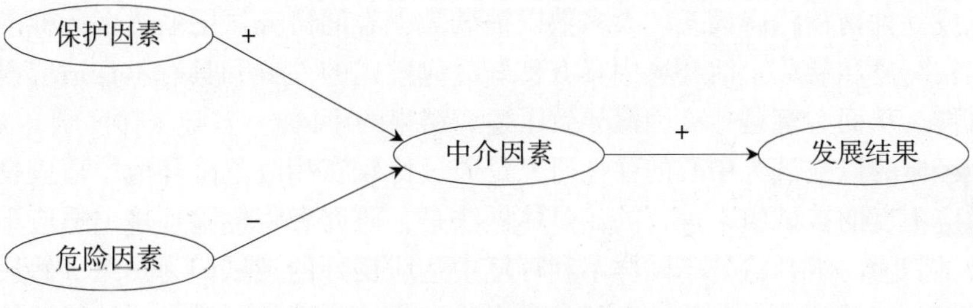

图 2.5　间接关系设计图

资料来源：李海垒，张文新．心理韧性研究综述．山东师范大学学报，2006，51（3）：149 ~ 152

图 2.5 反映的是中介因素的作用。保护因素首先对中介因素起作用，然后通过中介因素，对发展结果起到了积极作用，而危险因素却由于中介因素的作用而受到了阻滞，最终个体获得了良好的发展。②

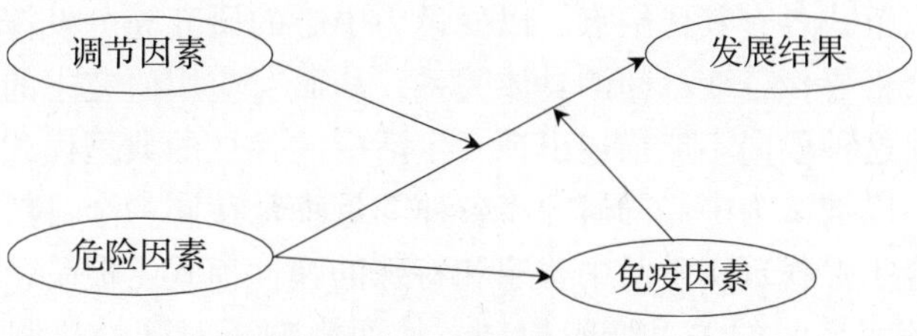

图 2.6　交互关系设计图

资料来源：李海垒，张文新．心理韧性研究综述．山东师范大学学报，2006，51（3）：149 ~ 152

① 李海垒，张文新．心理韧性研究综述．山东师范大学学报，2006，51（3）：149 ~ 152

② 李海垒，张文新．心理韧性研究综述．山东师范大学学报，2006，51（3）：149 ~ 152

图 2.6 反映了两种交互作用。第一种，由于调节因素的存在，减弱了危险因素对结果的影响，而且调节因素是独立于危险因素而存在的；第二种，当危险因素发生时，引起了免疫因素的反应，免疫因素又立刻对危险因素的影响进行了调节。①

二、以被试为中心的研究

以被试为中心的研究关注的是整个的人，而不是变量。此研究试图弄清楚自然情境下弹性的结构模式，这很像精神病学中的分类系统，将各种症状组织成一种精神障碍模式。大多数以被试为中心的研究试图通过多元标准鉴别出在高危和低危生活环境中具有良好适应模式的人群和具有不良适应模式的人群，从而考察是什么因素导致了适应结果的不同。

经典的以被试为中心的弹性研究是通过比较在相同危险环境中适应良好与适应不良的被试组来进行的。具体做法是，研究者将危险环境中适应不良的被试归为一组，将处于同样不利环境中适应良好的被试归为一组，然后通过比较两组被试在一些特征上的差异来确定影响弹性的因素。这种设计的一个缺陷是未考虑低危组人群，即生存环境良好、发展也良好的被试群体。因为通过对低危组被试的考察，我们可以知道弹性个体与高能力低危个体是否存在差异，从而更好地理解弹性现象。

心理学中大量的弹性实证研究为揭示不同类型群体的保护因素和危险因素奠定了基础，目前以被试为中心的研究可以直接采用危险因素和保护因素来划分被试组。最复杂的以被试为中心的模型关注的是在生命历程中健康和适应不良的发展轨迹，并且特别关注个体生命历程中的转折点。

两种研究范式各有其优缺点。以变量为中心的研究充分发挥了统计的功能，比较适合于寻找各变量间的具体关系，从而对应用研究中的干预实施很有帮助，然而这种取向不能描述出现实生活中的弹性的典型模式，丧失了对人的整体感。以被试为中心的研究将各种变量整合在同一个自然存在的心理结构中，适合于寻找现实生活中普遍和特殊的弹性模式。但是，以被试为中心的研究使各变量间的关系变得模糊，从而影响了对弹性机制的探讨，另外，这类研究在样本代表性方面也存在问题。②

① 李海垒，张文新．心理韧性研究综述．山东师范大学学报，2006，51（3）：149～152

② 李海垒，张文新．心理韧性研究综述．山东师范大学学报，2006，51（3）：149～152

第五节 职业弹性的测量与相关变量研究

一、心理韧性的测量

心理韧性的研究虽然以质性研究为起点，但随着量化研究的蓬勃发展，对其进行量化测量工具的开发也引起了不少学者的兴趣，公开发表的测量工具达数十种。其中，由 Wagnild 和 Young 开发的 Resilience Scale（简称 RS）[①]在早期研究中应用最为广泛。该量表来自对成功应对重大挫折的 24 位老年美国妇女的访谈，量表包括个人能力、对自我和生活的接纳两个因素。此外 Connor 和 Davidson 编制的 CD – Resilience Scale（简称 CD – RISC）[②]，Friborg 编制的 Resilience Scale for Adults（简称 RSA）[③] 影响也很广。CD – RISC 来自于临床治疗，包括 25 个项目，涉及能力、忍受消极情感、接受变化、控制感、精神信仰 5 个因素。RSA 包括 37 个项目，主要测量个体面对应激的保护因素，包括个人能力、社会能力、家庭和谐度、社会支持、个人组织性 5 个因素。[④]

目前，可检索到的中文版心理韧性量表还很少，包括于肖楠和张建新翻译修订的中文版 CD – RISC[⑤] 以及前面提到的加利福尼亚健康儿童问卷中的学生心理韧性问卷。也有学者从本土化思路出发研究中国人的心理韧性结构，如陈建文和黄希庭基于词汇学假设编制了中学生社会适应性量表，其中的一个分量表即为心理弹性（resilience），分为自控性、灵活性、挑战性和乐观性 4 个成分。[⑥]

---

① Wagnild, G. M. & Young, H. M. Development and psychometric evaluation of the resilience scale. *Journal of Nursing Measurement*, 1993, 1 (2): 165 – 178.

② Connor, K. M. & Davidson, J. R. T. Development of a new resilience scale: The Connor – Davidson Resilience Scale (CD – RISC). *Depression & Anxiety*, 2003, 18 (2): 76 – 83.

③ Friborg, O., Hjemdal, O. & Rosenvinge, J. H., et al. A new rating scale for adult resilience: What are the central protective resources behind healthy adjustment? *International Journal of Methods in Psychiatric Research*, 2003, 12 (2): 65 – 76.

④ 胡月琴，甘怡群．青少年心理韧性量表的编制和效度验证．心理学报，2008，40（8）：902 ~ 912

⑤ 于肖楠，张建新．自我韧性量表与 Connor – Davidson 韧性量表的应用比较．心理科学，2007，30（5）：1169 ~ 1171

⑥ 陈建文，黄希庭．中学生社会适应性的理论构建及量表编制．心理科学，2004，27（1）：2 ~ 4

目前，大多数量表都把 resilience 作为一种人格特质来测量，如国外的 CD – RISC 和国内的社会适应性量表等。此外，还有基于结果说的 RS、基于保护因子说的 RSA 等。心理韧性的过程说虽然盛行，然而基于此的测量工具却未见报告。

二、职业弹性的测量

最先对职业弹性进行测量，并编制测量工具的是 London。在 1985 年，他和同事 Bray 编制了“职业动机量表”，用 45 个题目来测量职业动机的 3 个维度，其中有 21 个题目用来测量职业弹性。[①] 在 1993 年时，该问卷被设计成只有 17 个题目的短版，其中有 5 个题目用来测职业弹性。整个量表采用 Liket 量表 5 点记分法。职业弹性分量表的内部一致性系数为 0. 66（员工自评）和 0. 86（上司对员工的评价）。[②]

在 London 提出职业动机理论之后，有许多学者对职业动机进行测量及做相关研究。其中比较突出的有 Noe 等学者[③]设计的 26 个题目的“职业动机问卷”，其中职业弹性分量表由 13 个题目构成。在 Noe 的研究中，该分量表的内部一致性系数为 0. 74。他的研究支持了大部分 London 的假设，即个人特征和情境特征与职业弹性显著相关。

此外，Grzeda 和 Prince（1997）[④] 整合了 London 和 Noe 等学者的研究，编制了 14 个题目的“职业弹性分量表”。该分量表的 5 个题目来自 London 的量表，另 9 个题目来自 Noe 等学者的量表。该量表有很好的结构效度。

在 Collard 提出职业弹性概念后，根据她的理论来测量职业弹性的研究还不多。其中一个有影响的职业弹性工具是由 Morgan Lyons 为 Operation ABLE of Michigan 公司设计的。[⑤] 该量表由 14 个题目构成，采用 5 点记分，该量表的内部一致性系数为 0. 88。

---

① London, M. & Bray, D. W. Measuring and developing young managers' career motivation. *Journal of Management Development*, 1984, 3 (3): 3 – 25.

② London, M. Relationships between career motivation, empowerment and support for career development. *Journal of Occupational and Organizational Psychology*, 1993b, 66 (1): 55 – 69.

③ Noe, R. A., Noe, A. W. & Bachhuber, J. A. An investigation of the correlations of career motivation. *Journal of Vocational Behavior*, 1990, 37 (3): 340 – 356.

④ Grzeda, M. & Prince, J. B. Career motivation measures: A test of convergent and discriminant validity. *The International Journal of Human Resource Management*, 1997, 8 (3): 172 – 196.

⑤ Operation ABLE of Michigan. *Building career and organizational resilience: An evaluation of the Operation ABLE of Michigan Kellogg career resiliency/lifelong learning project*, 1996—2001, Michigan, MI: Author, 2001.

在职业弹性的研究中，值得一提的是南非约翰内斯堡大学的 Van Vuuren 教授。他指导 Fourie 和其他学生对职业弹性的测量和效度做了颇有洞见的研究。Van Vuuren 对职业弹性的测量主要依据的是 London 和 Collard 的理论。他编制的“职业弹性问卷”由 60 个题目构成，题目分布在 4 个因素上，分别为“相信自己”、“否认传统职业成功源”、“自我依赖”、“接受变化”。[①]

另外一个与职业弹性接近的测量工具是由宾夕法尼亚大学（University of Pennsylvania）适应研究实验室中的 Reivich 和 Shatte[②] 编制的“弹性因素问卷”。该量表主要用于企业员工培训，测量员工现有的弹性水平以及经过培训干预之后的弹性水平。该量表由 60 个题目构成，测量了 7 个弹性因素，分别为情绪控制能力、冲动控制能力、因果分析能力、自我效能、现实的乐观精神、移情、寻求帮助。该问卷有良好的结构效度，但是分量表的内部一致性系数不高。

三、职业弹性与相关变量的研究

在 London 和 Collard 提出职业弹性概念之后，有许多的职业咨询师把职业弹性的理念和原则用于企业培训和咨询中，可以说这一思想产生了广泛的影响。正如 Byster（1998）[③] 所说，在整个美洲，无论是人员外置公司还是职业管理咨询公司，大学中的职业指导中心，《财富》100 强公司，独立的职业中心或私人实践，都在传授和实践着职业弹性模型。但是关于职业弹性的学术研究并不多。学术研究主要集中在量化的研究上，特别是集中在验证 London 的职业动机理论与量表上。另一些质性研究则采用讲故事的方式进行深度访谈等方法来研究职业弹性。如 Pulley（1995）[④] 通过对 20 位被解雇者的访谈来研究他们的职业弹性；Miles（1996）[⑤] 则深度访谈了 15 位高级执行官来研究职业弹性。

---

① Fourie, C. & Van Vuuren, L. J. Defining and measuring career resilience. *Journal of Industrial Psychology*, 1998, 24 (3): 52 – 59.

② Reivich, K. & Shatté, A. *The resilience factor.* New York: Broadway Books, 2002.

③ Byster, D. A critique of career self-reliance. *Career Planning and Adult Development Journal*, 1998, 14 (2): 17 – 27.

④ Pulley, Mary Lynn. *Beyond the corporate box: Exploring career resilience* (EdD dissertation). Peabody College for Teachers of Vanderbilt University, 1995.

⑤ Miles, R. E. & Snow, C. C. Twenty-first century careers. In M. B. Arthur & D. M. Rousseau (Eds.). *The boundaryless career: A new employment principle for a new organizational era* (pp. 97 – 115). New York: Oxford University Press, 1996.

有些学者研究了职业弹性与人口统计学变量间的关系。例如，London（1993a）①，Noe 等（1990）② 发现职业弹性与年龄正相关。大量的研究表明职业弹性与性别无关，如 London（1993a），Noe 等（1990）。有的研究表明职业弹性在教育程度上也无差异。具体研究总结如表 2.3 所示。

表 2.3　职业弹性与人口统计学变量间的关系

学者	年份	研究结果
London & Mone	1987	隐喻女性的职业弹性较低
Noe et. al.	1990	职业弹性与年龄正相关，在教育程度上无差异
Brainerd	1992	职业弹性与年龄相关
London	1993a	职业弹性与年龄正相关
Carson & Bedeian	1994	职业弹性与年龄相关
Chang	1995	以高科技产业员工为研究对象，职业弹性在教育程度上无差异
Lin	1997	男学生的职业弹性比女学生高
Fisher & Stafford	2000	（1）职业弹性与年龄相关 （2）就非洲裔美国学生、西班牙学生和美国西南部北欧裔美国学生为研究对象，职业弹性并无显著差异
Woodd	2000	在动荡的工作环境中，女性的职业弹性比男性高
Fu	2001	职业弹性与年龄相关
Noordin et al.	2002	个人主义文化中的管理者的职业弹性比集体主义文化中的管理者要高
Liu	2003	职业弹性在性别、组织所有性质、教育程度、参与培训上差异显著，在工龄、职业转换和组织转换经历上不显著。有过管理经验的比没有管理经验的职业弹性高

① London, M. Career motivation of full-and part-time workers in mid and late career. *The International Journal of Career Management*, 1993a, 5 (1): 21 -29.

② Noe, R. A., Noe, A. W. & Bachhuber, J. A. An investigation of the correlations of career motivation. *Journal of Vocational Behavior*, 1990, 37 (3): 340 -356.

（续上表）

学者	年份	研究结果
Lopes	2006	（1）女性的职业弹性在职涯阶段中会不断提高 （2）性别与职业动机（如职业洞察力、职业认同、职业弹性等）没有显著关联性
林瑞蓉	2009	职业弹性在教育程度、产业类别、职位、是否转换过公司上差异显著

与职业弹性相关的个人特征有焦虑、A 型性格、内控性，个体在这些特质上得分越低，职业弹性就越高。此外，相关的个人特征还有自尊、自律性、创造性、乐观、自我效能感等。职业弹性会影响职业行为的方方面面，并且它是克服职业压力和职业障碍的关键因素（London，1987）①。具体研究总结如表 2.4 所示。

表 2.4　职业弹性与人格特征的相关研究

学者	年份	研究结论
Hall	1990	职业弹性与成就表现、控制力、影响力、独立性、延展性（extension）及归属感皆显著正相关
Pulley	1995	职业弹性与自我效能正相关
Grzeda & Prince	1997	（1）职业弹性与自律（autonomy）显著正相关 （2）职业弹性与自我效能正相关。 （3）职业弹性与创造性、耐力、毅力显著正相关
Lin	1997	有高自发性学习行为的学生在职业弹性上的得分比低自发性的学生的得分要高
Fisher & Stafford	2000	职业弹性与自我效能正相关

① London, M. & Mone, E. M. *Career management and survival in the workplace.* San Francisco: Jossey-Bass, 1987.

（续上表）

学者	年份	研究结论
Gowan，Craft & Zimmermann	2000	（1）职业弹性与自我效能正相关 （2）职业弹性高者对未来有较正向的预期及较低的压力。
Gu & Day	2007	教师职业弹性高有助于其克服环境变化的挑战并用积极的态度来面对工作及生活上的压力。

职业弹性的环境变量包括强化、组织的职业设计、管理者的支持。有研究显示知觉到的上司支持、授权、重要他人支持，与职业弹性正相关。不过也有研究表明上司支持与职业弹性没有关系。还有研究显示有激励作用的工作特征（如自主、反馈、满意、有挑战性）与工作弹性正相关。对于全日制员工与半日制员工到底谁的职业弹性高，研究结果并不一致。有的结论显示半日制高，有的结论显示全日制高。在文化差异维度上，Noordin 等①的研究表明个人主义文化中的管理者的职业弹性比集体主义文化中的管理者高。至于职业弹性与组织承诺、职业承诺变量间的关系，研究结论也不一致，有的研究显示职业弹性与这两个变量正相关，有的研究则表明没有关系。具体研究总结如表 2.5 所示。

表 2.5　职业弹性与工作变量的关系

学者	年份	研究结果
Scoble	1991	以护士为研究对象发现职业弹性成分（自尊和冒险倾向）与工作/组织承诺不相关，自尊与转换组织倾向负相关。
Brainerd	1992	以护士为研究对象发现全职的员工职业弹性较兼职的员工要高。
London	1993a	兼职员工的职业弹性比全职员工较高
London	1993b	当员工认为被授权并知觉到主管对其职业发展的支持，则其职业弹性较高

① Noordin, F., Williams, T. & Zimmer, C. Career commitment in collectivist and individualist cultures: A comparative study. *Journal of Human Resource Management*, 2002, 13 (1): 35 - 54.

（续上表）

学者	年份	研究结果
Carson & Bedeian	1994	工作动机的成分之一职业弹性与工作/组织承诺正相关
Fisher & Stafford	2000	以学生为研究对象发现职业弹性与特定对象（如教师、父母、朋友等）的正面支持正相关
Kidd & Smewing	2001	虽然主管支持与职业弹性显著正相关，但是层级回归分析的结果却显示主管支持与职业弹性不相关
Van Vuuren & Fourie	2000	职业弹性高者面对职业议题时会思考多种不同的选择性以及设定实际的目标。职业弹性对个体和组织都有益处
叶欣怡	2005	工作角色特性中的角色清晰以及角色自主性对于生涯复原力有正向影响；生涯复原力对组织承诺以及工作满意度有正向影响
林瑞蓉	2009	企业员工的生涯复原力与职业满意度正相关

第六节　职业弹性的干预和培养

在职业弹性的干预和培养方面，有许多公司和试验室针对企业开展了职业弹性培训和测评服务，如美国的 Operation ABLE of Michigan 公司、Conner 创立的 ODR 公司、宾夕法尼亚大学的适应研究实验室等。下面是职业弹性培养的一些有影响和代表性的具体方法和实践方案。

一、Szymanski 的职业生涯档案法

许多研究者尝试用职业生涯档案法（career portfolio）来提高员工的职业弹性，其中比较有影响的有 Szymanski [①]，Borgen[②]。对于英语“career portfolio”，国内学者有不同的翻译，有“职业卷宗”、“生涯历程档案”、

① Szymanski, Edna Mora. Disability, job stress, the changing nature of careers, and the career resilience portfolio. *Rehabilitation Counseling Bulletin*, 1999, 42 (4): 279 – 289.

② Borgen, W., Amundson, N. & Reuter, J. Using portfolios to enhance career resilience. *Journal of Employment Counseling*, 2004, 41 (2): 50 – 59.

“职业履历”、“职业成长记录”、“就业档案”等。“portfolio”的字典含义之一就是“用于在潜在雇主面前展示个人能力的一系列创造性作品”①。“portfolio”可用于不同的领域和目的，应用于职业领域时，就有了“career portfolio”，其含义就是用于在潜在雇主面前展示个人职业能力的一系列创造性作品和资料。职业生涯档案既是过程又是结果。作为结果，它可以包括一系列用于表现个体总的职业方向和证明个体才能的事例。这些事例证明其拥有关于以下方面的知识，即职业规划资源、职业兴趣和价值观、职业技能、培训、工作经验、决策和计划能力、对劳动力市场的知识、求职技能、保住工作及晋升的技能等。为了使职业生涯档案发挥最大功效，应鼓励个体以个人化的方式来组织信息。

就职业生涯档案的制作来看，它又是一个过程。个体需要学会独立地使用它来设计短期或长期的职业生涯目标。Szymanski 提出了一个用来帮助个人和职业咨询师提高个体职业弹性的“职业弹性档案”（career resilience portfolio）。这个档案包括 4 个部分，分别为：个体当前的知识和技能；未来目标和所需知识、技能和经验；制订计划以获取所需知识、技能和经验；压力分析和干预。

关于第一部分，即个体当前的知识和技能，可由以下问题指引：①我能携带什么知识到某工作？②我能携带什么工作相关技能到某工作？③我有哪些辅助技能（如使用某工艺或技术等）？④我有哪些证据可证明我有上述的知识和技能（如产品样品、备忘录、支持性文件或证书等）？

第二部分是关于未来目标和所需知识、技能和经验的评价，可由以下问题指引：①我将来喜欢从事什么样的工作或一些工作？②我未来的理想工作需要什么技能和经验？③我当前工作所需的知识和技能可能会发生哪些变化？

第三部分是制订获取所需知识、技能和经验的计划，可由以下问题指引：①我将如何利用当前处境（如工作、学校、失业等）来获取所需的知识、技能和经验？②有哪些知识和技能是我必须通过正式或非正式的教育才能获得的？③志愿者工作或义工会怎样提高我的知识、技能和经验？④为了在就业中维持现状或晋升，我是否制订了最新的个人培训计划？

第四部分是关于压力的分析和干预，可由以下问题指引：①我当前的工作压力源和个人压力源是什么？②有什么工作或个人的压力源与我未来的目

---

① 字典原文：“a set of pieces of creative work intended to demonstrate a person’s ability to a potential employer”。来源：Pearsall. *The Concise Oxford Dictionary*. Oxford：Oxford University Press，1999. 1115.

标有关？③过去我是如何应对过度的工作压力的？④我是如何利用工作内外的社会支持来减轻压力的影响的？⑤我怎样预防并降低非健康水平的压力？⑥我生活方式中的哪些方面可以帮助我处理好压力？⑦我如何形成一种更加健康的生活方式？⑧我的残疾在未来会更加限制我吗？若是，会怎样限制我？⑨在这些预期的环境下，我要成功的话需要的工作特征是什么（如富有灵活性，允许在家办公）？⑩我眼下可以做些什么（如为更加灵活的工作获取教育，偶尔尝试远距离工作）来为可能的残疾加剧做准备？

Szymanski 认为职业弹性档案的目的在于对个体授权并促使其独立完成。在职业弹性档案的建设过程中，咨询师的任务包括：①向个体介绍档案的制作过程；②评价个体在使用档案的过程中体现出的独立性水平；③为个体提供帮助和支持使其独立地、自主控制地完成档案建设过程；④在需要时作为个体的咨询师，帮助其解决问题。

二、Borgen 的职业生涯档案法

Borgen 主持了一个职业弹性档案的项目用来提高加拿大政府部门员工的职业弹性。对于以往的职业生涯档案开发实践来说，培训者们关注的焦点无非是如何挑选合适的资料以及如何最有效地展现这些资料，最后制作一份完美有效的职业生涯档案。Borgen 等人尝试把职业生涯档案开发实践变成一个促进个体自我反省和思考、提高个体工作自信和职业弹性的过程，并把这个过程称为“档案法思考”（portfolio thinking）。员工在整个职业生涯档案的制作过程中，反思自己过去成功的工作经历，特别是在这些经历中所展现出来的工作能力和专业技能、自己的价值观和职业兴趣。职业生涯档案项目能使员工更容易看清楚自己工作能力上的不足，并为员工制定合适的职业规划提供有效的帮助。其职业弹性档案项目包括一个前期电话会议、一个为期 2 天的研讨会、一个为期 1 天的闭幕研讨会。

起初的电话会议主要任务为：建立联系，启动一个相互信任的友好关系，了解参与者对培训课程的期望；介绍职业生涯档案及“档案法思考”的概念；促使参与者更大程度地与他人分享自己（如自己的生活兴趣）；与参与者讨论工作满意度的相关概念及在更广泛的生活语境中讨论工作的重要性；为参与者收集资料以提供指导。

在召开电话会议的两个星期之后，召开一个为期 2 天的研讨会。研讨会的第一天的主要内容是：①碰面，培养团体成员感，鼓励与会者的全力参与；②确立讨论的指导原则；③提供制作和利用职业生涯档案的详细规则；④提供机会让参与者描述他们的材料并进行归类。研讨会的第二天的主要内

容是：①让参与者清晰地界定他们制作职业生涯档案的目的；②鼓励参与者开始思考如何将某个材料放入某一类别中，为了实现这个目标，参与者有机会构思他们的材料并尝试进行归类。

两天研讨会结束之后会有第二次电话联系，主要的任务为：①与参与者再次联系，听取他们在资料收集和档案活页准备上的进展情况；②帮助拓展参与者的思考角度，使其从过去、现在、将来三个时间角度来考虑职业生涯档案；③了解参与者在完成“个体风格问卷”（Amundson，1996）和“另一视角”问卷（这是一个旨在帮助参与者对其职业态度和行为形成不同视角的问卷）的进展情况。

第二次电话联系之后是第二次研讨会（即为期1天的闭幕研讨会），主要任务是：①与参与者再次碰面联系；②借助“个体风格问卷”和“另一视角”问卷继续自我反省过程；③提供机会让参与者继续描述为职业生涯档案准备的材料；④鼓励参与者采取更加有意识的行为，如转变对新挑战的看法。

闭幕会结束之后隔10个星期召开焦点群体（focus group）进展检查会，即是第三次聚会，主要任务是：①从他人的经验中得到学习；②进一步发展“档案法思考”，考虑材料呈现的新的途径；③探索这些材料如何用来应对不同的能力标准；④建立行动计划来继续使用和发展职业生涯档案。

Borgen等人的职业弹性档案项目的最终效果良好，参与者不仅制定出了理想的职业生涯档案，还学会了档案法思考，最主要的是职业弹性水平也有明显提高。参与者表示他们将把研讨会中学到的知识用于以下方面：①准备简历；②制订学习计划；③为今后的职业面试做准备；④为绩效评估做好准备；⑤帮助制订今后的个人行动计划；⑥增强个人职业素养和职业技能的市场竞争力；⑦辅助思考为什么自己会被指派现在的工作任务。通过研讨会的学习，参与者的内控感、自我意识、目的感、希望和乐观精神、积极思维、灵活性和创造性、学习意识、支持性人际关系的营造意识皆有提高。

国内学者也认为职业生涯档案项目可以让员工从一个更宽更深的角度去评价他们自己成功完成工作任务的经历，使他们有一个更宽广的视野去发现和捕获组织内部和组织外部的种种信息和机会，从而增强他们在工作中的自信心，使他们的职业弹性得到培养和发展。①

① 许诺，凌文辁．初探职业韧性的培养．企业经济，2007（9）：51～53

三、Rickwood 的职业开发咨询框架

Rickwood（2002）[①②] 从职业开发咨询师的角度提出了一个职业弹性培养与干预的概念模型。这个系统可用于指导职业咨询模型和干预模型的选择。模型的基本成分如下：

①接受主题（theme acceptance）。通过确立政策以及围绕弹性主题培训的全员专业开发，在整个组织中积极倡导弹性理论。

②支持对自我意识的探察。选择或修改那些能促进员工深入理解自己的核心“价值观和兴趣”的咨询过程或工具。

③转化（conversion）。帮助员工识别和克服障碍，使其梦想转变为职业现实——通过内部动机来规划行动。

④联系。培养员工的集体感、鼓励与他人建立有意义的联系；鼓励员工集合各种资源来加速成功；促进员工与各种能提供或支持终身学习的机构保持毕生的联系。

她还总结了 Diance Byster（1998）[③] 关于职业弹性培养的一些原则，核心观点如下：

①个体要成为自己生活的设计师。

②个体需要找到自己的核心价值观，并把它作为激励自己的力量。

③个体需要通过继续教育课程、培训、学位教育来保持其在工作领域中的竞争力。

④个体需要与师傅（导师）、工作伙伴、有帮助支持作用的群体和机构建立联系。

⑤个体需要学会在保持自我和方向的清晰意识的同时，满足雇主不断变化的需求。

为了帮助个体更好地理解这个框架，她提出了以下建议：

①鼓励个体通过探索自己的倾向、梦想、目标来获取内在激励，而不是扭曲自我，囿于并不符合自己天性的职务。

---

① Rickwood, R. R., Roberts, J., Batten, S. & Massie, K. Empowering high-risk clients to attain a better quality of life: a career resiliency framework. *Journal of Employment Counseling*, 2004, 41（3）: 98-104.

② Rickwood, R. R. & Roberts, J. *Empowering high-risk clients: Exploring a career resiliency model.* Paper presented at the National Consultation on Career Development Conference, Ottawa, ON., 2002.

③ Byster, D. A critique of career self-reliance. *Career Planning and Adult Development Journal*, 1998, 14（2）: 17-27.

②鼓励个体培养工作以外的兴趣，诸如业余爱好和一些活动，以促进自己的幸福感。

③指导个体与他人形成求职俱乐部，集合资源，与他人建立真正的联系。

④当个体在职业规划中受挫时积极地阻止他们自责。

加拿大的许多职业开发中心成功地应用了以上模型中的许多成分和原则。其中有一套比较流行的主题被称为“高五”（the High Five），主要内容如下：

①变化永恒。在一个永不停息变化的世界中，个体最重要的能力就是适应力。要具备适应力，个体在目标设定的过程中必须学着去观察外界的环境。

②听从我心。个体的内心是其职业生涯之舟的舵手。鼓励个体以梦想来指引目标，使个体被激励、所追寻的真正是其内心所向往的。

③关注旅程。既然永不停息的变化使得对职业最终目标的预测成为幻影，我们必须尽我们最大努力来帮助人们享受过程：所做的每一决策都能更好地实现其价值观、信念和兴趣。

④终身学习。当变化是永恒时学习也成为永恒，而且当学习被看做是实现内心向往目标的一部分时，学习过程也会充满乐趣和意义。各种学习的机会充斥在我们周围，我们应该鼓励个体去利用它们。

⑤成为同盟。很少人有自己是团体的部分的感觉或有资金为自己建立一个社团。我们可以通过帮助他们关注家庭、朋友、邻居、教师等（代表着劳动力市场信息和联系的财富）来促进他们与社团的联系。

第七节　职业弹性研究小结

一、国外职业弹性研究概括

职业弹性的理论框架主要有三种：一是 London 的职业弹性理论；二是 Collard 的职业弹性理论；三是儿童心理学中的弹性理论。每一种理论框架都有许多相应的研究。

学者 London 的职业弹性理论是其职业动机理论的一部分，职业弹性是职业动机的一个维度、一个子概念。在其理论中，职业弹性的含义是指个体适应环境变化、克服职业阻碍的能力，是动机机制中的维持力量。职业弹性作为职业动机的一个成分被假定为是一种个体身上所具有的与职业相关的心理调节能力，虽比较稳定，但可培养和开发。在 London 的理论中，职业弹性高的特征是：能适应改变的环境；愿意冒险；对于工作或组织上的改变表示欢迎；能够处理工作上的任何问题；期望与新的不同的人一起工作。该理论提出了影响个体职业弹性的一些人格特征（如自我效能、冒险性、独立性等）和环境因素（如对学习和技能开发的支持、建设性的绩效反馈等），并指出职业弹性影响个体的职业决策和行为。

学者 Collard 的职业弹性理论是一个概念模型。R. H. Waterman，J. A. Waterman 和 Collard 曾倡导个体培养职业弹性并呼吁社会培养具有职业弹性的劳动者，他们于 1994 在《哈佛商业评论》上撰文并提出了“有职业弹性的劳动力”所具有的特征：“能继续学习的、为赶上变化随时自我投资的、对自我职业管理负责的、对组织成功有承诺的一群员工。[①]”随后，Collard 及其同事于 1996 年提出了职业弹性的车轮模型。在其理论中，职业弹性车轮由职业规划技能、技术/功能性工作技能、工作策略技能三部分构成，具有 6 个关键特征，即自我意识、价值驱动、未来定向、终身学习、灵活性、关系网络。由学者 Collard 引起的研究和培训实践基本上把职业弹性假定为一种个人能力，可通过学习和培训而提高（Gowan，Craft，Zimmmermann，2000[②]；Operation ABLE of Michigan，2001[③]）。

儿童心理学中的弹性理论认为职业弹性是弹性的一种，是弹性在工作场所的表现，弹性的理论可应用到职业弹性研究中。对于弹性有三种观点，第一种观点认为一个人要具有弹性要符合两个标准：要经历过严重危险的打击和个体遭受打击后发展仍然良好；第二种观点认为每个人生活都危机四伏，只要个体良好发展就有弹性；第三种观点认为若个体具有良好的保护因素就具有弹性。在实际研究中，研究者往往根据自己的研究对象和兴趣选择以上的不同观点对职业弹性进行操作化。例如，Pulley（1995）在研究非自愿失业人员的职业弹性时对职业弹性的操作性定义是：非自愿地失业达六个月以

---

① Waterman, R. H., Waterman, J. A. & Collard, B. A. Toward a career-resilient workforce. *Harvard Business Review*, 1994, 72 (4): 87–95.

② Gowan, M. A., Craft, S. L. S. & Zimmermann, R. A. Response to work transitions by United States Army personnel: Effects of self-esteem, self-efficacy, and career resilience. *Psychological Reports*, 2000, 86 (3): 911–921.

③ Operation ABLE of Michigan. *Building career and organizational resilience: An evaluation of the Operation ABLE of Michigan Kellogg career resiliency/lifelong learning project*, 1996–2001, Michigan, MI: Author, 2001.

上，但在接受研究访谈时，已从失业和转换经历中学到东西，并且心理感觉比失业前还好。[①]

总而言之，国外的职业弹性研究受到社会学、教育学、心理学、管理学等领域的关注，研究的对象群体广泛，包括护士、社会工作者、教师、中学校长、学校心理工作者、广告推销员、企业领导、公共服务部门员工等群体。职业弹性研究的主题可概括为这样几个，即职业弹性的形成机制、后效结果、干预方法。对于职业弹性形成机制的探讨主要包括这样几种视角：①认为弹性的形成在于某些人具有特殊的人格特质，使其不被逆境击倒。这种视角认为弹性就是具有某些人格特质，测量职业弹性就是测量某些人格特质，许多职业弹性量表就是基于此种假设编制而成的（如 Conner，1993[②]；Reivich & Shatté，2002[③]）。②认为弹性的形成是某些特殊人格特质和环境中的保护因素相互作用的结果，London 的职业动机理论引起有关职业弹性的研究基本上都持此视角。③认为弹性的形成是弹性人格特征、保护性的环境因素、个体的应对机制交互作用的结果（如 Greifer，2004[④]）。

对于职业弹性的后效，常研究的结果变量有职业成功、领导效能、身心健康、职业倦怠、组织承诺、职业承诺、工作满意度、离职倾向等。大部分研究发现职业弹性与组织承诺、职业满意度和工作满意度正相关。职业弹性还会影响个体的工作绩效。Youssef（2004）的研究显示员工的职业弹性与其工作质效正相关，Leynes（2005）发现职业弹性会影响广告销售代表的销售业绩。此外，还有研究发现，职业弹性是个体职业转换成功的重要影响因素。

二、国内职业弹性的相关研究

国内关于职业弹性的研究只限于为数不多的几篇介绍性文章，如《职业》杂志刊登了一篇摘自《职业生涯规划教程》的文章——《表现出你的职业弹性》[⑤]；杨从杰、吴兴华、董国峰于 2005 年发表了两篇关于管理者的

---

① Pulley, Mary Lynn. *Beyond the corporate box: Exploring career resilience* (EdD dissertation). Peabody College for Teachers of Vanderbilt University, 1995.

② Conner, D. R. *Managing at the speed of change: How resilient managers succeed and prosper where others fail.* New York: Villard Books. 1993. 241 – 244.

③ Reivich, K. & Shatté, A. *The resilience factor.* New York: Broadway Books, 2002.

④ Greifer, A. N. *Occupational resilience: protective factors among clinical social workers* (PhD dissertation). Michigan State University, 2004.

⑤ 表现出你的职业弹性．职业，2005（10）：38. 该文摘编自：［美］戴安·萨克尼克，威廉·斑达特，丽莎·若夫门．职业生涯规划教程．李洋，张奕，小卉译．北京：中国劳动社会保障出版社，2005

复原力及其开发的文章①；许诺、凌文辁于2007年发表了《初探职业韧性的培养》；寇冬泉、黄技（2008）②、丁亚忠（2009）③、孙赟（2009）④ 谈论了职业弹性的重要性和培养方法。在台湾有叶欣怡（2005）所做的关于回任人员的生涯复原力、组织承诺以及工作满意度之关系研究⑤；林瑞蓉（2009）做的生涯自我效能、生涯复原力与职涯满足关系之研究⑥。总的来说，关于职业弹性研究，国内尚处于介绍阶段，还缺乏比较系统的理论构建和实证研究。

三、国内外职业弹性研究存在的问题

从国内外文献研究状况可知，职业弹性研究存在以下不足：①职业弹性的结构尚不明确。只有探明其结构才能为其测量和量化研究奠定基础，而London和Collard的理论只是对职业弹性结构的一种理论假说，不是在丰富的实证探索基础上提出的，尚处在检验阶段。其他学者则直接根据London和Collard的理论编制测量工具进行量化研究，存在风险性。②大多数职业弹性的量化研究仍停留在验证London的职业动机模型，把职业弹性视为职业动机的一个成分，这使得职业弹性的量化研究与职业动机研究结合在一起，在理论解释上也很难与职业动机分开。③对于职业弹性形成机制的观点尚不统一。而本课题组认为只有找到已经表现出高职业弹性的个体，挖掘其弹性人格特征、环境特点、应对方式，才有助于研究其形成机制，探索其机构，并为根据保护因素预测个体的职业弹性研究提供基础。④借助儿童弹性理论框架进行的职业弹性研究多集中在揭示弹性人格特征或者说保护性的人格因素方面，忽略了对环境中积极力量和个体应对方式的考察。⑤关于职业弹性后效缺乏质性研究。以往关于后效的研究多基于London和Collard的理论采用量化的方法来研究，缺乏质性的探讨。⑥职业弹性研究的对象尚未涉

---

① 杨从杰，吴兴华，董国峰．管理者的复原力及其开发．人才开发，2005（3）：14～151；杨从杰，吴兴华，董国峰．如何开发管理者的复原力．人才资源开发，2005（1）：83～84

② 寇冬泉，黄技．提高职业韧性应对教师职业生涯高原．广西师范学院学报（哲学社会科学版），2008，29（3）：111～114

③ 丁亚忠．西方职业韧性研究的启示及培养途径分析．内蒙古科技与经济，2009，182（4）：47～48

④ 孙赟．浅谈员工的职业韧性管理．中国商贸，2009（13）：43～44

⑤ 叶欣怡．回任人员的生涯复原力、组织承诺以及工作满意度之关系研究．大同大学硕士学位论文，2005

⑥ 林瑞蓉．生涯自我效能、生涯复原力与职涯满足关系之研究——以生涯管理行为为中介变项．国立高雄应用科技大学硕士学位论文，2009

及管理者。管理者的开发是人力资源开发研究的重要议题，对管理者职业弹性的探讨有助于揭示职业生涯开发的问题，丰富职业发展和管理开发理论。⑦国内尚处于概念介绍阶段，还缺乏对中国文化背景下的职业弹性的形成机制、效应及其培养问题的比较系统的理论构建和实证研究。

第三章　本研究的理论框架与研究方法

第一节　本研究的理论框架

本书在文献研究的基础上有重点地选取了职业弹性的影响因素变量和结果变量，设计了职业弹性的前因、后效关系模型。这个模型虽然不够全面，没有涵盖文献综述部分所列举的前人提出的所有的影响因素和结果变量，但可为职业弹性与前因、后效因素之间的关系提供一个初步的探索，为日后模型的完善打下基础。本研究的概念模型如图 3.1 所示。

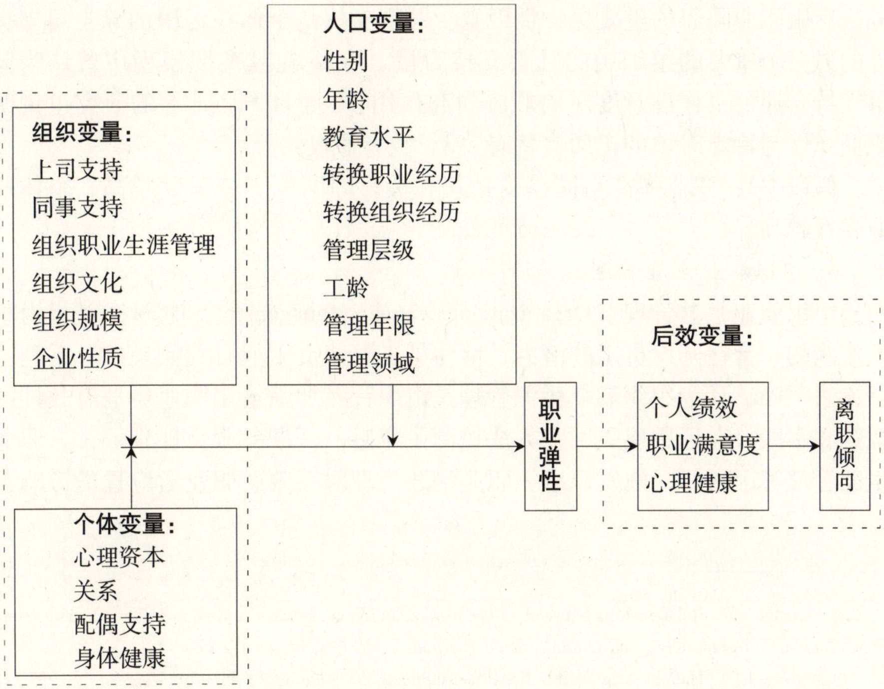

图 3.1　管理者职业弹性的前因、后效因素关系概念模型

一、影响职业弹性的组织变量

1. 上司支持

上司支持是指雇员知觉到的上司对其工作相关问题的支持。上司支持是组织行为研究中的一个重要组织环境变量，被认为是影响员工工作满意度、组织承诺、工作绩效及离职倾向的重要因素。对于职业弹性来说，上司对雇员工作相关问题的支持是一个有力的保护因素，可帮助雇员更好地适应工作环境的变化和克服职业阻碍。而且 London 的研究也表明雇员知觉到的上司支持越高，雇员的职业弹性越高①，故有假设：

假设 H1：职业弹性与上司支持正相关，即上司支持程度越高，个体职业弹性越高。

2. 同事支持

同事支持是指雇员知觉到的同事对其工作相关问题的支持。在工作场所，同事是个体获取归属感、友谊和认可的重要来源，也是个体完成工作任务、克服职业阻碍的重要保护性因素。同事支持是个体在组织内除上司支持外的另一个重要的组织内的社会支持力量。Price 在其离职模型中曾认为同事支持会通过工作满意度对离职倾向起作用。② 而且 Fisher 等的研究也说明职业弹性与特定对象的正面支持有关③，故有假设：

假设 H2：职业弹性与同事支持正相关，即同事支持程度越高，个体职业弹性越高。

3. 组织职业生涯管理

组织职业生涯管理（Organizational Career Management，OCM）是指由组织实施的、旨在开发员工的潜力、留住员工、使员工能自我实现的一系列管理方法。Pazy 认为组织职业生涯管理是组织旨在加强员工职业生涯有效性的政策和实践。在运用层级回归方法控制了年龄、任职年限、性别、个人职业生涯管理等因素后，她发现组织职业生涯管理对绩效、职业适应性的影响不

① London, M. Relationships between career motivation, empowerment and support for career development. *Journal of Occupational and Organizational Psychology*, 1993b, 66 (1): 55 – 69.

② Price, J. L. Handbook of organizational measurement. *International Journal of Manpower*, 1997, 18 (4 – 6): 301 – 558.

③ Fisher, T. A. & Stafford, M. E. *The impact of career and ethnic influences on career resilience.* Paper presented at the annual meeting of the American Educational Research Association, New Orleans, LA. (ERIC Document Reproduction Service No. ED 442959), 2000.

显著，而对职业态度、职业认同有显著影响。[①] Herriot 等[②]研究了管理者的组织职业生涯管理知觉及其对职业生涯管理满意度等的影响。结果表明，组织职业生涯管理的公平感及组织是否关注员工的职业生涯发展这两个方面对职业管理的满意度有显著的预测作用。Agyee 和 Chay 的研究表明，有师徒指导关系的小组在组织承诺、工作卷入、职业承诺、职业满意度等方面显著高于无师徒指导关系的小组。[③] 我国学者龙立荣的研究也表明组织职业生涯管理对效果性变量职业承诺、组织承诺、职业满意度及工作绩效有显著的影响。[④] 由于组织职业生涯管理可为个体提供职业发展的指导、机会和保护，故有假设：

假设 H3：职业弹性与组织进行的职业生涯管理活动正相关，即组织进行的职业生涯管理活动水平越高，个体的职业弹性越高。

4. 组织文化

组织文化有类型和强度两个方面。根据不同的标准组织文化可划成不同的类型，而且不同组织的文化在不同的维度标准上存在强度的差异。组织文化被认为是影响员工组织行为的一个深层次的变量，对组织的价值观、行为规范有着潜移默化的影响。Liu 认为组织文化可能对职业弹性有影响，并在其论文的展望中建议未来的研究要考察组织文化对员工职业弹性的作用。[⑤] 若组织文化能为个体提供经验、支持和发展，则是个体职业生涯发展的保护性因素，故有假设：

假设 H4：组织文化对职业弹性存在影响。

二、影响职业弹性的个体变量

1. 心理资本

Luthans 等认为心理资本能够通过有针对性的投资和开发而使个体获得

---

① Pazy, A. Joint responsibility: the relationships between organizational and individual career management and the effectiveness of careers. *Group and Organization Studies*, 1988 (13): 311 – 331.

② Herriot, P., Gibbons, P., Pemberton, C. & Jackson, P. R. An empirical model of managerial careers in organization. *British Journal of Management*, 1994, 5 (2): 113 – 121.

③ Agyee, S. & Chay, Y. W. An examination of the impact of career-oriented mentoring on work commitment attitudes and career satisfaction among professional and managerial employees. *British Journal of Management*, 1994, 5 (4): 241 – 249.

④ 龙立荣．职业生涯管理的结构及其关系研究．武汉：华中师范大学出版社，2002. 119 ~ 124

⑤ Liu, Yu-Ching. *Relationships between career resilience and career beliefs of employees in Taiwan* (PhD dissertation). Texas A&M University, 2003. 130 – 131.

竞争优势，由自信或自我效能感、希望、乐观和韧性四种积极心理状态构成。[①] 由于心理资本主要由自我效能感、希望、乐观和韧性这四种积极的心理状态构成，并且是一个综合性心理能力，要比单独的指标如自我效能感或希望等对行为有更好的预测力，故这里选用心理资本作为主要的个体变量。在前面的文献回顾中可知，许多研究结果表明自我效能感与职业弹性正相关，职业弹性与耐力、毅力正相关，高职业弹性者采用积极的方式应对工作压力，故有假设：

假设 H5：职业弹性与心理资本正相关，即心理资本得分越高，个体职业弹性越高。

2. 关系

关系是对中国组织文化感兴趣的学者们（如 Tsui & Farh，1997；Farh，Tsui，Xin & Cheng，1998）[②] 所广泛讨论的概念，它是一种通过个人的人际网络获取稀缺资源和避免困境的潜力。Pulley 的质性研究也表明那些经历了职业生涯挫折而能很快超越逆境的个体往往是具有良好的关系网络的个体。[③] 由于在中国文化背景下，关系是一种有力的资本，可为个体获取职业发展所需的资源、机会和保护，是个体职业生涯发展的保护性因素，故有假设：

假设 H6：职业弹性与关系正相关，即关系量表得分越高，个体职业弹性越高。

3. 配偶支持

配偶支持是一种组织外的支持力量。Pulley 的质性研究表明，对于那些由组织的原因导致的职业生涯挫折来说，配偶的支持往往是个体在遭遇职业生涯阻碍后是走向超越还是走向崩溃的决定因素。在其研究中，家庭的支持被被试列为帮助个体走出困境的第一重要因素。[④] 故有假设：

假设 H7：职业弹性与配偶支持正相关，即配偶支持程度越高，个体职业弹性越高。

---

① ［美］路桑斯等．心理资本——打造人的竞争优势．李超平译．北京：中国轻工业出版社，2008. 11

② Tsui, A. S. & Farh, J. L. Where Guanxi matters: relational demorgraphy and Guanxi in the Chinese context. *Work and occupations*, 1997, 24 (1): 56 – 79; Farh, J. L., Tsui, A. S., Xin, K. R. & Cheng, B. S. The influence of relational demography and guanxi: the Chinese case. *Organization Science*, 1998, 9 (2): 1 – 18.

③ Pulley, Mary Lynn. *Beyond the corporate box: Exploring career resilience* (EdD dissertation). Peabody College for Teachers of Vanderbilt University, 1995. 172 – 175.

④ Pulley, Mary Lynn. *Beyond the corporate box: Exploring career resilience* (EdD dissertation). Peabody College for Teachers of Vanderbilt University, 1995. 103 – 111.

4. 身体健康

心理学的研究表明身体健康和心理健康往往是相互影响的，而且身体健康的人往往更加乐观和开朗，面对困难时更有耐力；并且心理学中关于人格坚韧性的研究也表明身体越健康，其人格坚韧性水平越高。[①] 故有假设：

假设 H8：职业弹性与身体健康正相关，即身体健康程度越高，个体职业弹性越高。

三、职业弹性的后效变量

国外学者常考察的职业弹性的后效变量有心理健康、个人绩效、职业满意度、组织承诺、职业成功、离职倾向等。叶欣怡的研究表明职业弹性与组织承诺和工作满意度正相关[②]；林瑞蓉的研究发现职业弹性与职业满意度正相关[③]。London 认为个体的职业弹性越高，个体的工作绩效就会越高，个体的离职倾向会越低。[④] Scoble 的研究表明职业弹性与转换组织倾向负相关，具体地说，个体的职业弹性成分自尊越强，则在同一组织中的任期越长。[⑤] 同时，国内外关于离职倾向的许多研究表明个体的工作绩效、职业满意度、心理健康状况会影响个体的离职倾向。故对于职业弹性的后效变量有假设：

假设 H9：职业弹性与个人绩效正相关，即个体的职业弹性越高，其个人绩效也越高。

假设 H10：职业弹性与职业满意度正相关，即个体的职业弹性越高，其职业满意度也越高。

假设 H11：职业弹性与心理健康正相关，即个体的职业弹性越高，其心理健康程度也越高。

假设 H12：职业弹性与离职倾向负相关。即个体的职业弹性越高，其离职倾向越低。

假设 H13：工作绩效与离职倾向相关显著。

---

① 李永鑫，佘凌．人格坚韧性与健康关系的研究．心理科学，2004，27（6）：1512～1515

② 叶欣怡．回任人员的生涯复原力、组织承诺以及工作满意度之关系研究．大同大学硕士学位论文，2005

③ 林瑞蓉．生涯自我效能、生涯复原力与职涯满足关系之研究——以生涯管理行为为中介变项．国立高雄应用科技大学硕士学位论文，2009

④ London，M. Toward a theory of career motivation. *Academy of Management Review*，1983，8（4）：620－630.

⑤ Scoble，K. B. *Career resilient characteristics and commitment among registered nurses：Predictors of organizational and professional retention*（PhD dissertation）. Columbus University，1991. 82.

假设 H14：职业满意度与离职倾向相关显著。

假设 H15：心理健康状况与离职倾向相关显著。

四、控制变量

人口变量如性别、种族、年龄等与理论上的概念结构相比，对职业弹性的影响缺乏明确的意义。例如，London 认为女性的职业弹性可能要比男性低。但一般情况下，女性的职业弹性比男性低只是女性的专业网络更小，职业自我效能更低的缘故，可见女性的职业弹性比男性低，性别不是本质原因。因此，人口变量更适合作为职业弹性的控制变量，而不是决定变量。在这里，把人口统计学变量的性别、年龄、教育水平、转换职业经历、转换组织经历、管理层级、工龄、管理年限和管理领域作为控制变量。

第二节　研究变量的定义和测量

在本研究中，研究变量的测量都统一采用李克特 5 点记分（1 = “非常不符合”，2 = “不符合”，3 = “不确定”，4 = “符合”，5 = “非常符合”）。

一、组织文化

由于每个企业本身的结构与所处的环境不同，因而产生了不同的企业文化类型。在研究企业文化对企业各方面的影响时，企业文化类型常是一个重要的研究变量。组织文化的测量与组织文化的定义有着直接的关系，由于组织文化可从不同的角度和层面来定义，因此，组织文化的测量也可以从不同的角度和层面来进行操作性定义和测量。

按照标准的不同，对组织文化类型的划分也有不同。例如，Deal & Kennedy[①] 把企业文化划分为 4 种类型：①硬汉型文化（the tough-guy，macho culture）：在那些个人主义者的世界，他们通常担负着很大的风险，所采取的行动不管是对是错，很快就能得到反馈。②努力工作/尽情享乐型文化（the work hard/play hard culture）：玩乐与工作并重，员工们担负的风险很小，并能得到快速的反馈。③长期赌注型文化（the bet-your-company cul-

---

① Deal. T. E. & Kennedy，A. A. *Corporate cultures：the rites and rituals of corporat life.* Reading，Mass：Addison - Wesley Publishing Inc.，1982.

ture)：决策中包含极大的赌注，形成于高风险、反馈慢的组织环境中。有时，几年过去之后才知道输赢。④注重过程型文化（the process culture)：很少反馈或完全没有反馈，员工很难衡量自己的工作绩效，只能把全部精力放在如何做上。Quinn 和 McGrath[①] 则把组织文化分为凝聚共识文化、成长调适文化、层级节制文化与理性主导文化。Hooijberg 和 Petrock[②] 把组织文化分为家族文化、官僚文化、企业家文化和市场文化。

本研究采用的是卢美月在 2006 年的研究中所使用过的组织文化问卷。[③] 此问卷系台湾学者郑清祥（1991）参考 Cameron（1985）及 Hofstede（1990）测量组织文化的量表修订而成，主要测量组织文化在弹性、控制、内向、外向 4 个特性上的强度。郑清祥等[④]根据组织文化在弹性/控制、内向/外向这两个维度上得分的高低，把组织文化区分为“支持型文化”、“创新型文化”、“效率型文化”及“官僚型文化”4 种类型。

支持型文化（supportive culture)：其组织的工作环境相当开放、和谐，具有家庭的温暖感觉，组织对员工都高度支持和信任，重视员工参与和团队精神，行事态度较为审慎保守，不会接受大风险和大的变革。创新型文化（innovative culture)：其组织工作环境相当开放，重视员工的创新和挑战性，组织对员工也高度支持和信任，尊重员工个体的独特性，容许冒险及尝试错误，同时也十分外向，会追求企业较不熟悉的风险且接受重大变革。效率型文化（effective culture)：其组织非常重视成本及绩效的控制和完成，非常讲究工作效率，个人之间、部门之间，其绩效都必须相互竞争，主要根据风险/收益的权衡行事，经常冒大风险，并能接受极大的变革。官僚型文化（bureauratic culture)：此型文化的组织层级结构与权责划分相当明确、清楚，工作性质大都已经标准化和固定化，行事态度较为审慎保守，规避风险且拒绝重大变革，此类文化通常建立在控制和权力的基础上。其模式如图 3.2 所示。

---

① Quinn, E. R., Faerman, R. S., Thompson, P. M. & McGrath, R. M. *Becoming a master manager: a company framework.* New York: John Wiley & Son, 1985.

② Hooijberg, R. & Petrock, F. On cultural change: Using the competing values framework to help leaders execute a transformational strategy. *Human Resource Management*, 1993, 32 (1): 29 – 50.

③ 卢美月．企业文化、企业培训与组织绩效关系研究——以两岸企业为背景．复旦大学博士学位论文，2006. 32 ~ 33

④ 郑清祥．企业文化类型、企业战略与财务绩效的关系研究——台湾制造业实证研究．国立中山大学企业管理研究所硕士学位论文，1991. 15 ~ 105

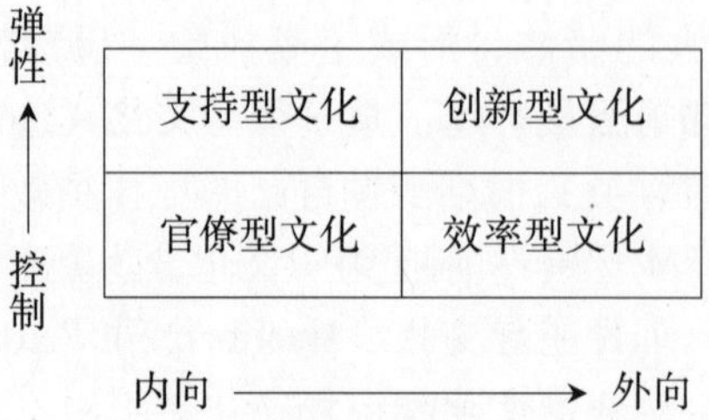

图 3.2 组织文化类型架构图［Cameron，Hofestede & 郑清祥（1991）］

资料来源：卢美月．企业文化、企业培训与组织绩效关系研究——以两岸企业为背景．复旦大学博士学位论文，2006. 33

该量表共有 16 题，全部为正向计分题，样题如附录 G11 中的表 G11. 1 所示。组织文化各维度的得分越高，表示该维度文化越强。在算出各维度得分后，比较内、外向维度上的得分大小来确定在内/外向轴上的位置，比较弹性、控制维度上得分多少来确定在弹性/控制轴上的位置，据此可判断该组织文化归属何种组织文化类型。组织文化特性各构面及其所对应的问卷题号如表 3. 1 所示。表中的信度是卢美月研究报告的信度。

表 3. 1 组织文化各维度的题号及信度

构面	题目	信度
弹性	1，2，5，6，9，10，13，14	0. 828 6
控制	3，4，7，8，11，12，15，16	0. 784 5
外向	2，3，6，8，10，12，14，16	0. 776 4
内向	1，4，5，7，9，11，13，15	0. 776 4

二、组织职业生涯管理

组织职业生涯管理（OCM）是指由组织实施，旨在开发员工潜力、留住员工、使员工能自我实现的一系列管理方法。龙立荣等的研究发现，我国组织职业生涯管理的结构主要包括 4 个维度，即晋升公平、注重培训、职业自我认识和提供职业信息。他们的研究还发现，组织职业生涯管理对企业员工的职业承诺、组织承诺、工作绩效、职业满意度、工作卷入度等都有积极的影响。①

组织职业生涯管理的测量选用了龙立荣（2002）编制的组织职业生涯管理问卷。原问卷有16道题目，包括提供信息、注重培训、促进发展及晋升公平4个分量表。为了节省问卷的长度，本研究只从该问卷的每个分量表选取了2道题目组成了一个8道题的测量量表。提供信息，即通过组织和上级领导对组织中出现的空缺信息在组织中发布，便于组织内的员工根据自己的职业生涯发展采取针对性的决策；注重培训，即组织为了适应外部竞争的需要以及组织自身发展的需要，给员工提供企业内部的岗位技能培训，以及支持员工进行学历教育等；促进发展，即组织为了员工的职业发展，给员工提供各种反馈，并采取措施让员工在不同的岗位进行锻炼，使员工对自己的长处和不足有比较充分的认识，为员工制定自己的职业发展道路打基础；晋升公平，即企业制定专门的晋升制度，按照员工的能力、绩效表现等来晋升、提拔和任用员工。该量表得分越高，表示管理者的组织所开展的职业生涯管理活动越多；得分越低，表示管理者的组织所开展的职业生涯管理活动越少。

具体测量的样题包括："我单位有明确的员工提升标准"，"我单位按工作绩效评估结果进行提拔"，"我单位提供晋升路线信息"，"我单位提供职位空缺信息"，"我单位资助或部分资助学历教育经费"，"我单位给员工提供学习条件和学习材料"，"我单位开展了解自己职业特点的活动"，"我单位为员工变换工作，以积累丰富经验"。

三、上司支持

上司支持指上司对雇员工作相关问题的支持。测量采用 Greenhaus 等在1990年编制的上司支持问卷（其报告的 $\alpha = 0.93$），该问卷测量了员工在工作中对来自上司的支持程度的知觉，包括职业指导、绩效反馈、挑战性的工作任务和提供有助于职业发展、获取成就的工作机会。② 项目包括："我的上司花费时间来了解我的职业目标和期望"，"我的上司关心我是否实现了自己的目标"，"我的上司一直注意着在公司中对我的职业发展有利的各种机

① 龙立荣．职业生涯管理的结构及其关系研究．武汉：华中师范大学出版社，2002.45～49；龙立荣，方俐洛，凌文辁．组织职业生涯管理与员工心理与行为的关系．心理学报，2002，34（1）：97～105

② Greenhaus，J. H.，Parasuraman，S. & Wormley，W. M. Effects of race on organizational experiences，job－performance evaluations，and career outcomes. *Academy of Management Journal*，1990，33（1）：64－86.

会”，“我的上司能保证在我完成重要任务后得到信誉”，“我的上司提供我关于自己绩效的有效反馈”，“当我需要的时候，我的上司会给我如何改进绩效的建议”，“我的上司支持我为了将来的发展而想得到另外的训练或教育”，“我的上司给我提供有发展新技能的机会的工作任务”，“我的上司给予我特别的任务，它能增强我在公司中的声望”。该量表得分越高，表示知觉到的上司支持程度越高。

四、同事支持

同事支持是指同事对雇员工作相关问题的支持。对同事支持的测量采用的是 Price① 在 1997 年使用过的 3 个项目的量表，项目包括：“我的同事为我提供他们的专业意见和建议”，“我的同事与我分享他们的工作经验”，“我的同事帮助我了解公司的文化和潜规则”。该表得分越高，表示知觉到的同事支持程度越高。

五、配偶支持

配偶支持是指配偶对雇员工作相关问题的支持。配偶支持是个体获取组织以外的支持的最重要的一部分，受到许多学者的重视，如 Price② 在 1997 年发表的研究论文；张勉③在 2006 发表的学术著作。对配偶支持的测量采用的是 Price 在 1997 年使用过的 2 个项目的量表，项目包括：“我的配偶不太关心我的工作”，“我的配偶支持我的工作”。该量表得分越高，表示知觉到的配偶支持程度越高。

六、关系

学者张勉把关系定义为“通过个人的人际网络获取稀缺资源和避免困境的潜力”。关系是对中国组织文化感兴趣的学者们所广泛讨论的概念，往往借助社会网络的观点来对其进行间接的测量，直接把它作为潜变量进行测量的实证研究还不多。Tsang 和 Eric④ 认为关系有 3 个维度，分别为感情、面子

---

① Price, J. L. Handbook of organizational measurement. *International Journal of Manpower*, 1997, 18 (4-6): 301-558.

② Price, J. L. Handbook of organizational measurement. *International Journal of Manpower*, 1997, 18 (4-6): 301-558.

③ 张勉. 企业雇员离职意向模型的研究与应用. 北京：清华大学出版社，2006. 34

④ Tsang & Eric, W. K. Can Guanxi be a source of sustained competitive advantage for doing business in China? *Academy of Management Executive*, 12 (2): 64-73.

和信用，其中感情是关系维度的核心。关系的形成基础可以简单地分为血缘基础和社会基础，前者包括家庭成员、亲戚和同宗族的成员，后者包括其他的形成基础，主要源自于社会交往。Ang 和 Leong 认为关系是中国传统集体主义文化的一个结果。关系的作用在于：为了在竞争性的环境中成功，有必要形成一个网络来相互支持，克服逆境。通过关系，一个人会变成“圈内”的一部分，而在“圈内”，人与人的协商会变得容易得多。[①] 张勉也认为拥有强关系的雇员更容易在组织中获得稀缺资源（如晋升等）以及避免困境(如解雇等)，即获得更多的净收益，因此会有更高的工作满意度和组织承诺。[②]

为了节省问卷的长度，直接把关系作为潜变量进行测量，选用了张勉编制的3个题目的关系测量问卷（其报告的 $\alpha = 0.73$）。该问卷对关系的工具性进行了测量，项目包括：“通过我的个人关系，我经常可以办到其他多数同级员工在本单位办不到的事情”，“对于本单位的一些重要决定，我经常可以在未公布前比多数的同级员工先了解到”，“当我在单位遇到麻烦时，我可以通过我的个人关系改善我的处境”。[③] 该量表得分越高，表示个体的关系越多。

七、个人绩效

对于绩效评估的方法，有自评和他评及一些客观数据。自我报告式指标包括开拓进取精神、关心他人行为、好公民行为、忠诚等。独立数据指标包括被表扬次数、被批评次数、事故率、出勤率、缺勤率、离职等。在这里采用自评的方法，对感受到的外界的评价（上司与同事）与内心对自己的绩效所做的总的评价做出陈述。当然，绩效评估用员工的实际情况或者上级、同级的评价比较好。由于这样工作量太大，而且会使合作者的警惕性增加，可能影响问卷答案的真实性，因此，采用了国外 Gould（1979）[④] 和 Pazy (1988)[⑤] 曾使用过的自评绩效问卷，由4个项目构成，分别评价员工在组织

---

① Ang, S. H. & Leong, S. M. Out of the mouths of babes: business ethics and youths in Asia. Journal of business ethics, 2000, 28 (2): 129 -144.

② 张勉．企业雇员离职意向模型的研究与应用．北京：清华大学出版社，2006. 77

③ 张勉．企业雇员离职意向模型的研究与应用．北京：清华大学出版社，2006. 79

④ Gould, S. Characteristics of career planners in upwardly mobile organizations. *Academy of management Journal*, 1979, 22 (3): 539 -550.

⑤ Pazy, A. Joint responsibility: the relationships between organizational and individual career management and the effectiveness of careers. *Group and Organization Studies*, 1988 (13): 311 -331.

评价中、上司评价中、与他人比较中的地位及所获得的成就水平。该量表得分越高，表示自评的个人绩效水平越高。

八、职业满意度

职业满意度采用 Greenhaus 等在 1990 年编制的 5 个项目的职业满意度问卷（其研究报告的 $\alpha = 0.83$）[①]，分别反映对职业晋升、职业待遇、职业发展、职业进步等方面的满意度。这个量表是目前国内外学者在研究职业满意度变量时使用最为广泛的测量工具。它包括"我对自己在事业上所取得的成功感到满意"，"我对自己在总体事业目标上所取得的进步感到满意"，"我对自己在收入方面所取得的进步感到满意"，"我对自己在晋升方面所取得的进步感到满意"、"我对自己在获得新技能方面所取得的进步感到满意"五个项目。该量表得分越高，表示个体的职业满意度越高。

九、离职倾向

离职倾向采用 Meyer 等[②]在 1993 年的研究中所用的 3 个项目，Meyer 采用 7 级记分。本问卷对其进行了改编，采用 5 级记分。离职倾向包含离开组织和转换职业两种倾向。该量表得分越高，表示个体的离职倾向越强，越倾向于转换组织或转换职业。

十、心理资本

心理资本这一概念最早出现在经济学、投资学和社会学等的文献中。Luthans 等以积极心理学和积极组织行为的观点为思考框架，在分析经济资本（economic capital）、人力资本（human capital）和社会资本（social capital）的特点和区别的基础上，提出了以强调人的积极心理力量为核心的"积极心理资本（positive psychological capital）"的概念，使人们开始关注心理资本（psychological capital）及其对领导和员工的影响。[③] Luthans 等认为心理资本能够通过有针对性的投资和开发而使个体获得竞争优势，由自信或

---

① Greenhaus，J. H.，Parasuraman，S. & Wormley，W. M. Effects of race on organizational experiences，job – performance evaluations，and career outcomes. *Academy of Management Journal*，1990，33（1）：64 – 86.

② Meyer，J. P.，Allen，N. J. & Smith，C. A. Commitment to organizations and occupations：extension and test of a three – component model. *Journal of Applied Psychology*，1993，78（4）：538 – 551.

③ 仲理峰．心理资本对员工的工作绩效、组织承诺及组织公民行为的影响．心理学报，2007，39（2）：328 ~ 334

自我效能感、希望、乐观和韧性4种积极心理状态构成。他将心理资本定义为“是个体在成长和发展过程中表现出来的一种积极心理状态，具体体现为：①在面对充满挑战性的工作时，有信心（自我效能）并能付出必要的努力来获得成功；②对现在与未来的成功有积极的归因（乐观）；③对目标锲而不舍，为取得成功在必要时能调整实现目标的途径（希望）；④当身处逆境和被问题困扰时，能够持之以恒，迅速复原并超越（韧性），以取得成功”。[①]

其中，自信或自我效能感是指个体在特定情境中完成某一具体任务时，对自己激发自身动机、运用认知资源和执行行动计划的能力的相信程度；希望是指一种积极的、与动机有关的状态，建立在目标导向的主观能动性和实现目标的计划之间的交互作用所产生的成功感的基础上；乐观是指人把积极的事件归于内部、持久、普遍深入的原因，把消极事件归于外部、暂时和特定情景中的原因的积极解释风格；坚韧性是指一个人从逆境、不确定状态、冲突、失败和责任压力中迅速恢复的能力。

心理资本的测量采用Luthans等在2006年编制的心理资本问卷（PCQ）。其问卷是在借鉴许多已经得到认可和出版的自我效能问卷、希望问卷、乐观问卷和韧性问卷的基础上经过项目挑选和语言的调整编制而成的。该问卷共24题，4个维度，即自我效能、乐观、希望、韧性，每个维度各6题。样题如附录D所示。该量表得分越高，表示个体的心理资本越高。

十一、心理健康

心理健康采用“生活质量综合评定问卷—74”[②] 中测量心理功能中正性情感和负性情感的题目。“生活质量综合评定问卷—74”是由李凌江、郝伟、杨德森等[③]开发的，是经过多年的大样本检验的国内心理学界广泛使用的一个量表。负性情感的测量题目，主要测量被试的抑郁、焦虑、易激惹或情感平淡等，具体题目如“近一周以来，您经常觉得忧郁吗？程度如何？（如表现为高兴不起来，无愉快感，精力下降，易疲劳，对工作、娱乐、夫妻生活等兴趣下降或丧失，觉得生活没意思，有孤独感，易哭，觉得自己无用、经

① ［美］路桑斯等．心理资本——打造人的竞争优势．李超平译．北京：中国轻工业出版社，2008.11

② 汪向东，王希林，马弘．心理卫生评定量表手册．中国心理卫生杂志，1999（增刊）：88～100

③ 李凌江，郝伟，杨德森等．社区人群生活质量研究：Ⅲ．生活质量问卷的编制．中国心理卫生杂志，1995（9）：227～231

常自责等)”；“近一周以来，您经常觉得焦虑吗？程度如何？（如表现为无故为一些小事担心，紧张不安，心里不踏实，坐立不安，害怕，或心慌气短、出汗、肌肉跳痛等)”。正性情感的测量题目主要是测量被试对生活是否充满希望，是否体验到生活的快乐等，具体题目，如“最近一周，您对生活是否充满希望与信心，觉得活着很有意义、有价值吗？”“最近一周，您觉得生活轻松愉快吗？”该量表得分越高，表示个体的心理健康水平越低。

十二、身体健康

身体健康是指个体对自己身体健康状况的自我感觉，采用一种主观自评的方法来评价。测量题目，如“总体而言，您觉得您的身体健康状况属于：①相当糟糕；②一般；③尚好；④比较好；⑤非常好”，“与一年前相比，您觉得您的身体健康状况如何？①差许多；②稍差一些；③一样；④稍好些；⑤好很多”。该量表得分越高，表示个体的身体健康水平越高。

十三、职业弹性

职业弹性是指个体灵活适应工作环境变化，成功克服职业生涯阻碍的一种能力。职业弹性的测量采用本研究开发的职业弹性量表。该量表得分越高，表示个体的职业弹性水平越高。

第三节　职业弹性测量工具的编制

一、职业弹性特征的收集

1. 通过访谈与问卷调查收集测量指标

通过访谈和开放式问卷调查收集高职业弹性者与低职业弹性者的特征，通过对收集到的特征进行分析，初步确定职业弹性的测量指标。所使用的开放式问卷如附录 A 所示。

在开放式问卷中，先对高职业弹性与低职业弹性的人做一个初步的描述，然后请参与调查的管理人员回忆其熟悉的人物中是否有这样的人，并要求描述回忆对象在应对方式、人格特点等方面的特征。具体要求如下：

在现在的工作中，人们难免会遇到各种挫折和困境，如下岗、降级、转岗、不良上司关系、工作压力等。然而有些人（姑且称之为 A 类的人）在遭遇挫折和困境后能迅速走出、恢复，甚至超过原先的水平；但也有些人（姑且称之为B类的人）则在遭遇打击和困境后难以恢复，从此一蹶不振。请您仔细回想，想出您熟悉或知晓的人中典型的A类和B类的人各一名，即A和B，然后通过回答下面的两个问题来描述他们俩的行为和个人特征。

（1）请回忆A在处理挫折、困境，与人交往，面临新情境时有什么反应和行为？A在性格上有什么特点？

（2）请回忆B在处理挫折、困境，与人交往，面临新情境时有什么反应和行为？B在性格上有什么特点？

开放式问卷通过方便抽样的方式获取参与者，由同学和同事寻找愿意参与调查的管理人员，共回收29份开放式问卷。其中男女人数大致相等，年龄最小为26岁，最大为49岁，平均年龄为33.38岁。调查对象中有基层管理人员、中层管理人员和高层管理人员；既有企业中的董事长、人事经理、销售经理、财务总监、部门经理，也有政府部门的处长、科长，还有事业单位的管理人员。调查对象的特征统计如表3.2所示。

表3.2 开放式问卷的描述统计结果

项目	类别	频次	有效百分比（%）	累积百分比（%）
性别	男	15	51.7	51.7
	女	14	48.3	100.0
年龄	26~30岁	12	41.4	41.4
	31~35岁	7	24.1	65.5
	36~40岁	5	17.2	82.8
	41~45岁	3	10.3	93.1
	46~50岁	2	6.9	100.0
管理级别	基层	16	55.2	55.2
	中层	10	34.5	89.7
	高层	3	10.3	100.0
管理类别	企业管理人员	9	31.0	31.0
	事业单位管理人员	4	13.8	44.8
	政府管理人员	16	55.2	100.0

对回收的问卷文本做内容分析。对关键词条做编码统计，把意义相近的词条做相同的编码，如将问卷文本中的“乐观”、“开朗”、“豁达”编为同一个编码。由笔者初步判断词条意义是否相近，然后请两位心理学同仁做评估，判断笔者归类的同义词条是否意义相近、是否描述同一心理特质或行为。另外，对于同一问卷中多次提到的同一词条，只记为一次。对问卷中的关键词条编码完毕后，请具有社会学质性研究专业训练而又不参与本研究的同仁对编码的客观准确性做评估，看编码能否无偏地反映开放式问卷的内容。通过对编码做频次分析并排序后，结果如表 3.3 所示：

表 3.3　开放式问卷得到的职业弹性特征描述

	排序	特征描述	比例	百分比（%）
A	1	坚强（坚定、执著、顽强、不服输、忍耐力强、抗打击力强、自强）	19/29	65.52
	2	采取积极的应对行为（努力或更加努力工作、加强业务学习、另寻出路、寻求建议、总结教训经验）	14/29	48.28
	3	冷静（理智）	13/29	44.83
	4	乐观（开朗、豁达）	13/29	44.83
	5	积极调整心态/情绪（恢复好心情）	12/29	41.38
	6	良好的人际关系（人际交往广泛、善于寻找话题、人缘好、与同事搞好关系）	9/29	31.03
	7	主动（主动与人沟通、积极熟悉环境）	8/29	27.59
	8	自信	6/29	20.69
	9	擅长学习（虚心学习、好学、能借鉴他人的成功经验、善于总结）	6/29	20.69
	10	灵活（反应快、迅速熟悉新环境、不固执）	6/29	20.69
	11	冒险（创造、创新、勇于承担风险、敢闯敢干）	4/29	13.79
B	1	软弱（懦弱、逃避、胆小怕事、脆弱无助、对挫折的忍受力差、易受打击、退缩）	22/29	75.86
	2	不良情绪（委屈、抱怨、怨气、怨言、长时间的不良情绪）	17/29	58.62

（续上表）

	排序	特征描述	比例	百分比（%）
B	3	持续的不良认知和应对行为（怀疑自己能力、不公平、过分夸大困难、封闭自己、强烈自责、一意孤行、自暴自弃、随意应付）	17/29	58.62
	4	不灵活（保守、僵化、习惯固有模式、偏执、对新情境反应迟钝、固执、偏执）	12/29	41.38
	5	不良人际关系（与周围人格格不入、不善与人沟通、与人熟悉得慢、孤僻）	11/29	37.93
	6	悲观（丧失希望、沉郁、心胸狭隘）	11/29	37.93
	7	内向	10/29	34.48
	8	不冷静理智（意气用事、冲动、有些情绪化、没有恒常性）	9/29	31.03
	9	被动（消极等待、不积极）	7/29	24.14
	10	不敢冒险（不敢尝试、害怕新情况、害怕失败）	6/29	20.69
	11	缺乏自信（不自信、自卑）	6/29	20.69

在表3.3的特征描述一栏中，括号之前的词条为表述某特征出现频率最多的词条，括号之中的词条是问卷文本中出现次数较多的与之意义相近或相同的词条。对于高职业弹性者A的描述，除了上表中频次较高的描述外，还有仅出现一两次的特征，如“勤恳”、“有长远规划和追求”、“善良”、“公心多”、“事业心强”、“认真”、“沉稳”、“健康”等。对于低职业弹性者的描述，出现较低频率的特征有“急于求成”、“拘束”、“文静”、“无主见”、“爱面子”、“对家庭对自己不负责任”等。

从表3.3中高职业弹性者与低职业弹性者的特征描述的对比中可以看出，二者几乎具有相反特征，如“坚强”——“软弱”、“采取积极的应对行为”——“持续的不良认知和应对行为”、“冷静”——“不冷静理智”、“乐观”——“悲观”、“积极调整心态/情绪”——“不良情绪”、“良好的人际关系”——“不良人际关系”、“主动”——“被动”、“自信”——“缺乏自信”、“灵活”——“不灵活”、“冒险”——“不敢冒险”等，不能对应的特征只有“擅长学习”和“内向”。

2. 通过文献分析收集测量指标

利用几大数据库，如 EBSCO，JSTOR，Emerald，Wiley 等收集的关于职业弹性的质性和量化研究的文献。根据一些职业弹性的质性研究，如 Pulley（1995）为研究 20 位被解雇者的职业弹性所做的访谈研究；Miles 对 15 位高级执行官所做的职业弹性深度访谈，笔者总结和提炼了职业弹性的一些特征指标。既有的职业弹性量化研究中所使用的职业弹性和心理弹性测量工具中的各题项也是重要的参考对象，如笔者就直接借鉴了以下研究者或量表中的部分题目，如学者 London，Noe，ABLE of Michigan，Liu，Fourie 和 Van Vuuren 的量表，还借鉴了量表 CONNOR – DAVIDSON，MMCR，RFI 中的部分题目。

二、职业弹性问卷的编制

根据笔者在开放式问卷收集到的职业弹性特征指标以及通过文献分析得到的职业弹性特征，参考了现有的几个职业弹性相关量表的题目，本着各题目意义不重复的原则，初步编制了职业弹性问卷。问卷编好后，笔者请国内的几位组织行为研究学者阅读并判断问卷题目是否能较好地反映职业弹性概念的含义，问卷得到了较好的评价。初始问卷由 51 个项目构成，如附录 C 第二部分 1 ~ 51 题所示。

通过在预测样本中施测，得以对初始问卷进行项目分析和初步的信效度考察，并据此形成正式调查所用的职业弹性问卷。

1. 样本及抽样程序

预测调查时间为 2007 年 11 月至 2008 年 5 月。样本的获取采用的是方便抽样的方法，分别从天津培训中心、天津某合资公司、天津某银行、天津某 MBA 硕士班获取参与者。共发放问卷 300 份，回收 234 份，经剔除无效问卷后，剩余有效问卷 208 份。

2. 方法

（1）问卷整理、编码和录入。

问卷回收后，在数据录入之前对整份问卷进行编码，以便将来核对数据。在问卷编码完成之后，再对问卷中的各题项标以不同的代码，然后依问卷内容顺序依次输入计算机形成数据库结构。对于测量职业弹性的 51 个题目的编码依问卷顺序分别编为 k1 ~ k51。然后把问卷各题的答案逐个输入数据库形成后续统计分析所需的数据文件。

（2）数据审查。

Heppner P. P. 和 Heppner M. J.① 曾建议在着手统计分析之前务必对录入的数据做充足的前期数据扫描工作，包括：第一步，检查数据录入的准确性；第二步，考察缺失值；第三步，检查奇异值（outlier）；第四步，检查数据分布的正态性；第五步，考虑对数据做合适的形式转换。在本研究中，当数据录入完毕后，笔者按照 Heppner P. P. 和 Heppner M. J. 建议的“五个步骤”对录入的数据做了仔细的审查。

当数据录入的准确性考察完毕后，开始剔除无效问卷。剔除无效问卷的标准为：整份问卷的正式部分（即附录中预测问卷的 k1 ~ k51）缺失值大于或等于 10%，或问卷完全雷同或问卷的正式部分的相关度大于或等于 0.80，或整个问卷的正式部分集中于选择某个选项的频次超过或接近 70%，或问卷正式部分的答案明显具有规律性。据此标准剔除无效问卷后，剩余有效问卷 208 份。

缺失值是统计调查中最不愿意见到但又无法完全避免的东西。数据的缺失往往都有一定的规律，就其缺失方式而言可分为三种：完全随机缺失、随机缺失、非随机缺失。缺失值不仅会降低数据的可信程度，也反映了问卷可能存在某种不足，尤其是非随机缺失值会极大地降低研究结论的外部效度。本研究中对于缺失值的考察，采用 SPSS 程序中的 MVA 程序进行分析。当对录入的数据扫描完毕后，利用计算机程序对反向记分题重新编码。

3. 结果

（1）预测样本的特征描述统计。

在预测样本中，男性占 65.5%；62.8% 的被试已婚；30 岁以下的被试占 53.4%；本科学历占 30.6%，硕士学历占 32.0%；41.7% 的被试来自国有企业；35.6% 的被试换过职业；37.5% 的被试换过组织单位。预测样本的人口统计特征如表 3.4 所示。

表 3.4　预测样本的人口统计特征描述

项目	类别	频次	有效百分比（%）	累积百分比（%）
性别	男	135	65.5	65.5
	女	71	34.5	100.0

① Heppner, P. P. & Heppner, M. J. *Writing your thesis, Dissertation & Research*. Singapore: Cengage Learning Asia Pte Ltd, 2009. 153 – 160.（北京大学出版社影印版）

（续上表）

项目	类别	频次	有效百分比（%）	累积百分比（%）
年龄	20 岁及以下	1	0.5	0.5
	21～25 岁	44	21.4	21.8
	26～30 岁	65	31.6	53.4
	31～35 岁	31	15.0	68.4
	36～40 岁	18	8.7	77.2
	41～45 岁	26	12.6	89.8
	46～50 岁	13	6.3	96.1
	51～55 岁	7	3.4	99.5
	56～60 岁	1	0.5	100.0
	60 岁以上	0	0	0
学历	初中及以下	0	0	0
	高中	32	15.5	15.5
	大专	40	19.4	35.0
	本科	63	30.6	65.5
	硕士	66	32.0	97.6
	博士	5	2.4	100.0
单位性质	国有企业	85	41.7	41.7
	私营或民营企业	10	4.9	46.6
	外资或合资企业	37	18.1	64.7
	事业单位	32	15.7	80.4
	其他	40	19.6	100.0
换过职业	否	134	64.4	64.4
	是	74	35.6	100.0
换过组织	否	130	62.5	62.5
	是	78	37.5	100.0
婚姻	单身	77	37.2	37.2
	已婚	130	62.8	100.0

此外，在换过职业的74人中，有35人换过1次职业；有27人换过2次职业；有5人换过3次职业；有1人换过5次职业；有6人换过9次职业。在换过组织单位的78人中，有33人换过1个单位，有26人换过2个单位，有7人换过3个单位，其余12人换的单位在4个及以上。具体数据如表3.5所示。

表3.5　预测样本转换职业和组织的情况

项目	类别	频次	有效百分比（%）	累积百分比（%）
转换职业次数	0	134	64.4	64.4
	1	35	16.8	81.3
	2	27	13.0	94.2
	3	5	2.4	96.6
	5	1	0.5	97.1
	9	6	2.9	100.0
转换组织次数	0	130	62.5	62.5
	1	33	15.9	78.4
	2	26	12.5	90.9
	3	7	3.4	94.2
	4	3	1.4	95.7
	5	2	1.0	96.6
	6	1	0.5	97.1
	8	1	0.5	97.6
	9	5	2.4	100.0

（2）预测样本的项目分析。

在本研究中项目的筛查依据三方面的标准：①题总相关系数，若题总相关系数小于0.30，则考虑去掉该题目；②高分组与低分组在该题上得分差异的显著性，若差异不显著，则考虑去掉该题；③该题在探索性因子分析负荷矩阵中的位置与负荷系数，若某题负荷系数小于0.40或不在提取的特征根大于1的因子中或在无意义的因子中，则考虑去掉该题目。

①题总相关分析。

题总相关分析是求职业弹性测量的每一个题项的得分与职业弹性问卷51题总分之间的Pearson相关系数。题总相关分析可显示每个题项与整份量表测量对象的一致性程度，当题总相关系数过低时，表明该题与其他大多数题目所测量非同一对象，有必要删除。对于项目与总分的相关性，根据杜克尔（L. R. Tuker）的推论，构造健全的项目所需要的项目和测验的相关系数在0.3～0.8之间，项目就能为测验提供满意的信度和效度。[①] 伊贝尔（I. Ebel）则根据其编制测验的经验提出题总相关系数的评价标准为：0.40以上为非常优良；0.30～0.39为合格；0.20～0.29为尚可，需修改；0.20以下必须淘汰。[②]

对职业弹性预测问卷的51题做题总相关分析表明，题总相关系数小于0.30的题目有k7、k14、k25至k44、k48、k49、k50，共25题。此外，由于k1和k51题的答案选择过于集中在某个选项超过或接近70%，区分度不高，也去掉。详细结果如附录F所示。

②高低分组的差异显著性检验。

高分组与低分组在某题上得分的差异显著性检验也称为鉴别度分析。项目鉴别力标志着项目能够测量出它所要测量的东西的程度。[③] 其原理是先确定高分组和低分组，若1个题目鉴别度高的话，那么高分组和低分组在该题上的得分平均数应该有显著差异；若高低分组在该题上得分平均数差异不显著，则说明该题不能有效地把高分组和低分组区分出来。

在本研究中，先将所有被试在职业弹性预测量表中得分的总分从高到低进行排序，得分前25%的被试作为高分组，得分后25%的被试作为低分组，求出高分组与低分组在职业弹性预测量表每一题上得分的平均数，然后进行差异t检验。如果高分组与低分组在该题上的得分差异不显著，就说明该题的鉴别度不高，该舍去。经过高分组与低分组的t检验发现以下题目的鉴别度不高，需要舍去，即k26、k27、k28、k29、k30、k31、k34、k35、k36、k37、k38、k41、k43，共13题。统计分析结果如附录F所示。与题总分析的结果相比较，发现这些鉴别度不高的题属于题总相关系数小于0.30的题目。

③因子分析。

题总相关分析与高低分组差异显著性检验对因子分析而言，起到了一种

---

① 漆书青，戴海崎，丁树良．现代教育与心理测量学原理．南昌：江西教育出版社，1998

② 漆书青，戴海崎，丁树良．现代教育与心理测量学原理．南昌：江西教育出版社，1998

③ 郑日昌．心理测验．长沙：湖南教育出版社，1993

题项净化的作用。Churchill 特别强调，在进行因子分析前需要消除“垃圾项目”，如果在没有净化题项之前就进行因子分析，就可能导致多维度现象，使因子含义的解释变得更加困难。① 因子分析不仅可以探索项目的结构，还可以对项目起到筛选的作用。对因子分析来说，各项目因素负荷和共同度大小就能显示出各项目区分度的好坏。同时，鉴定项目好坏的另一个主观标准就是各个项目组成的公因素必须是可解释的。如果组成公因素的项目之间难于组成有意义的解释，因素的意义无法解释，即使项目的因素负荷值再大，共同度再高，还是应该将这些项目去掉。

对项目筛选后剩下的项目，应做探索性因素分析，以对项目做进一步分析。因子分析的一个默认前提条件就是各变量间必须有相关性，否则各变量之间没有共享信息，就不应当有公因子需要提取。因子分析的具体条件可以用 *KMO* 统计量和 Bartlett's 球形检验来判定。*KMO* 统计量用于探察变量间的偏相关性，它比较的是各变量间的简单相关和偏相关的大小，取值范围在 0 ~ 1 之间。如果各变量间存在内在联系，则由于计算偏相关时控制其他因素就会同时控制潜在变量，导致偏相关系数远远小于简单相关系数，此时 *KMO* 统计量接近于 1，做因子分析的效果好。一般认为，当 *KMO* 大于 0.9 时，效果最好，0.7 以上效果尚可，0.6 时效果很差，0.5 以下时不宜做因子分析。而 Bartlett's 球形检验用于检验相关阵是否是单位阵，即各变量是否各自独立。如果结论为不拒绝该假设，则说明这些变量可能各自独立提供一些信息，彼此之间恐怕没有什么联系。② 在这里，*KMO* 统计量等于 0.849，说明各变量间的相关程度无太大差异，数据非常适合做因子分子；而 Bartlett's 球形检验的显著性等于 0.000（$\chi^2 = 1\ 680.541$，$df = 276$，$Sig. = 0.000$），说明球形假设被拒绝，表明各变量间并非独立，数据适合做因子分析。

采用因子分析中主成分法抽取因子，采用方差最大化正交旋转方法转轴，以特征根大于或等于 1 为标准提取公因子，以因素负荷大于 0.40 为标准，剔除因素负荷小于 0.40 的项目和有双重负荷且差别不大的项目，以及组成的公因子没有实际意义的项目。方差最大化旋转经 7 次迭代收敛。其因子负荷矩阵如表 3.6 所示，因子分布碎石图如图 3.3 所示。由于 k6 题和 k10 题组成的因子 F7 只有两题，而且通过碎石图观察因子 F7 可以舍弃。另外，由于 k5 题有接近的双重负荷且负荷值都大于 0.5，该题也舍去。把经过探索

---

① Churchill, G. A. Jr. A paradigm for developing better measures of marketing construct. *Journal of Marketing Research*, 1979, 16 (1): 491 - 504.

② 张文彤. SPSS 11 统计分析教程（高级篇）. 北京：北京希望电子出版社，2002. 192

性因子分析筛选留下的21个题目作为正式调查职业弹性问卷。

表3.6　转轴后的职业弹性因子负荷矩阵

问卷项目	因子负荷						
	F1	F2	F3	F4	F5	F6	F7
k18	0.628						
k19	0.585						
k11	0.582						
k13	0.572						
k21	0.519						
k20	0.441						
k15		0.799					
k16		0.731					
k17		0.562					
k22			0.735				
k24			0.730				
k23			0.712			0.409	
k2				0.718			
k3				0.662			
k4				0.646			
k5				0.531			0.514
k46					0.786		
k47					0.678		
k45					0.599	0.430	
k8						0.716	
k9						0.604	
k12	0.431					0.490	
k6							0.794
k10	0.502						0.520
特征根	7.150	1.649	1.444	1.211	1.150	1.090	1.012
解释变异量（%）（总计61.279%）	29.793	6.872	6.019	5.047	4.791	4.542	4.215

因子分析的碎石图如图 3. 3 所示。从碎石图上可以看出，第一个因子的特征根要远远超出其他的因子，也就是说，第一个因子对总变异的解释量要远远超出其他的因子，是职业弹性结构中最重要的一个因子。从图上也可看出特征根大于 1 的因子共有 7 个。

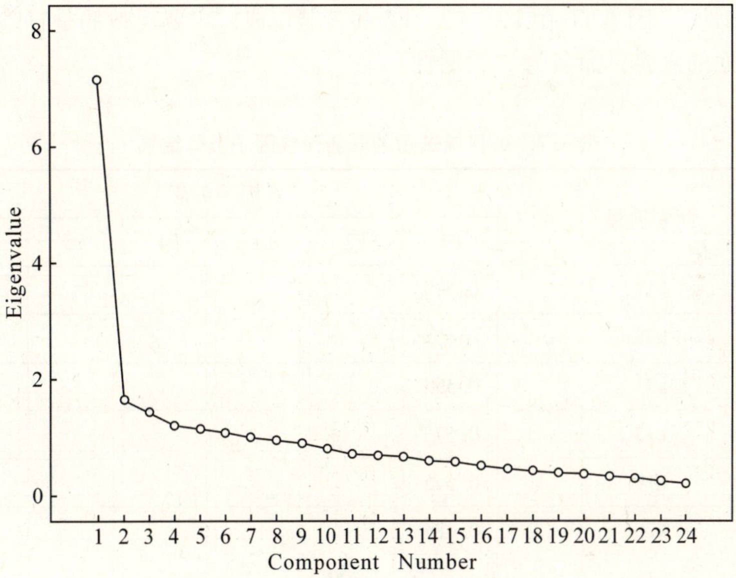

图 3. 3 职业弹性因子分析的碎石图

（3）职业弹性量表的结构。

对以上经过项目分析和因子分析筛选后剩下的 21 个项目采用因子分析中主成分法抽取因子，发现 $KMO = 0.867$；而 Bartlett's 球形检验值的卡方值是 1 476. 366（$df = 210$，$p < 0.01$），表明数据适合做因子分析。接下来，采用主成分法抽取因子，以方差最大化正交旋转方法转轴，以特征根大于或等于 1 为标准提取公因子。方差最大化旋转经 6 次迭代收敛，结果提取了 6 个可解释的因子。表 3. 7 是 21 个项目探索性因素分析的结果（分析时选项为主成分分析、最大正交旋转、因素负载大于 0. 40）。这 21 个项目构成职业弹性测量的正式量表（21 item），如表 3. 7 所示。

从表 3. 7 可以看出，职业弹性由 6 个因素构成。因素 F1 由 k11、k13、k18、k19、k20、k21 共 6 题组成，主要反映的是人际关系方面的主动性和职业探索与管理方面的主动性，对其命名为“职业主动性”。因素 F2 由 k15、 k16、k17 共 3 题组成，主要反映的是职业愿景方面的内容，对其命名为“职业愿景”。因素 F3 由 k22、k23、k24 共 3 题组成，主要反映的是学习能力方面的内容，命名为“学习能力”。因素 F4 由 k8、k9、k12 共 3 题构成，主要反映的是努力与成就动机方面的内容，命名为“成就动机”。因素 F5 由 k45、k46、k47 共 3 题构成，主要反映的是心理韧性方面的内容，命名为“心理韧性”。因素 F6 由 k2、k3、k4 共 3 题构成，主要反映的是冒险与灵活变化方面的内容，命名为“灵活性”。

表 3.7　项目筛选后的职业弹性因子负荷结果

问卷项目	因子负荷					
	F1	F2	F3	F4	F5	F6
k11	0. 649					
k18	0. 625					
k21	0. 594					
k13	0. 573					
k19	0. 545					
k20	0. 484					
k15		0. 800				
k16		0. 728				
k17		0. 541				
k22			0. 774			
k23			0. 715	0. 400		
k24			0. 693			
k8				0. 733		
k9				0. 608		
k12	0. 412			0. 551		
k46					0. 801	
k47					0. 702	
k45				0. 483	0. 565	
k2						0. 765

（续上表）

问卷项目	因子负荷					
	F1	F2	F3	F4	F5	F6
k3						0.725
k4						0.679
特征根	6.785	1.416	1.312	1.189	1.087	1.046
解释变异量（%）（总计61.120%）	32.312	6.745	6.245	5.662	5.176	4.981
Cronbach α 系数（总体一致性系数为0.891）	0.733	0.757	0.792	0.644	0.684	0.662

第四节　正式调查数据分析方法

正式调查数据的分析所用的统计分析软件为：Excel 2003，Lisrel 8.53，SPSS 15.0，FoxPro 9.0。本研究主要运用了以下分析方法：信度分析、相关分析、方差分析、探索性因素分析、多元回归分析、结构方程测量模型（验证性因子分析）和 Kruskal - Wallis H 非参数检验。

一、数据描述性统计

描述统计量如频次、百分比、平均数、标准差、偏度和峰度可描绘数据的特征和轮廓。在本研究中，这些描述统计分析被用于考察样本的人口统计特征和组织特征以及各研究变量的数据分布特征。

平均数和标准差分别用来描绘数据的集中趋势和离散趋势。偏度和峰度用来判断数据分布的正态性。由于许多统计分析方法的前提假设是要求数据呈正态分布，偏度和峰度是描述统计考察数据的一个重要部分。在本研究中，当数据不呈正态分布时，笔者尝试对数据做变换以使其呈正态分布或采用非参数分析的方法。

二、变量测量的信度分析

由于本研究中的许多变量都是概念结构（conceptual structure），如职业弹性、心理资本、职业满意度、心理健康等，而不是对观察对象的直接度量，故对概念结构的测量是否可信可靠是在研究变量关系前需要考核的内容。信度分析用于评价测量工具的稳定性，也就是说“使用相同研究技术重复测量同一个对象时，得到相同研究结果的可能性[①]”。本研究采用考察测量量表内部一致性的方法来检测所使用测量量表的信度。

三、相关分析

相关分析是揭示变量间密切程度的一种常用方法。本研究采用了 Kendall 相关系数来考察分类变量间的密切程度，采用 Pearson 相关系数来分析连续性变量间的关系。

四、方差分析

本研究使用了单因素方差分析（One-Way ANOVA）和多因素方差分析（Univariate Models）。方差分析又称变异数分析，是一种应用非常广泛的变量分析方法。其主要功能在于分析研究数据中不同来源的变异对总变异的贡献大小，从而确定研究中的自变量是否对因变量有显著影响。对于单因素的多个水平的均数差异检验不宜采用多个两两 t 检验来进行，因为这会极大地增加统计中犯第一类错误的概率。[②] 方差分析是现在研究中使用非常频繁的一种统计分析方法，甚至到了滥用的程度。实际上，方差分析对数据结构有着相当严格的要求。方差分析的前提假设有以下几点：①各样本的独立性。只有各样本为相互独立的随机样本，才能保证变异的可加性（可分解性）；②正态性。所有的观察值系从正态总体中抽样得出；③方差齐性。指各实验处理内的方差彼此差异不显著，当因素为多因素时，还指各单元格内的方差齐性。[③] 当数据不满足这些前提假设时，方差分析的结论往往是错误的。在本研究中，每次做方差分析之前都对前提条件进行检验，当满足前提条件时，才进一步做方差分析，当不满足条件时，则采用非参数分析的方法来处理数据。

---

① ［美］艾尔·巴比．社会研究方法基础（第八版）．邱泽奇译．北京：华夏出版社，2002. 104

② 张文彤．SPSS 11 统计分析教程（基础篇）．北京：北京希望电子出版社，2002. 230

③ 张文彤．SPSS 11 统计分析教程（高级篇）．北京：北京希望电子出版社，2002. 5；［美］理查德·P. 鲁尼恩，凯·A. 科尔曼，戴维·J. 皮腾杰．行为统计学基础．王星译．北京：中国人民大学出版社，2007. 334

五、多元线性回归分析

本研究使用了多元线性回归分析来研究各方面影响因素对职业弹性的影响。回归分析是相关分析的深入，相关分析可揭示变量间关系的密切程度但不能进一步显示变量之间的数量关系，回归分析则不仅能揭示变量间的密切程度还能显示其数量关系。多元线性回归也有其适用条件，其基本前提要求为[①]：①线性趋势。自变量与因变量的关系是线性的，如果不是，则不能采用线性回归来分析。这可以通过散点图来加以判断。②独立性。可表述为因变量 y 的取值相互独立，它们之间没有联系。反映到模型中，实际上就是要求残差间相互独立，不存在自相关，否则应当采用自回归模型来分析。③正态性。就自变量的任何一个线性组合，因变量 y 均服从正态分布，反映到模型中，实际上就是要求残差服从正态分布。④方差齐性。自变量的任何一个线性组合，因变量 y 的方差均相同，实质就是要求残差的方差齐。在本研究中，每次做多元线性回归分析之前都对其前提条件进行了检验，当满足前提条件时，才进一步做多元线性回归分析。

六、验证性因子分析

本研究采用结构方程模型技术来做验证性因子分析。结构方程模型（Structural Equation Modeling，SEM）是基于变量的协方差矩阵来分析变量之间关系的一种统计方法。结构方程模型可分为测量方程（measurement equation）和结构方程（structural equation）两部分。测量方程描述潜变量与指标之间的关系，而结构方程则描述潜变量之间的关系。若要检验数据是否符合某个预先设定的先验模型，结构方程分析便成为验证性因子分析（Confirmatory Factor Analysis，CFA）。

要评判理论模型与测量数据的拟合程度，结构方程分析是最合适的方法。结构方程分析的重要内容就是进行模型的评估与检验，它判定研究者提出的理论假设模型是否能够用以描述实际观察到的变量关系，这一过程称为模型拟合度评估。比较常用的评估模型的指标包括[②]：

①χ^2 显著性检验。一般认为卡方值达到显著性水平，代表的虚无假设（假设模型与观察资料之间没有差异）不成立，模型拟合度不佳。如果卡方

---

① 张文彤．SPSS 11 统计分析教程（高级篇）．北京：北京希望电子出版社，2002. 66

② 侯杰泰，温忠麟，成子娟．结构方程模型及其应用．北京：教育科学出版社，2004. 166 ~ 177，181 ~ 209

值不显著，代表虚无假设成立，模型拟合良好。不过由于卡方值受到自由度和样本量的影响，对于评价单个模型意义不大。χ^2 至少应该与自由度联系在一起才具备评价作用，χ^2/df 是一个主观的整体拟合度指标。χ^2/df 在 2.0 ~ 5.0 之间是可接受的模型。若 $\chi^2/df > 5$，表明整体模型比较差；若 $\chi^2/df > 10$，表明整体模型非常差。χ^2/df 易受样本容量的影响，对于评价单个模型意义不大，不过一般的验证性因子分析都报告它。

②*GFI*，即拟合优度（Goodness of Fit Index）。一般来说，$0 < GFI < 1$，越接近 1，表明整体模型拟合度越好，其值大于 0.9 认为有较大的解释力，但也有学者认为其值大于 0.8 就可说明模型拟合较好。

③*RMSEA*，即近似误差均方根（Root Mean Square Error of Approximation），一般来说 $0 < RMSEA < 1$，越接近 0，表明样本数据与假设协方差矩阵中元素的平均误差越小，整体拟合度越好；其值低于 0.1 表示好的拟合，小于 0.05 表示非常好的拟合。

④*CFI*（Comparative Fit Index），取值范围在 0 ~ 1 之间，一般认为大于 0.90 表示模型拟合得好。

⑤*NNFI*，即 Non-Normed Fit Index。其值可能会小于 0 或者大于 1，但一般在 0 ~ 1 之间，愈接近 1，模型愈理想，一般来说其值大于 0.9 表明模型拟合得好。

在评价拟合模型时，采用哪一个拟合指数较好，这是一个复杂的课题。本研究仅报告与验证性因子分析关系密切的几个指标：χ^2，df，*RMSEA*，*NNFI*，*GFI*，*CFI*。

第四章　研究结果

本研究正式调查的对象为天津市中环电子信息集团有限公司名下的多个电子相关企业中的管理人员。中环电子信息集团是一个旗下拥有 187 家电子相关企业、4.2 万名员工的大型企业集团。该问卷在天津市电子协会的帮助下，以方便抽样的方式抽取企业，在获得企业相关人员的支持后，开始对其企业的管理人员进行问卷调查。

本研究中把管理者操作化定义为具有一个或以上明确的直接下级，且对其下级具有监督、指导、考核的权利和责任的个体，范围涵盖基层管理者、中层管理者和高层管理者。部分企业的调查由其企业的联系人负责发放和回收问卷，部分企业由电子协会工作人员负责发放和回收问卷。正式调查分为 3 个时间段，第一个时间段为 2008 年 12 月至次年 1 月底，发放问卷 100 份，回收 82 份；第二个时间段为 2009 年 4 月至 5 月，发放问卷 300 份，回收 168 份；第三个时间段为 2009 年 5 月至 6 月，发放问卷 200 份，回收 109 份。正式调查的企业名录及调查人数见附录 H。问卷的总回收率为 59.83%。

问卷回收后进行整理、编码和录入。问卷中题目的编码分别为：第二部分的题目，依题号顺序编为 e1，e2，e3a，e3b；第三部分，依题号顺序编为 s1，s2，…，s9；第四部分，依题号顺序编为 f1，f2，…，f36；第五部分，依题号顺序编为 w1，w2，…，w63。当数据录入的准确性考察完毕后，开始剔除无效问卷，剔除的标准为：整份问卷的正式部分（即附录 D 中正式调查问卷的二、三、四、五部分）缺失值大于或等于 10%，或问卷完全雷同或问卷的正式部分的相关度大于或等于 0.80，或问卷的正式部分的答案明显具有规律性。剔除无效问卷后，剩下有效问卷 324 份，问卷的有效率为 90.25%。

第一节　正式调查的样本特征

本研究的最终有效样本为 324 位电子企业管理人员。以下是样本特征的分布情况及统计分析结果。

一、性别分布情况

在本研究最终有效样本中，除16人未填答性别外，在剩下的308位调查对象中，男性管理人员占55.8%（172人），女性管理人员占44.2%（136人）。

二、年龄分布情况

在调查的对象中，30岁及以下被试占21.0%（68人），31~35岁被试占27.8%（90人），36~40岁被试占12.3%（40人），41~45岁被试占10.2%（33人），46~50岁被试占10.2%（33人），51~55岁被试占13.9%（45人），56~60岁被试占4.6%（15人），60岁及以上被试为零。

三、学历分布情况

在调查的样本中，除4人未报告学历外，在剩下的320人中，初中及以下学历占3.4%（11人），高中学历占10.3%（33人），大专学历占31.3%（100人），本科学历占51.3%（164人），硕士学历占3.8%（12人），博士学历零人。

四、所在单位性质分布情况

在调查的管理者中，除3位未填答其单位性质外，在剩下的321位管理者中，82.6%（265人）的管理者来自国有企业，4.4%（14人）的管理者来自私营或民营企业，4.7%（15人）的管理者来自外资企业，8.4%（27人）的管理者来自合资企业。

五、职务级别分布情况

在调查的管理者中，除17位未报告其职务级别外，在剩下的307位管理者中，48.9%（150人）的人为初级管理者，42.7%（131人）的人为中级管理者，8.5%（26人）的人为高级管理者。

六、管理领域分布情况

在调查的对象中，除7人未填其管理领域外，在剩下的317位管理者中，16.7%（53人）的管理者负责管理生产，15.1%（48人）的管理者负责管理财务，13.2%（42人）的管理者负责管理销售，26.8%（85人）的管理者负责管理行政事务，12.3%（39人）的管理者负责管理研发，

15.8%（50 人）的管理者负责管理其他领域事务。

七、从事管理工作年数分布情况

在调查的有效样本中，除 21 人未填答此项目外，在余下的 303 人中，31.0%（94 人）的被试从事管理工作的年数在 5 年以下，28.1%（85 人）的被试从事管理工作年数为 6~10 年，12.9%（39 人）的被试为 11~15 年，14.9%（45 人）的被试为 16~20 年，5.0%（15 人）的被试为 21~25 年，5.6%（17 人）的被试为 26~30 年，2.6%（8 人）的被试为 31 年以上。在这些回答了此项目的管理者中，从事管理工作时间最短的为 1 年，最长的为 38 年，平均从事管理工作年数为 11.50 年（$SD = 8.505$，$Skewness = 0.829$，$Kurtosis = 0.017$）。

八、参加工作年数分布情况

在调查的有效样本中，除 3 人未报告其参加工作的年数外，在剩余的 321 人中，16.2%（52 人）的管理者参加工作的年数在 5 年以下，26.2%（84 人）的管理者参加工作的年数为 6~10 年，13.7%（44 人）的管理者工龄为 11~15 年，11.8%（38 人）的管理者工龄为 16~20 年，7.5%（24 人）的管理者工龄为 21~25 年，10.3%（33 人）的管理者工龄为 26~30 年，7.2%（23 人）的管理者工龄为 31~35 年，7.2%（23 人）的管理者工龄为 36 年以上。在这些管理者中，工龄最短的为 1 年，最长的为 44 年，平均工龄为 16.85 年（$SD = 11.113$，$Skewness = 0.521$，$Kurtosis = -0.818$）。

九、转换职业状况分布

在调查的有效样本中，除 3 人未填答职业转换状况外，在剩下的 321 位管理者中，只有 18.4%（59 人）的管理者转换过职业，其余 81.6%（262 人）的管理者未曾转换职业。在曾经转换过职业的管理者中，最少转换职业次数为 1 次，最多转换职业次数为 4 次。具体来说，有 40 人（占总调查人数的 12.6%）曾转换过 1 次职业，有 12 人（占总调查人数的 3.8%）曾转换过 2 次职业，有 3 人（占总调查人数的 0.9%）曾转换过 3 次职业，有 1 人（占总调查人数的 0.3%）曾转换过 4 次职业，有 3 人未报告具体次数。

十、转换组织单位状况分布

在调查的对象中，除 3 人未填答组织单位转换状况外，其余的 321 位管理者中有 28.7%（92 人）的管理者转换过单位，其余 71.3%（229 人）的管理者未曾转换组织单位。在曾经转换过单位的管理者中，最少转换过的单位为1个，最多转换过的单位为6个。具体来说，有44人（占总调查人数的14.0%）曾转换过1个单位，有21人（占总调查人数的6.7%）曾转换过2个单位，有11人（占总调查人数的3.5%）曾转换过3个单位，有9人（占总调查人数的2.9%）曾转换过4个单位，有1人（占总调查人数的0.3%）曾转换过5个单位，有2人（占总调查人数的0.6%）曾转换过6个单位，另外有4人未报告具体次数。

第二节　正式调查工具的信效度分析结果

研究工具的可信与可靠是研究结论可信可靠的前提。如果研究变量的测量不可靠，那么基于变量的测量而得出的各种关于变量之间关系的统计分析结论将毫无意义。笔者在研究中使用的大部分量表皆是许多研究中常用到的，在许多不同的情境与被试中得到过信效度验证，但是在研究对象和情境中是否可信可靠，还有待于进一步考察。本节将考察调查工具在本研究中的信效度。

信度评价主要有重测信度和内部一致性信度，一般研究者倾向于报告后者。在本研究中，将采用Cronbach α 内部一致性系数评判测量工具的信度。本研究的信度分析采用SPSS程序中Reliability Analysis程序进行，该程序不仅可考察量表的Cronbach α 信度，还可提供题总相关系数和删题后的内部一致性系数，以便考察项目的好坏。各量表详细的信度分析如附录G所示。统计测量学家指出[①]，Cronbach α 值大于0.7表明数据可靠性较高，当量表的题目小于6个时，Cronbach α 值大于0.6可表明数据是可靠的，在探索性研究中Cronbach α 的值可以小于0.7但应在0.5以上。在本研究中，大部分量表的内部一致性信度都在0.7以上，表明各变量的测量都有较好的信度。各量表详细的信度分析见本节相应部分。

在一般的用法里，效度是指实证测量在多大程度上反映了概念的真实含义。效度分析的种类通常包括内容效度、效标关联效度和结构效度。由于本研究中除职业弹性为自己开发的量表外，其他量表皆为其他学者用过并有许多研究支持其信效度的量表，内容效度已得到验证。对于职业弹性量表，其

① 吴明隆．SPSS统计应用实务——问卷分析与应用统计．北京：科学出版社，2003.109

预测问卷已经过多位国内的组织行为学研究专家审阅，他们认为测量题目较好地反映了职业弹性概念的含义，有较好的内容效度。结构效度是指从量表获得的测量结果与设计该量表时所依据的理论构想之间的契合程度。笔者在Lisrel的测量模型中采用验证性因子分析对各量表的结构效度进行考察，主要方法是考察理论模型与数据之间的拟合指数以及每个测量题目的标准化因子负荷值。拟合指数的含义和评价见第三章第三节。对于因子负荷值来说，理想的状况在0.6或以上，若小于0.5，则对应的指标要考虑删除。[①] 各量表详细的效度分析见本节相应部分。

一、职业弹性问卷的信效度分析

采用SPSS程序中Reliability Analysis程序来考察职业弹性量表的Cronbach α信度，职业弹性总量表的信度分析结果如表4.1所示。

表4.1 职业弹性总量表的信度分析

题号	平均数	标准差	与该量表总分之相关	删除该题后的内部一致性系数
w18	3.56	0.742	0.453	0.921
w19	3.70	0.672	0.536	0.920
w20	3.61	0.737	0.526	0.920
w21	3.49	0.744	0.535	0.920
w22	3.59	0.700	0.585	0.919
w23	3.56	0.743	0.644	0.917
w24	3.62	0.767	0.645	0.917
w25	3.62	0.752	0.630	0.918
w26	3.48	0.739	0.669	0.917
w27	3.34	0.753	0.661	0.917
w28	3.67	0.758	0.642	0.917
w29	3.60	0.749	0.634	0.918

① 侯杰泰，温忠麟，成子娟．结构方程模型及其应用．北京：教育科学出版社，2004.52

（续上表）

题号	平均数	标准差	与该量表总分之相关	删除该题后的内部一致性系数
w31	3.45	0.768	0.615	0.918
w32	3.54	0.768	0.642	0.917
w33	3.27	0.837	0.525	0.920
w34	3.39	0.781	0.550	0.919
w35	3.29	0.822	0.468	0.921
w36	3.43	0.786	0.580	0.919
w37	3.69	0.724	0.645	0.918
w38	3.31	0.774	0.527	0.920
w39	3.39	0.753	0.424	0.922
总量表（$\alpha=0.922$）	73.60	9.944		

职业弹性量表的信度分析表明，总量表的内部一致性系数 α 等于0.922，这说明总量表的信度非常高。从题总相关系数来看，各题项与该量表总分之间的相关皆大于0.4，说明项目非常优良。从删题后的内部一致性系数来看，除 w39 题外，每题删除后都会导致总量表的内部一致性系数降低，而 w39 题删除后也没有使总量表的内部一致性系数升高，这说明职业弹性的测量题目有较好的一致性。对职业弹性的各分量表来说，分量表一的信度为0.789，分量表二的信度为0.782，分量表三的信度为0.767，分量表四的信度为0.802，分量表五的信度为0.823，分量表六的信度为0.789，各分量表的信度皆在0.70以上，表明各分量表亦有较好的信度。各分量表的具体信度分析如附录表 G1.1 至 G1.6 所示。

从职业弹性的六因素模型的验证结果来看，χ^2/df 为2.46，在可接受的范围内，*GFI* 为0.88，大于0.8接近0.9，表明模型拟合度好。*NNFI* 和 *CFI* 分别为0.90和0.92，都大于或等于0.9，说明模型是对数据较好的拟合。*RMSEA* 为0.069，小于0.1，也表明拟合度很好。从职业弹性测量项目的标准化因子负荷值来看，除 w39 外，都大于0.5，这说明项目有较好的效度。模型验证的路径图如附录图 G1 所示。此外，职业弹性各分量表之间的相关结果显示：各分量表之间中度相关，分量表之间的相关低于与总量表之间的相关，这也说明职业弹性量表有着较好的结构效度。

表 4.2　职业弹性各分量表彼此间的皮尔逊相关结果

	平均数（M）	CareerT	C1	C2	C3	C4	C5	C6
职业弹性总	73.599 3	1	0.879**	0.666**	0.768**	0.814**	0.804**	0.701**
职业弹性一	20.653 3	0.879**	1	0.421**	0.519**	0.669**	0.611**	0.674**
职业弹性二	10.874 4	0.666**	0.421**	1	0.611**	0.444**	0.507**	0.265**
职业弹性三	10.639 7	0.768**	0.519**	0.611**	1	0.578**	0.610**	0.385**
职业弹性四	10.609 9	0.814**	0.669**	0.444**	0.578**	1	0.665**	0.446**
职业弹性五	10.714 6	0.804**	0.611**	0.507**	0.610**	0.665**	1	0.396**
职业弹性六	10.107 3	0.701**	0.674**	0.265**	0.385**	0.446**	0.396**	1

注：* 表示在 0.05 水平显著，** 表示在 0.01 水平显著（2－尾），下同；CareerT 为职业弹性总量表，C1～C6 分别为职业弹性分量表一至六。

表 4.3　职业弹性量表的验证性因子分析结果

变量名称	χ^2	df	χ^2/df	*GFI*	*RMSEA*	*NNFI*	*CFI*
职业弹性	428.62	174	2.46	0.88	0.069	0.90	0.92

表 4.4　职业弹性测量项目的因子负荷值（Lisrel 标准化后系数）

问卷项目	因子负荷					
	F1	F2	F3	F4	F5	F6
w18		0.60				
w19		0.87				
w20		0.78				
w21			0.64			
w22			0.76			
w23			0.78			
w24					0.81	
w25					0.81	

（续上表）

问卷项目	因子负荷					
	F1	F2	F3	F4	F5	F6
w26					0.73	
w27				0.72		
w28				0.81		
w29				0.77		
w31	0.67					
w32	0.70					
w33	0.61					
w34						0.73
w35						0.74
w36						0.77
w37	0.72					
w38	0.54					
w39	0.46					

二、心理资本问卷的信效度分析

从心理资本的信度分析结果来看，初始量表的内部一致性系数 α 等于 0.880。单从题总相关系数与删题后的内部一致性系数来看，w52、w59、w62 的题总相关系数要么低于 0.30，要么为负，而且这三题删除后的内部一致性系数都会升高，表明这三题与其他题目的一致性不高，应删除。在此后的统计分析中则以删除此三题的心理资本量表为准。在删除这三题后，题总相关系数均在 0.40 以上，删题后的量表内部一致性系数均未见升高。这时总量表的内部一致性系数 α 等于 0.930，表明总量表有非常高的信度。对心理资本的各分量表来说，分量表一的信度为 0.832，分量表二的信度为 0.844，分量表三的信度为 0.797，分量表四的信度为 0.847，各分量表的信度皆在 0.70 以上，表明各分量表亦有较好的信度。各分量表的具体信度分析如附录表 G2.1 至 G2.4 所示。

表 4.5 心理资本量表的信度分析

题号	平均数	标准差	与初始量表总分之相关	删除该题后初始量表的内部一致性系数	与最终量表总分之相关	删除该题后最终量表的内部一致性系数
w40	3.52	0.683	0.577	0.872	0.592	0.927
w41	3.56	0.703	0.555	0.873	0.554	0.927
w42	3.42	0.735	0.497	0.874	0.520	0.928
w43	3.61	0.665	0.627	0.871	0.615	0.926
w44	3.46	0.726	0.572	0.872	0.562	0.927
w45	3.46	0.722	0.654	0.870	0.634	0.926
w46	3.42	0.697	0.624	0.871	0.632	0.926
w47	3.54	0.705	0.620	0.871	0.614	0.926
w48	3.55	0.759	0.637	0.870	0.652	0.926
w49	3.25	0.767	0.419	0.876	0.475	0.929
w50	3.40	0.713	0.660	0.870	0.667	0.925
w51	3.46	0.731	0.599	0.872	0.595	0.927
w52	3.18	0.917	-0.136	0.895		
w53	3.46	0.696	0.603	0.872	0.591	0.927
w54	3.53	0.692	0.555	0.873	0.560	0.927
w55	3.54	0.683	0.619	0.871	0.647	0.926
w56	3.49	0.773	0.517	0.874	0.571	0.927
w57	3.55	0.735	0.617	0.871	0.637	0.926
w58	3.49	0.760	0.534	0.873	0.571	0.927
w59	2.79	0.837	-0.306	0.897		
w60	3.51	0.757	0.523	0.874	0.564	0.927
w61	3.58	0.777	0.618	0.871	0.667	0.925
w62	2.85	0.884	-0.287	0.898		
w63	3.63	0.770	0.627	0.871	0.676	0.925
最终总量表（初始 α = 0.880，最终 α = 0.930）	73.43	9.846				

从心理资本的四因素模型的验证结果来看，χ^2/df 为 2.378，在可接受的范围内，*GFI* 为 0.88，大于 0.8，表明模型拟合得好。*NNFI* 和 *CFI* 分别为 0.91 和 0.92，都大于 0.9，说明模型对数据有较好的拟合。*RMSEA* 为 0.066，小于 0.1，也表明拟合得很好。从心理资本测量项目的标准化因子负荷值来看，都在 0.5 以上，说明项目有较好的效度。模型验证的路径图如附录图 G2 所示。此外，心理资本各分量表之间的相关结果显示：各分量表之间有中度的相关，分量表之间的相关低于与总量表之间的相关，这也说明心理资本量表有着较好的结构效度。

表 4.6　心理资本各分量表彼此间的皮尔逊相关结果

	自我效能	希望	心理韧性	乐观	心理资本总
自我效能	1	0.651**	0.650**	0.537**	0.848**
希望	0.651**	1	0.656**	0.585**	0.867**
心理韧性	0.650**	0.656**	1	0.673**	0.868**
乐观	0.537**	0.585**	0.673**	1	0.805**
心理资本总量表得分	0.848**	0.867**	0.868**	0.805**	1

表 4.7　心理资本量表的验证性因子分析结果

变量名称	χ^2	df	χ^2/df	*GFI*	*RMSEA*	*NNFI*	*CFI*
心理资本	435.21	183	2.378	0.88	0.066	0.91	0.92

表 4.8　心理资本量表测量项目的因子负荷值（Lisrel 标准化后系数）

问卷项目	因子负荷			
	F1	F2	F3	F4
w40	0.63			
w41	0.65			
w42	0.65			
w43	0.74			
w44	0.66			
w45	0.71			

（续上表）

问卷项目	因子负荷			
	F1	F2	F3	F4
w46		0.68		
w47		0.72		
w48		0.72		
w49		0.58		
w50		0.75		
w51		0.69		
w53			0.63	
w54			0.63	
w55			0.73	
w56			0.64	
w57			0.70	
w58				0.67
w60				0.71
w61				0.86
w63				0.83

三、上司支持量表的信效度分析

上司支持量表的信度分析结果显示，题总相关系数皆在0.4以上，删题后的内部一致性系数都是降低的，总量表的内部一致性 α 为0.924，这些结果表明上司支持量表有着非常高的信度。

表4.9　上司支持量表的信效度分析

题号	信度分析				效度分析
	平均数	标准差	与该量表总分之相关（CITC）	删除该题后的内部一致性系数	Lisrel 标准化因子负荷值
f1	3.07	0.925	0.633	0.922	0.65

（续上表）

题号	信度分析				效度分析
	平均数	标准差	与该量表总分之相关（CITC）	删除该题后的内部一致性系数	Lisrel 标准化因子负荷值
f2	3.32	0.845	0.714	0.916	0.74
f3	3.30	0.853	0.752	0.914	0.78
f4	3.38	0.818	0.756	0.914	0.79
f5	3.32	0.859	0.761	0.913	0.80
f6	3.41	0.859	0.749	0.914	0.79
f7	3.37	0.868	0.757	0.913	0.80
f8	3.39	0.863	0.727	0.915	0.76
f9	3.29	0.838	0.694	0.917	0.72
总量表（α=0.924）	29.85	6.100			

从上司支持量表单因素模型的验证性因子的分析结果来看，*GFI*、*NNFI*、*CFI* 分别为 0.90、0.91、0.93，表明模型拟合得很好。χ^2/df 为 5.547，大于5 且小于10，*RMSEA* 为0.12，稍大于0.1，考虑到χ^2/df 易受样本容量的影响且对单个模型评价的意义不大，*RMSEA* 易受自由度和样本容量的影响，综合这些拟合指标来看，模型是可以接受的。此外，从上司支持量表测量项目的标准化因子负荷值来看，都在0.5 以上，说明项目有较好的效度。模型验证的路径图如附录 G3 所示。

表 4.10　上司支持量表的验证性因子分析结果

变量名称	χ^2	df	χ^2/df	*GFI*	*RMSEA*	*NNFI*	*CFI*
上司支持	149.78	27	5.547	0.90	0.12	0.91	0.93

四、组织职业管理量表的信效度分析

从组织职业管理的信度分析结果来看，每个项目的题总相关系数皆在0.4 以上，删题后的内部一致性系数都是降低的，总量表的 α 为 0.948，这说明组织职业管理量表有着非常高的信度。

表 4.11 组织职业管理量表的信效度分析

题号	信度分析				效度分析
	平均数	标准差	与该量表总分之相关	删除该题后的内部一致性系数	Lisrel 标准化因子负荷值
f29	3.05	0.957	0.748	0.945	0.77
f30	2.99	0.957	0.829	0.939	0.85
f31	2.86	0.916	0.823	0.940	0.84
f32	2.75	0.902	0.813	0.941	0.84
f33	2.88	0.988	0.777	0.943	0.80
f34	2.99	1.010	0.828	0.940	0.86
f35	2.90	0.961	0.855	0.938	0.89
f36	2.77	0.930	0.799	0.941	0.83
总量表（$\alpha=0.948$）	23.19	6.527			

从组织职业管理量表的单因素模型验证性因子的分析结果来看，*GFI*、*NNFI*、*CFI* 分别为 0.85、0.88、0.92，这表明模型的拟合程度可以接受。χ^2/df 为 10.79，稍大于 10，*RMSEA* 为 0.18，稍大于 0.1，考虑到 χ^2/df 易受样本容量的影响且对单个模型评价的意义不大，*RMSEA* 易受自由度和样本容量的影响，综合这些拟合指标来看，模型是可以接受的。此外，从组织上司支持量表测量项目的标准化因子负荷值来看，都在 0.5 以上，也说明项目有较好的效度。模型验证的路径图如附录 G4 所示。

表 4.12 组织职业管理的验证性因子分析结果

变量名称	χ^2	df	χ^2/df	*GFI*	*RMSEA*	*NNFI*	*CFI*
组织职业管理	215.71	20	10.79	0.85	0.18	0.88	0.92

五、职业满意度量表的信效度分析

职业满意度量表的内部一致性系数 α 为 0.858，大于 0.07，表明量表测量结果的稳定性很好。题总相关系数都在 0.4 以上，删题后的内部一致性系数都是降低的，这些结果说明职业满意度量表的信度很好。

从职业满意度单因素的验证性因子的分析结果来看，*GFI*、*NNFI*、*CFI* 分别为 0.95、0.90、0.95，表明理论模型与实际数据拟合得非常好。χ^2/df 为 8.33，*RMSEA* 为 0.15，考虑到该模型要估计的参数较少，自由度较低，样本量较大，这些指数皆可以接受。综合这些拟合指标来看，职业满意度单因素模型是对实际测量数据较好的拟合。此外，从职业满意度量表项目的标准化因子负荷值来看，都在 0.5 以上，说明项目有较好的效度。职业满意度的模型验证的路径图如附录 G5 所示，信度分析结果如表 4.13 所示，模型的拟合指标如表 4.14 所示。

表 4.13　职业满意度量表的信效度分析

题号	信度分析				效度分析
	平均数	标准差	与该量表总分之相关	删除该题后的内部一致性系数	Lisrel 标准化因子负荷值
w10	3.30	0.818	0.606	0.844	0.62
w11	3.35	0.838	0.656	0.832	0.67
w12	3.12	0.952	0.750	0.807	0.86
w13	3.14	0.926	0.764	0.803	0.87
w14	3.22	0.909	0.595	0.848	0.65
总量表（α = 0.858）	16.13	3.553			

表 4.14　职业满意度的验证性因子分析结果

变量名称	χ^2	df	χ^2/df	*GFI*	*RMSEA*	*NNFI*	*CFI*
职业满意度	41.68	5	8.33	0.95	0.15	0.90	0.95

六、自评绩效量表的信效度分析

自评绩效量表的内部一致性系数 α 为 0.775，大于 0.07，表明量表测量结果的稳定性较好。题总相关系数都在 0.4 以上，删题后的内部一致性系数都是降低的，这些结果说明职业满意度量表的信度很好。其信度分析结果如表 4.15 所示。

表 4.15 自评绩效量表的信效度分析

题号	信度分析				效度分析
	平均数	标准差	与该量表总分之相关	删除该题后的内部一致性系数	Lisrel 标准化因子负荷值
w6	3.47	0.706	0.570	0.724	0.71
w7	3.55	0.723	0.686	0.662	0.88
w8	3.28	0.754	0.479	0.772	0.49
w9	3.34	0.735	0.583	0.717	0.63
总量表（α = 0.775）	13.64	2.255			

从自评绩效量表单因素的验证性因子的分析结果来看，*GFI*、*NNFI*、*CFI* 分别为 0.97、0.86、0.95，表明理论模型与实际数据拟合得很好。χ^2/df 为 9.65，*RMSEA* 为 0.16，考虑到该模型要估计的参数较少，自由度较低，样本量较大，这些指数皆可以接受。综合这些拟合指标来看，自评绩效单因素模型是对实际测量数据较好的拟合。此外，从自评绩效量表项目的标准化因子负荷值来看，除 w8 稍低于 0.5 以外，都在 0.5 以上，说明项目有较好的效度。模型验证的路径图如附录 G6 所示。

表 4.16 自评绩效的验证性因子分析结果

变量名称	χ^2	df	χ^2/df	*GFI*	*RMSEA*	*NNFI*	*CFI*
自评绩效	19.30	2	9.65	0.97	0.16	0.86	0.95

七、离职倾向量表的信效度分析

离职倾向量表的内部一致性系数 α 为 0.858，大于 0.07，这表明量表测量结果的稳定性较好。题总相关系数都在 0.4 以上，而且删题后的内部一致性系数都是降低的，这些结果说明离职倾向量表的信度很好。离职倾向量表的信度分析结果如表 4.17 所示。

表 4.17　离职倾向量表的信效度分析

题号	信度分析				效度分析
	平均数	标准差	与该量表总分之相关	删除该题后的内部一致性系数	Lisrel 标准化因子负荷值
w15	3.02	0.973	0.697	0.834	0.76
w16	3.05	1.008	0.784	0.752	0.90
w17	3.02	0.979	0.719	0.814	0.79
总量表（α = 0.858）	9.09	2.614			

从离职倾向量表单因素的验证性因子分析的结果来看，模型是一个饱和模型（saturated model），是对数据的完美拟合。当模型为饱和模型时，χ^2 为 0，*df* 也为 0，这时 *GFI*、*NNFI*、*CFI* 都为 1，*RMSEA* 为 0。从离职倾向量表项目的标准化因子负荷值来看，因子负荷值都在 0.5 以上，说明项目有较好的效度。模型验证的路径图如附录 G7 所示，模型的拟合指数如表 4.18 所示。

表 4.18　离职倾向的验证性因子分析结果

变量名称	χ^2	*df*	*GFI*	*RMSEA*	*NNFI*	*CFI*
离职倾向	0	0	1	0	1	1

八、心理健康量表的信效度分析

心理健康总量表的初始的内部一致性系数 α 为 0.904，最终的 α 为 0.923，这表明心理健康量表测量结果的稳定性较好。由于初始量表的题总相关系数，除 s9 稍低于 0.4 以外，都在 0.4 以上，删题后的内部一致性系数除 s9 外都是降低的，考虑去掉 s9 题。去掉 s9 题后，最终量表的题总相关系都在 0.4 以上，删题后的内部一致性系数都是降低的，这些结果说明心理健康最终量表的信度非常好。

表 4.19　心理健康量表的信效度分析

题号	信度分析						效度分析
	平均数	标准差	与初始量表总分之相关（CITC）	删除该题后的初始量表内部一致性系数	与最终量表总分之相关	删除该题后的最终量表内部一致性系数	Lisrel 标准化因子负荷值
s3	2.38	1.007	0.772	0.883	0.783	0.908	0.84
s4	2.25	0.996	0.783	0.882	0.809	0.905	0.87
s5	2.32	1.035	0.829	0.876	0.835	0.901	0.89
s6	2.27	0.977	0.771	0.884	0.784	0.908	0.83
s7	2.41	0.961	0.747	0.886	0.748	0.913	0.74
s8	2.49	0.950	0.724	0.889	0.710	0.918	0.71
s9	2.54	0.916	0.387	0.923			
总量表（最终 $\alpha=0.904$）	16.67	5.457					

从心理健康量表单因素的验证性因子分析的结果来看，*GFI*、*NNFI*、*CFI* 分别为 0.88、0.89、0.94，这表明理论模型与实际数据拟合可以接受。$\chi^2/\mathrm{d}f$ 为 16.49，*RMSEA* 为 0.21，考虑到这两个指标超出接受范围。笔者进一步用探索性因子分析来对这些项目自由提取因子，结果发现，以特征根大于 1 为标准进行因子提取时只提取了一个因子，说明这些项目基本上是聚合在一种特质上的。综合这些分析结果来看，心理健康量表单因素模型是对实际测量数据较好的拟合。此外，从心理健康量表项目的标准化因子负荷值来看，都在 0.5 以上，这说明项目有较好的效度。模型验证的路径图如附录 G8 所示。

表 4.20　心理健康量表的验证性因子分析结果

变量名称	χ^2	df	χ^2/df	*GFI*	*RMSEA*	*NNFI*	*CFI*
上司支持	148.45	9	16.49	0.88	0.21	0.89	0.94

九、同事支持量表的信效度分析

同事支持量表的内部一致性系数 α 为 0.864，这表明同事支持量表测量结果的稳定性较好。同事支持量表的题总相关系数都在 0.4 以上，删题后的内部一致性系数都是降低的，这些结果说明同事支持量表的信度很好。

表 4.21　同事支持量表的信效度分析

题号	信度分析				效度分析
	平均数	标准差	与该量表总分之相关	删除该题后的内部一致性系数	Lisrel 标准化因子负荷值
f10	3.36	0.845	0.710	0.838	0.77
f11	3.42	0.812	0.813	0.744	0.94
f12	3.38	0.844	0.705	0.842	0.77
总量表（α =0.864）	10.15	2.217			

从同事支持量表单因素的验证性因子分析结果来看，模型是一个饱和模型（saturated model），是对数据的完美拟合。当模型为饱和模型时，χ^2 为 0，*df* 也为 0，这时 *GFI*、*NNFI*、*CFI* 都为 1，*RMSEA* 为 0。从同事支持量表项目的标准化因子负荷值来看，因子负荷值都在 0.5 以上，这说明项目有较好的效度。模型验证的路径图如附录 G9 所示。

表 4.22　同事支持的验证性因子分析结果

变量名称	χ^2	df	*GFI*	*RMSEA*	*NNFI*	*CFI*
同事支持	0	0	1	0	1	1

十、关系量表的信效度分析

关系量表的内部一致性系数 α 为 0.760，这表明关系量表测量结果的稳定性较好。关系量表的题总相关系数都在 0.4 以上，删题后的内部一致性系数都是降低的，这些结果说明关系量表的信度较好。

表 4.23 关系量表的信效度分析

题号	信度分析				效度分析
	平均数	标准差	与该量表总分之相关	删除该题后的内部一致性系数	Lisrel 标准化因子负荷值
w3	3.06	0.803	0.582	0.689	0.70
w4	3.06	0.873	0.619	0.647	0.77
w5	3.24	0.807	0.575	0.697	0.69
总量表（α = 0.760）	9.36	2.043			

从关系量表单因素的验证性因子的分析结果来看，模型是一个饱和模型，是对数据的完美拟合。这里 χ^2 为 0，*df* 也为 0，这时 *GFI*、*NNFI*、*CFI* 都为 1，*RMSEA* 为 0。从关系量表项目的标准化因子负荷值来看，因子负荷值都在 0.5 以上，说明项目有较好的效度。模型验证的路径图见附录 G10。

表 4.24 关系的验证性因子分析结果

变量名称	χ^2	*df*	*GFI*	*RMSEA*	*NNFI*	*CFI*
关系	0	0	1	0	1	1

十一、配偶支持量表的信效度分析

配偶支持量表的内部一致性系数 α 为 0.801，题总相关系数都在 0.4 以上，这些结果说明配偶支持量表的信度较好。

表 4.25　配偶支持量表的信效度分析

题号	信度分析				效度分析
	平均数	标准差	与该量表总分之相关	删除该题后的内部一致性系数	Lisrel 标准化因子负荷值
w1	3.59	0.920	0.669	只有两题不能计算此项	0.801
w2	3.67	0.858	0.669		
总量表（α =0.801）	7.26	1.625			

由于配偶支持量表只有两题，自由度为负数，所以不能做验证性因子分析。

十二、组织文化类型量表的信效度分析

组织文化类型量表由 16 题构成，分别测量组织文化的 4 种特性，即弹性程度、控制程度、外向程度和内向程度。总量表的内部一致性系数 α 为 0.936，有着非常高的信度。组织文化类型 16 题的总量表的具体信度分析如附录表 G11.2 所示。下面就 4 个特性强度进行信度分析。

弹性分量表的内部一致性系数 α 为 0.877，题总相关系数都在 0.4 以上，删题后的内部一致性系数都是降低的，这些结果说明弹性分量表的信度较好。

表 4.26　弹性分量表的信度分析

题号	平均数	标准差	与该量表总分之相关	删除该题后的内部一致性系数
f13	3.23	0.853	0.596	0.866
f14	3.32	0.905	0.652	0.860
f17	3.39	0.903	0.619	0.863
f18	3.19	0.896	0.724	0.852
f21	3.30	0.895	0.725	0.852
f22	3.32	0.915	0.578	0.868

（续上表）

题号	平均数	标准差	与该量表总分之相关	删除该题后的内部一致性系数
f25	2.96	0.886	0.612	0.864
f26	3.18	0.852	0.593	0.866
总量表（α=0.877）	25.90	5.207		

控制分量表的内部一致性系数α为0.877，题总相关系数都在0.4以上，删题后的内部一致性系数都是降低的，这些结果说明控制分量表的信度较好。

表4.27 控制分量表的信度分析

题号	平均数	标准差	与该量表总分之相关	删除该题后的内部一致性系数
f15	3.35	0.898	0.624	0.863
f16	3.30	0.862	0.660	0.859
f19	3.40	0.866	0.720	0.853
f20	3.27	0.861	0.640	0.861
f23	3.36	0.899	0.680	0.857
f24	3.36	0.913	0.634	0.862
f27	3.22	0.836	0.539	0.871
f28	3.11	0.868	0.599	0.865
总量表（α=0.877）	26.39	5.131		

外向分量表的内部一致性系数α为0.880，题总相关系数都在0.4以上，删题后的内部一致性系数都是降低的，这些结果说明外向分量表的信度较好。

表 4.28 外向分量表的信度分析

题号	平均数	标准差	与该量表总分之相关	删除该题后的内部一致性系数
f14	3.32	0.905	0.630	0.867
f15	3.35	0.898	0.649	0.865
f18	3.19	0.896	0.695	0.860
f20	3.27	0.861	0.654	0.865
f22	3.32	0.915	0.685	0.861
f24	3.36	0.913	0.638	0.866
f26	3.18	0.852	0.618	0.868
f28	3.11	0.868	0.584	0.872
总量表（α=0.880）	26.11	5.245		

内向分量表的内部一致性系数α为0.873，题总相关系数都在0.4以上，删题后的内部一致性系数都是降低的，这些结果说明内向分量表的信度较好。

表 4.29 内向分量表的信度分析

题号	平均数	标准差	与该量表总分之相关	删除该题后的内部一致性系数
f13	3.23	0.853	0.556	0.865
f16	3.30	0.862	0.660	0.854
f17	3.39	0.903	0.655	0.854
f19	3.40	0.866	0.734	0.846
f21	3.30	0.895	0.715	0.847
f23	3.36	0.899	0.597	0.861
f25	2.96	0.886	0.596	0.861
f27	3.22	0.836	0.521	0.868
总量表（α=0.873）	26.18	5.091		

对于组织文化类型的16题量表来说，弹性程度的测量题目与控制程度的测量题目彼此独立，不重复，外向程度与内向程度的测量题目也不重复。但是，外向程度的测量与弹性程度和控制程度的测量都有共享的题目，内向程度也与弹性程度和控制程度的测量都有共享的题目，也就是说，每一个测量题目都从属于两个因子，这种模型的验证远比每个测量题目从属于一个因子复杂，或者说每个因子的测量题目都是彼此相互独立的，这种情况需要用多质多法模型（Multitrait-Multimethod，MTMM）来验证。当各特质因子间容许相关，各方法因子间也容许相关时，模型就被称为CTCM模型（Correlated-Trait Correlated-Method）。此处即采用CTCM方法来做验证性因子分析，结果显示 d*f* 为 82，χ^2 为 549.93，χ^2/d*f* 为 6.71，*RMSEA* 为 0.15，*GFI*、*NNFI*、*CFI* 分别为0.80、0.80、0.87。从组织文化类型总量表项目的标准化因子负荷值来看，除f24题在控制程度维度上的标准负荷为 -0.35，在0.5以下以外，其他标准化因子负荷都在0.5以上，这说明项目有较好的效度。考虑到模型的复杂性，这些拟合指标均可接受。模型验证的路径图如附录图G11所示。

第三节　人口学变量对职业弹性的影响研究

一、职业弹性在人口学变量上的描述统计

这里所选择的人口学变量为性别、年龄、学历、职务级别、管理领域、从事管理工作年数、参加工作年数以及转换职业和转换组织单位的经历。对于变量人生阶段（青年、中年、老年），由于它与职业生涯发展阶段联系密切，界定方面又存在众多争议，故对它的分析独立成节（见第九节）。以上选择的各人口学变量亚群体的职业弹性得分分布情形如表4.30所示。

表4.30　选择的各人口学变量在职业弹性上的平均数和标准差

人口统计特征变量		频次	平均数	标准差
性别	男	172	73.237 7	10.791 66
	女	136	73.886 9	8.924 13
	缺失	16		

（续上表）

人口统计特征变量		频次	平均数	标准差
年龄	①30 岁及以下	68	75.519 0	8.996 58
	②31～35 岁	90	72.145 2	10.715 51
	③36～40 岁	40	73.422 2	10.242 47
	④41～45 岁	33	73.602 8	9.532 45
	⑤46～50 岁	33	73.281 9	9.013 72
	⑥51～55 岁	45	75.016 2	7.657 11
	⑦56～60 岁	15	70.533 3	15.674 67
	⑧60 岁及以上			
学历	①初中及以下	11	72.421 1	11.299 43
	②高中	33	73.575 8	12.742 72
	③大专	100	73.272 7	9.809 97
	④本科	164	73.832 9	9.471 88
	⑤硕士	12	73.666 7	10.325 02
	⑥博士			
	缺失	4		
是否换过职业	①否	262	73.502 6	9.828 76
	②是	59	73.667 0	10.616 72
	缺失	3		
是否换过单位	①否	229	73.294 5	10.153 87
	②是	92	74.126 0	9.492 68
	缺失	3		
职务级别	①初级管理者	150	73.284 0	10.211 98
	②中级管理者	131	74.443 0	9.037 79
	③高级管理者	26	72.874 2	11.829 27
	缺失	17		

（续上表）

人口统计特征变量		频次	平均数	标准差
管理领域	①生产	53	72.824 0	8.939 36
	②财务	48	72.770 8	8.733 01
	③销售	42	72.229 3	12.528 52
	④行政	85	75.556 1	9.214 56
	⑤研发	39	70.581 9	12.130 16
	⑥其他	50	75.935 1	8.299 67
	缺失	7		
从事管理工作年数	①5 年以下	94	74.184 9	11.073 29
	②6～10 年	85	73.821 6	9.378 50
	③11～15 年	39	73.971 5	10.744 33
	④16～20 年	45	73.311 4	10.226 77
	⑤21～25 年	15	75.266 7	4.574 26
	⑥26～30 年	17	74.863 0	7.336 01
	⑦31 年以上	8	73.966 0	10.393 94
	缺失	21		
参加工作年数	①5 年以下	52	74.314 9	9.333 16
	②6～10 年	84	73.476 2	10.578 99
	③11～15 年	44	72.814 4	11.162 83
	④16～20 年	38	74.102 6	9.339 74
	⑤21～25 年	24	71.870 1	7.928 83
	⑥26～30 年	33	74.675 9	8.947 51
	⑦31～35 年	23	74.391 3	7.451 29
	⑧36 年以上	23	72.205 6	13.653 48
	缺失	3		

二、人口学变量间的相关分析

在此对人口学变量进行相关分析，为随后的方差分析铺设基础。由于人口学变量大多为分类变量和顺序变量，故这里采取 Spearman 的等级相关分析。等级相关分析表明，工龄与年龄的相关达到0.943，工龄与管理时间的相关达到0.833，而管理时间与年龄的相关也达到0.796，接近0.80。

表4.31　人口学变量间的相关分析结果

	性别	年龄	学历	换职业	换单位	级别	管理领域	工龄	管理时间
性别	1.000	-0.050	-0.005	-0.004	0.009	-0.082	0.002	-0.054	-0.080
年龄	-0.050	1.000	-0.350**	0.038	0.047	0.610**	-0.011	0.943**	0.796**
学历	-0.005	-0.350**	1.000	0.047	0.157**	-0.131*	0.146**	-0.386**	-0.214**
换职业	-0.004	0.038	0.047	1.000	0.464**	0.035	0.063	0.085	0.136*
换单位	0.009	0.047	0.157**	0.464**	1.000	0.127*	0.055	0.065	0.093
级别	-0.082	0.610**	-0.131*	0.035	0.127*	1.000	-0.016	0.609**	0.545**
管理领域	0.002	-0.011	0.146**	0.063	0.055	-0.016	1.000	-0.005	0.047
工龄	-0.054	0.943**	-0.386**	0.085	0.065	0.609**	-0.005	1.000	0.833**
管理时间	-0.080	0.796**	-0.214**	0.136*	0.093	0.545**	0.047	0.833**	1.000

三、部分人口学变量对职业弹性影响的方差分析

在 SPSS 中采用多因素方差分析程序（univariate）来考察多个人口学变量对职业弹性的影响。在这里，若对每个人口学变量单独做方差分析，不易看出变量间的交互作用，此外，若把每个单变量的分析结果简单汇总作为总的结果来解释会扩大统计推论中的Ⅰ类错误。[①] 故这里采用多因素方差分析的方法。若发现有的自变量作用显著，则需要进一步做事后比较来考察因素各水平之间的差异。

由于多因素方差分析的前提假设主要有以下三点：①各样本的独立性；②正态性；③方差齐性。在以上条件中，对独立性的要求是最严的。[②] 各样

---

① 张文彤．SPSS 11 统计分析教程（高级篇）．北京：北京希望电子出版社，2002.6

② 张文彤．SPSS 11 统计分析教程（高级篇）．北京：北京希望电子出版社，2002.5～6

本的独立性即要求各因素间相互独立，故对相关性大的变量要考虑舍弃部分。一般来说，相关系数超过0.9的变量，在分析时将会存在共线性问题，在0.8以上时也可能会有问题。[①] 由于年龄和工龄、管理时间和工龄之间相关大于0.80，年龄和管理时间的相关也接近0.80，所以，在进行多因素方差分析时去掉年龄和工龄这两个变量。正态性即要求所有的观察值是从正态总体中抽样得出。职业弹性的总体可以假定是正态分布，因此，正态性这个条件可以不必检验。对职业弹性总量表得分做人口学变量的方差分析时，把所有的人口学变量都作为固定因素（fixed factor）处理，把模型设定为只考察各因素的主效应以及性别与各因素的交互作用。多因素方差分析的另一个假设是方差齐性，即各单元格的误差变异恒定一致。在去掉相关性大的变量后，把剩下的人口学变量对职业弹性总量表得分做方差分析，该假设条件成立。方差分析的假设条件采用Levene's方差齐性检验，该检验的零假设为因变量在各单元格的误差方差齐性，检验的模型为：截距+各人口学变量的主效应+性别与各人口学变量的交互作用。方差齐性检验结果表明职业弹性总量表得分在各个单元的误差方差齐性［$F_{(205,61)}=1.162$，$p=0.249$］。该方差分析的结果如表4.32所示。

表4.32　人口学变量的多因素方差分析结果

变异来源	Ⅲ型方差 *SS*	自由度	均方 *MS*	统计量 *F*	*P* 值	偏 *Eta* 平方
校正的模型	3 021.357[a]	39	77.471	0.756	0.852	0.115
截距	200 496.218	1	200 496.218	1 955.303	0.000	0.896
性别	20.166	1	20.166	0.197	0.658	0.001
学历	242.018	4	60.504	0.590	0.670	0.010
换职业	2.981	1	2.981	0.029	0.865	0.000
换单位	4.065	1	4.065	0.040	0.842	0.000
管理年限	129.239	6	21.540	0.210	0.973	0.006
职务级别	17.859	2	8.930	0.087	0.917	0.001
管理领域	826.382	5	165.276	1.612	0.158	0.034
性别与学历	132.618	4	33.154	0.323	0.862	0.006

① 张文彤．SPSS 11统计分析教程（高级篇）．北京：北京希望电子出版社，2002.82

（续上表）

变异来源	Ⅲ型方差 SS	自由度	均方 MS	统计量 F	P 值	偏 Eta 平方
性别与换职业	49.754	1	49.754	0.485	0.487	0.002
性别与换单位	14.692	1	14.692	0.143	0.705	0.001
性别与管理年限	536.900	6	89.483	0.873	0.516	0.023
性别与职务级别	364.990	2	182.495	1.780	0.171	0.015
性别与管理领域	324.211	5	64.842	0.632	0.675	0.014
误差	23 276.520	227	102.540			
合计	1 488 366.130	267				
校正的合计	26 297.877	266				

注 a：$R^2=0.115$，调整 $R^2=-0.037$。

偏 *Eta* 平方用于表示由该因素所导致的变异占因变量总变异的比例。从偏 *Eta* 平方来看，所选择的人口学变量对职业弹性的影响都非常小。

从以上方差分析的结果来看，所选择的人口学变量的主效应及其与性别的交互作用对职业弹性的影响都不显著。由于人口学变量的主效应及其与性别的交互作用不显著，所以，没有必要对人口学变量做进一步的事后比较和回归分析等深入分析。

四、年龄和工龄对职业弹性影响的分析

由于年龄、工龄、管理年限这三个变量之间存在高度相关，所以，在上面的多因素方差分析中没有分析年龄、工龄与职业弹性的关系。下面采用单因素方差分析对其关系进行考察。年龄和工龄做方差分析的前提条件符合，但是，单因素方差分析的结果表明年龄和工龄对职业弹性的影响皆不显著。其方差分析结果如表 4.33 所示。

表 4.33　工龄和年龄对职业弹性的方差分析结果

自变量	变异来源	平方和 SS	自由度	均方 MS	统计量 F	P 值
工龄	组间差异	233.537	7	33.362	0.330	0.940
	组内差异	31 647.622	313	101.111		
	总计	31 881.159	320			

（续上表）

自变量	变异来源	平方和 SS	自由度	均方 MS	统计量 F	P 值
年龄	组间差异	676.804	6	112.801	1.144	0.337
	组内差异	31 260.668	317	98.614		
	总计	31 937.472	323			

对于年龄和工龄这两个人口学变量来说，它们和职业弹性有什么关系呢？通过平均数的绘图分析来考察，关系如图 4.1、4.2 所示。

从年龄与工龄的关系图来看，并不存在职业弹性随年龄而升高或降低的趋势，也不存在职业弹性随工龄增加而升高的趋势。图 4.1、4.2 显示的关系是偶然的还是必然的，还有待其他研究来进一步验证。

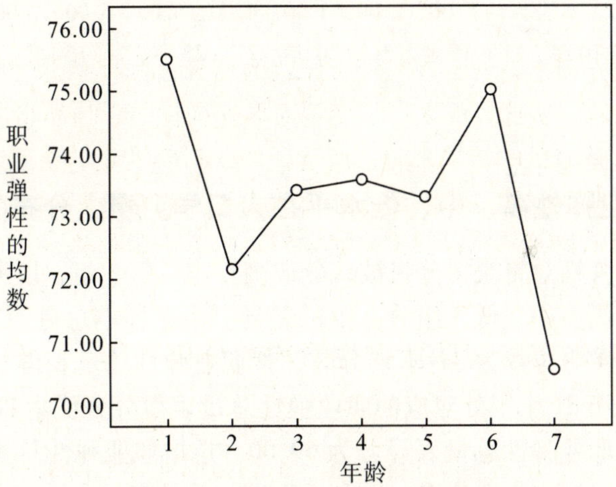

图 4.1 职业弹性与年龄的关系图

注：图中年龄横坐标的 1、2、3、4、5、6、7 分别代表 30 岁及以下、31～35 岁、36～40 岁、41～45 岁、46～50 岁、51～55 岁、56～60 岁。

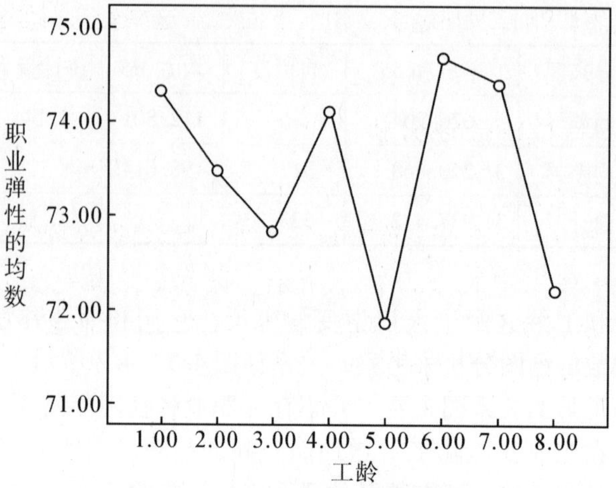

图 4.2　职业弹性与工龄的关系图

注：图中工龄横坐标的 1.00、2.00、3.00、4.00、5.00、6.00、7.00、8.00 分别代表 5 年以下、6～10 年、11～15 年、16～20 年、21～25 年、26～30 年、31～35 年、36 年以上。

五、职业弹性高、中、低水平在人口学变量上分布的分析

根据职业弹性总量表得分将被试分成高、中、低 3 组，以考察人口学变量在职业弹性高、中、低 3 组分布上的差异。由于样本总量为 324，则四分位数为 81，3/4 分位数为 244。划分时，把职业弹性总量表得分按从高到低的顺序排列，第 81 个案处对应的职业弹性总量表得分分值为 80.00，第 244 个案处对应的职业弹性总量表得分为 69.00。选取职业弹性总量表得分分值高于 80.00 的被试作为高分组，选取职业弹性总量表得分低于 69.00 的被试作为低分组。其他的被试作为中分组。在下文中出现的职业弹性的高、中、低 3 组或职业弹性的高、中、低水平皆与此处含义相同。

对选择的人口学变量和职业弹性做高中低组的交叉分析（crosstabs analysis），发现差异不显著，此处不报告详细分析结果。

第四节　职业弹性与组织方面影响因素的关系研究

本研究所选择的组织方面的变量有：单位性质、组织规模、上司支持、

同事支持、组织职业管理和组织文化。下面将对这些变量对职业弹性的影响进行分析。

一、组织特性的描述分析

1. 组织的资本形态

在调查的企业中除企业名称为缺失值外，剩余的59家企业中，国有企业为46家（占59家中的78.0%），私营、民营企业为4家（占59家中的6.8%），外资企业为3家（占59家中的5.1%），合资企业6家（占59家中的10.2%）。结果如图4.3所示。

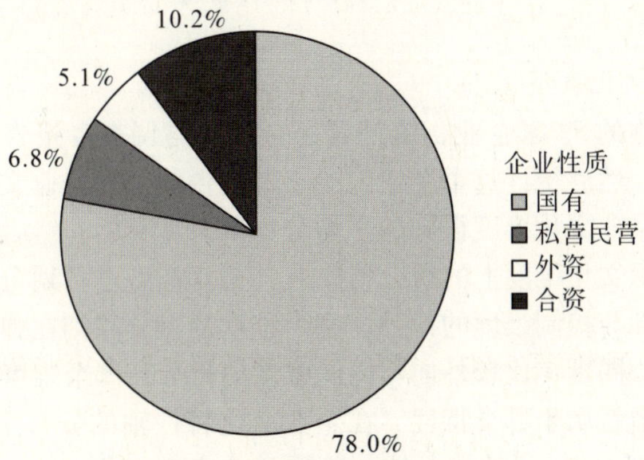

图4.3 组织的资本形态分布图

2. 组织的规模

就组织规模而言，员工人数在199人以下的公司属于小型规模的企业，员工人数在200到999之间的为中型企业，规模在1 000人以上的属于大型企业。据所调查的企业中，除企业名称为缺失值之外，剩余59家企业。其中小型企业有28家（占59家中的47.5%），中型企业有22家（占59家中的37.3%），大型企业有9家（占59家中的15.3%）。结果如图4.4所示。

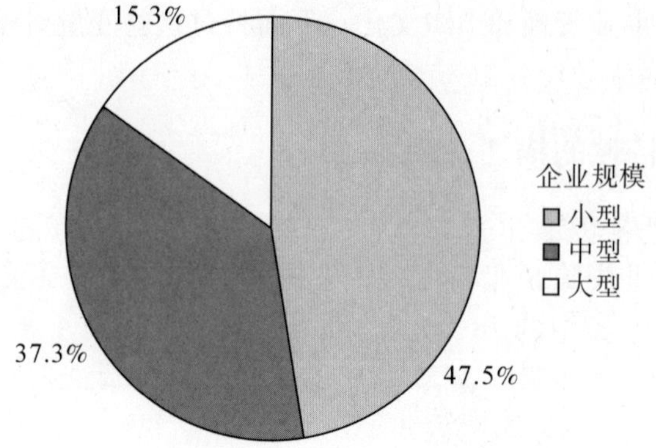

图 4.4　企业规模分布图

3. 组织的文化类型

对已知名称的 59 家企业，统计每个企业参与调查者报告的所在企业文化维度的总分，然后统计每个企业的参与者报告的所在企业文化维度得分的平均分。每个企业文化维度得分的平均分如附录 I 所示。然后对每个企业根据它在四个组织文化维度上的得分情况对其文化类型进行划分。具体划分方法为：比较弹性与控制维度的得分，哪个维度的得分高则在弹性—控制轴上属于哪个特性；同理，比较外向与内向维度的得分，哪个维度的得分高则在内向—外向轴上就属于哪个特性。在企业文化特性轴的分布中，“弹性—外向”属于创新型文化，“外向—控制”属于效率型文化，“内向—控制”属于官僚型文化，“弹性—内向”则属于支持型文化，如图 4.5 所示。企业文化的归类结果如附录 I 所示。

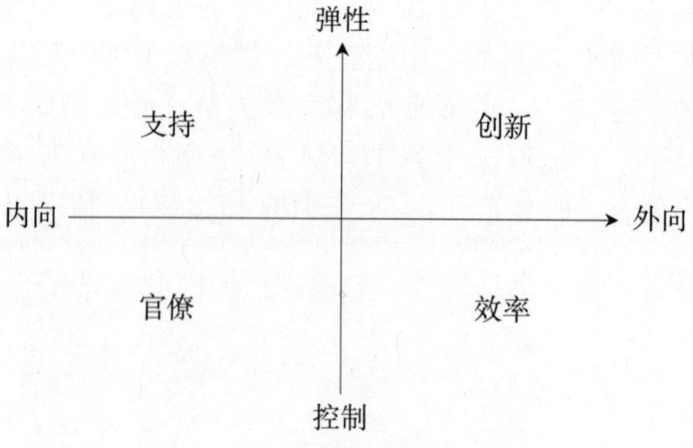

图 4.5　组织文化划分标准图

在调查的企业中，除企业名称为缺失值外，有12家企业因为弹性/控制，或外向/内向维度得分相等而无法区分其文化类型。在剩下的47家企业中，创新型企业文化有6家（占47家中的12.8%），支持型企业文化有13家（占47家中的27.7%），效率型企业文化有16家（占47家中的34.0%），官僚型企业文化有12家（占47家中的25.5%）。结果如图4.6所示。

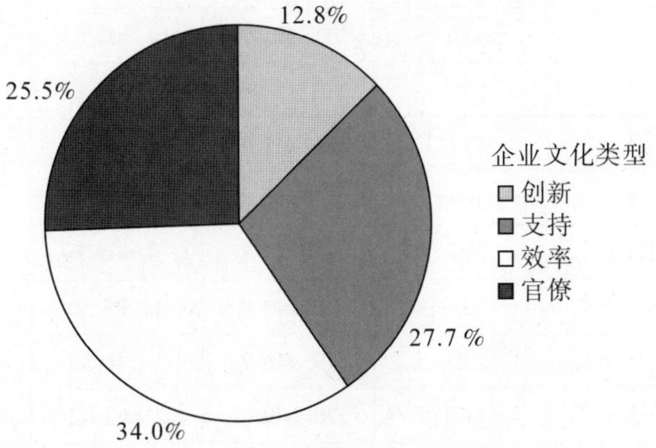

图4.6 组织文化类型分布图

二、企业文化与职业弹性的关系分析

1. 企业文化类型与职业弹性的关系

在已知名称的59家企业中，不考虑由于弹性/控制或外向/内向维度得分相等而无法区分其文化类型的12家企业。对于剩下的47家企业以文化类型与职业弹性做单因素方差分析（One-Way ANOVA）。

对于单因素方差分析来说，方差分析的适用条件是各样本来自正态总体且各总体方差相等[①]，尤其是方差齐性这一假设是方差分析中最为重要的基本假设，若这一个假设不能满足，原则上是不能进行方差分析的[②]。简易判断正态分布的方法就是考察偏度值和峰度值，不过对于偏度值和峰度值为多大才是可接受的没有固定的标准。一般来说，偏度值和峰度值越接近于零越

① 张文彤. SPSS 11统计分析教程（基础篇）. 北京：北京希望电子出版社，2002. 231

② 张厚粲. 心理与教育统计学. 北京：北京师范大学出版社，1995. 274

好，其绝对值小于2是较理想的①。不过也有研究者如Kline认为只要偏度值的绝对值小于3，同时峰度值的绝对值小于10也可被认为近似正态②。在这里采用Kline的标准，并认为各文化类型在职业弹性总量表及其分量表上得分近似于正态分布。

表4.34 职业弹性在不同企业文化类型上的描述统计

	企业文化类型	样本量 N	平均数 M	标准差	偏度	峰度
CareerT	1	35	71.485 7	12.202 63	-0.958	0.613
	2	39	70.153 8	13.955 83	-1.452	1.510
	3	117	73.851 6	7.794 22	-0.922	0.764
	4	106	74.862 0	9.135 35	-1.010	4.161
	Total	297	73.447 8	9.908 79	-1.349	3.189
C1	1	35	20.142 9	4.095 50	-0.471	-0.509
	2	39	19.948 7	4.576 53	-1.550	1.846
	3	117	20.649 6	2.663 02	-1.033	1.145
	4	106	20.940 3	2.873 60	-0.228	1.469
	Total	297	20.601 6	3.232 16	-1.061	2.248
C2	1	35	10.600 0	1.912 81	-1.232	0.458
	2	39	10.359 0	2.276 74	-0.935	0.749
	3	117	11.002 0	1.636 12	-0.615	0.283
	4	106	11.019 7	1.605 20	-0.875	3.274
	Total	297	10.876 5	1.762 58	-0.954	1.598

① Heppner, P. P. & Heppner, M, J. *Writing your thesis, Dissertation & Research*. Singapore: Cengage Learning Asia Pte Ltd., 2009. 158.（北京大学出版社影印版）

② Kline, R. B. *Principles and practice of structureal equation modeling*. New York: Guilford Press, 1998.

（续上表）

	企业文化类型	样本量 N	平均数 M	标准差	偏度	峰度
C3	1	35	10.085 7	1.651 58	-1.142	1.930
	2	39	10.205 1	2.178 60	-1.179	0.810
	3	117	10.589 7	1.592 84	-0.264	-0.262
	4	106	11.030 7	1.829 58	-0.806	3.332
	Total	297	10.637 2	1.794 78	-0.736	1.707
C4	1	35	10.457 1	2.227 41	-0.685	0.307
	2	39	9.794 9	2.637 58	-1.144	0.453
	3	117	10.401 7	1.608 49	-0.768	0.011
	4	106	11.070 5	1.663 90	-1.569	5.627
	Total	297	10.567 3	1.908 03	-1.220	2.145
C5	1	35	10.285 7	2.149 85	-0.940	0.825
	2	39	10.051 3	2.361 41	-1.025	1.193
	3	117	10.697 7	1.511 96	-0.159	0.081
	4	106	10.961 1	1.989 49	-0.959	1.247
	Total	311	10.658 3	1.909 21	-0.873	1.394
C6	1	35	9.914 3	2.147 11	-0.298	-0.554
	2	39	9.794 9	2.716 22	-1.341	0.976
	3	117	10.510 9	1.512 93	-0.424	-0.357
	4	106	9.839 7	2.043 11	0.146	-0.039
	Total	297	10.107 0	1.990 41	-0.639	0.810

注：1 代表创新型文化，2 代表支持型文化，3 代表效率型文化，4 代表官僚型文化；CareerT 和 C1 至 C6 分别为职业弹性总量表及职业弹性的 6 个分量表，下同。

职业弹性在不同企业文化类型上的描述统计结果如表 4.34 所示。在上述 47 家企业中，以企业文化类型与职业弹性做单因素方差分析（One-Way ANOVA）。方差分析前对前提条件中的方差齐性进行检验。方差齐性检验结果如表 4.35 所示。

表 4.35 企业文化对职业弹性的方差齐性检验结果

	Levene Statistic	df1	df2	Sig.
CareerT	7.868	3	293	0.000
C1	7.651	3	293	0.000
C2	3.698	3	293	0.012
C3	2.081	3	293	0.103
C4	7.493	3	293	0.000
C5	3.114	3	293	0.027
C6	5.324	3	293	0.001

表 4.35 显示大多数需要检验的方差都不齐，不满足方差分析的条件。不过统计学家 Box 的研究指出“如果各组的倒数相同（即均衡），或总体呈正态分布，则方差分析模型对方差略微不齐有一定的耐受性，只要最大/最小方差之比小于 3，分析结果都是稳定的①”，故方差分析的结果有一定的参考价值。做方差分析时，当企业文化类型对职业弹性影响显著且方差齐性，采用 S－N－K 法做事后比较；若方差不齐，则进一步采用 Tamhane's T2 的多重比较方法做事后比较。

表 4.36 企业文化类型对职业弹性的方差分析结果

	变异来源	平方和 *SS*	自由度	均方 *MS*	统计量 *F*	事后比较
CareerT	组间差异	788.957	3	262.986	2.725*	不显著
	组内差异	28 273.540	293	96.497		
	总计	29 062.497	296			
C1	组间差异	36.419	3	12.140	1.164	
	组内差异	3 055.859	293	10.430		
	总计	3 092.277	296			

① 转引自：张文彤．SPSS 11 统计分析教程（高级篇）．北京：北京希望电子出版社，2002.6

（续上表）

	变异来源	平方和 *SS*	自由度	均方 *MS*	统计量 *F*	事后比较
C2	组间差异	17.136	3	5.712	1.855	
	组内差异	902.444	293	3.080		
	总计	919.580	296			
C3	组间差异	34.602	3	11.534	3.678*	4>1
	组内差异	918.881	293	3.136		
	总计	953.483	296			
C4	组间差异	53.744	3	17.915	5.127**	4>2；4>3
	组内差异	1 023.863	293	3.494		
	总计	1 077.607	296			
C5	组间差异	29.127	3	9.709	2.710*	不显著
	组内差异	1 049.819	293	3.583		
	总计	1 078.945	296			
C6	组间差异	31.753	3	10.584	2.718*	3>4
	组内差异	1 140.922	293	3.894		
	总计	1 172.676	296			

由于职业弹性总量表的方差不齐，不符合方差分析统计的前提条件，为了进一步准确地分析企业文化类型对职业弹性的影响，下面采用非参数分析的方法来考察企业文化类型与职业弹性总量表及与职业弹性高、中、低水平分布的关系。

采用 SPSS 软件中的非参数检验（Nonparametric Tests）程序下的多个独立样本检验程序（k Independent Samples）来处理数据。克—瓦氏 H 检验（Kruskal-Wallis H）的结果显示组织文化类型对职业弹性总量表的影响不显著（$\chi^2=2.313$，$df=3$，$p>0.05$）。对于各分量表来说，克—瓦氏 H 检验（Kruskal-Wallis H）的结果分别为：对量表一，$\chi^2=0.452$，$df=3$，$p>0.05$；对量表二，$\chi^2=2.570$，$df=3$，$p>0.05$；对量表三，$\chi^2=9.657$，$df=3$，$p<0.05$；对量表四，$\chi^2=11.786$，$df=3$，$p<0.01$；对量表五，$\chi^2=8.554$，$df=3$，$p<0.05$；对量表六，$\chi^2=7.665$，$df=3$，$p>0.05$。也就是说，非参数检验的结果与方差分析的结果基本是一致的。

采用交叉分析法（Crosstabs Analysis）来分析企业文化类型对职业弹性高、中、低分组分布的影响，发现影响不显著（$\chi^2=7.411$，$df=6$，$p>0.05$）。

表 4.37 企业文化类型与职业弹性的交叉分析结果

		文化类型				
		创新	支持	效率	官僚	总计
职业弹性	低	11	13	24	25	73
	中	15	19	70	51	155
	高	9	7	23	30	69
	总计	35	39	117	106	297

综合以上对企业文化类型与职业弹性的分析结果，可以认为企业文化类型对职业弹性的影响不显著。

2. 企业文化强度与职业弹性的关系

在已知名称的 59 家企业中，以弹性、控制、内向、外向 4 个维度为自变量考察与职业弹性因变量之间的关系。结果发现，职业弹性的各维度与企业文化的各维度均呈正相关。这说明不管文化的类型如何，文化的强度越高，企业中管理者的职业弹性越高。

表 4.38 企业文化强度与职业弹性的相关结果

	Cluture1	Cluture2	Cluture3	Cluture4
职业弹性总量表	0.463**	0.484**	0.461**	0.487**
职业弹性分量表一	0.440**	0.437**	0.423**	0.455**
职业弹性分量表二	0.254**	0.302**	0.280**	0.277**
职业弹性分量表三	0.294**	0.314**	0.291**	0.318**
职业弹性分量表四	0.447**	0.443**	0.425**	0.466**
职业弹性分量表五	0.463**	0.502**	0.473**	0.492**
职业弹性分量表六	0.240**	0.252**	0.244**	0.248**

注：Cluture1，Cluture2，Cluture3，Cluture4，分别对应组织文化的 4 个维度：弹性、控制、外向、内向。

三、企业规模与职业弹性的关系分析

本研究中对企业规模的操作界定是：员工人数在 199 以下的公司属于小型规模的企业，员工人数在 200 到 999 之间的为中型企业，规模在 1 000 人以上的属于大型企业。要考察企业规模对职业弹性是否有影响，在这里先尝试采用单因素方差的方法进行。在已知名称的 59 家企业中，职业弹性在不同企业规模上的描述统计和方差齐性检验结果如表 4. 39 所示：

表 4. 39　职业弹性在不同企业规模上的描述统计

	企业规模	样本量 *N*	平均数 *M*	标准差 *SD*	偏度	峰度
CareerT	1. 00	119	72. 038 7	11. 861 96	-1. 319	2. 239
	2. 00	154	74. 215 2	8. 875 66	-0. 625	2. 053
	3. 00	38	77. 059 7	6. 102 20	-1. 195	1. 869
	Total	311	73. 730 0	9. 972 86	-1. 254	3. 145
C1	1. 00	119	20. 277 3	3. 828 80	-1. 218	1. 741
	2. 00	154	20. 809 6	2. 886 57	-0. 332	0. 842
	3. 00	38	21. 526 3	2. 190 11	-1. 259	2. 398
	Total	311	20. 693 5	3. 228 50	-1. 048	2. 233
C2	1. 00	119	10. 756 3	2. 045 94	-0. 775	1. 469
	2. 00	154	10. 870 7	1. 691 99	-0. 892	0. 593
	3. 00	38	11. 506 1	1. 112 41	-0. 012	2. 151
	Total	311	10. 904 6	1. 790 91	-0. 903	1. 547
C3	1. 00	119	10. 649 2	2. 045 93	-0. 817	1. 923
	2. 00	154	10. 539 0	1. 629 52	-0. 502	0. 844
	3. 00	38	11. 210 5	1. 417 23	-0. 574	1. 818
	Total	311	10. 663 2	1. 785 51	-0. 708	1. 753
C4	1. 00	119	10. 272 9	2. 190 72	-1. 362	1. 675
	2. 00	154	10. 759 7	1. 722 80	-0. 507	1. 034
	3. 00	38	11. 184 2	1. 392 16	-2. 314	6. 013
	Total	311	10. 625 3	1. 902 09	-1. 211	2. 230

（续上表）

	企业规模	样本量 N	平均数 M	标准差 SD	偏度	峰度
C5	1.00	119	10.479 0	2.328 34	−0.762	0.373
	2.00	154	10.756 5	1.649 92	−0.667	1.436
	3.00	38	11.184 8	1.502 47	−0.374	1.451
	Total	311	10.702 7	1.930 20	−0.835	1.274
C6	1.00	119	9.604 0	2.218 63	−0.392	0.870
	2.00	154	10.479 8	1.815 18	−0.596	0.307
	3.00	38	10.447 7	1.519 32	−0.627	0.218
	Total	311	10.140 8	1.988 61	−0.606	0.828

注：1.00 代表小型企业，2.00 代表中型企业，3.00 代表大型企业。

表 4.40　企业规模对职业弹性的方差齐性检验结果

	Levene Statistic	df1	df2	*Sig.*
CareerT	7.888	2	308	0.000
CareerT1	5.551	2	308	0.004
CareerT2	5.923	2	308	0.003
CareerT3	3.501	2	308	0.031
CareerT4	6.978	2	308	0.001
CareerT5	10.538	2	308	0.000
CareerT6	2.528	2	308	0.082

方差齐性检验结果表明大多检验结果都是显著的，即大多方差都是不齐的。方差检验的结果仅可做参考，要以非参数检验结果为主。以下是方差分析的结果，如表 4.41 所示。从方差分析结果来看，职业弹性总量表及分量表四和分量表六在不同的企业规模上分布差异显著，而另外几个职业弹性分量表在企业规模上分布的差异不显著。

表 4.41 企业规模对职业弹性的方差分析结果

	变异来源	平方和 *SS*	自由度	均方 *MS*	统计量 *F*	事后比较
CareerT	组间差异	797.936	2	398.968	4.091*	3 > 1
	组内差异	30 033.998	308	97.513		
	总计	30 831.934	310			
C1	组间差异	49.043	2	24.521	2.373	
	组内差异	3 182.158	308	10.332		
	总计	3 231.201	310			
C2	组间差异	16.544	2	8.272	2.606	
	组内差异	977.734	308	3.174		
	总计	994.278	310			
C3	组间差异	13.784	2	6.892	2.178	
	组内差异	974.508	308	3.164		
	总计	988.292	310			
C4	组间差异	29.432	2	14.716	4.150*	3 > 1
	组内差异	1 092.134	308	3.546		
	总计	1 121.566	310			
C5	组间差异	15.233	2	7.617	2.058	
	组内差异	1 139.723	308	3.700		
	总计	1 154.956	310			
C6	组间差异	55.560	2	27.780	7.311*	2 > 1
	组内差异	1 170.353	308	3.800		
	总计	1 225.913	310			

由于方差不齐，为了准确考察组织规模对职业弹性的影响，下面采用非参数检验方法来考察组织规模的影响。采用 SPSS 软件中的非参数检验程序（Nonparametric Tests）下的多个独立样本检验（k Independent Samples）来处理数据。克—瓦氏 H 检验（Kruskal－Wallis H）的结果显示组织规模对职业弹性总量表得分的影响显著（$\chi^2 = 6.397$，$df = 2$，$p < 0.05$）。对于各分量表来说，克—瓦氏 H 检验（Kruskal－Wallis H）的结果分别为：对量表一，$\chi^2 =$

3.146，$df=2$，$p>0.05$；对量表二，$\chi^2=4.976$，$df=2$，$p>0.05$；对量表三，$\chi^2=5.788$，$df=2$，$p>0.05$；对量表四，$\chi^2=6.118$，$df=2$，$p<0.05$；对量表五，$\chi^2=2.025$，$df=2$，$p>0.05$；对量表六，$\chi^2=14.949$，$df=2$，$p<0.05$。也就是说，非参数检验结果与方差分析结果是一致的。

采用交叉分析（Crosstabs Analysis）来分析企业规模对职业弹性高、中、低分组分布的影响，发现影响不显著（$\chi^2=7.058$，$df=4$，$p>0.05$）。

表 4.42 企业规模与职业弹性的交叉分析结果

		企业规模			总计
		小型	中型	大型	1.00
职业弹性	低	36	35	4	75
	中	53	82	22	157
	高	30	37	12	79
	总计	119	154	38	311

综合以上对企业规模对职业弹性影响的分析结果，可以认为企业规模对职业弹性的影响显著。

四、企业性质与职业弹性的关系分析

在已知名称的59家企业中，以企业性质与职业弹性做单因素方差分析（One－Way ANOVA）来考察企业性质对职业弹性的影响。职业弹性在不同性质的企业上的分布结果如表4.43所示：

表 4.43 职业弹性在不同企业性质上的描述统计

	企业性质	样本量	平均数	标准差	偏度	峰度
CareerT	1	266	73.507 2	9.606 10	－0.954	2.460
	2	8	75.375 0	5.449 44	0.625	－1.376
	3	4	80.722 0	5.100 08	－0.144	－3.629
	4	33	74.279 8	13.523 36	－2.133	4.060
	Total	311	73.730 0	9.972 86	－1.254	3.145

（续上表）

	企业性质	样本量	平均数	标准差	偏度	峰度
C1	1	266	20.634 1	3.120 72	-0.632	0.892
	2	8	21.500 0	1.069 04	-0.468	-0.831
	3	4	23.250 0	0.957 43	-0.855	-1.289
	4	33	20.666 7	4.356 51	-2.174	4.570
	Total	311	20.693 5	3.228 50	-1.048	2.233
C2	1	266	10.816 1	1.810 45	-0.872	1.390
	2	8	11.500 0	1.690 31	1.302	2.051
	3	4	12.000 0	0.816 50	0.000	1.500
	4	33	11.340 4	1.655 45	-1.503	3.855
	Total	311	10.904 6	1.790 91	-0.903	1.547
C3	1	266	10.636 3	1.750 89	-0.617	1.697
	2	8	10.500 0	2.070 20	0.000	0.896
	3	4	11.250 0	0.957 43	-0.855	-1.289
	4	33	10.848 5	2.093 46	-1.353	2.757
	Total	311	10.663 2	1.785 51	-0.708	1.753
C4	1	266	10.610 8	1.842 82	-1.012	1.687
	2	8	10.375 0	1.597 99	0.302	-0.165
	3	4	11.500 0	2.081 67	0.000	0.391
	4	33	10.697 0	2.417 19	-2.193	4.160
	Total	311	10.625 3	1.902 09	-1.211	2.230
C5	1	266	10.674 9	1.873 69	-0.682	0.811
	2	8	10.750 0	1.281 74	0.611	-0.021
	3	4	11.750 0	1.707 83	0.753	0.343
	4	33	10.787 9	2.496 97	-1.474	2.335
	Total	311	10.702 7	1.930 20	-0.835	1.274

（续上表）

	企业性质	样本量	平均数	标准差	偏度	峰度
C6	1	266	10.134 9	1.930 56	−0.228	−0.178
	2	8	10.750 0	1.164 96	−0.813	−0.496
	3	4	10.972 0	0.771 52	−0.217	1.526
	4	33	9.939 4	2.621 30	−1.670	2.472
	Total	311	10.140 8	1.988 61	−0.606	0.828

注：1 代表国有企业，2 代表私营民营企业，3 代表外资企业，4 代表合资企业。

在做企业性质与职业弹性的单因素方差分析之前，需要检验其方差是否齐性。方差齐性的检验结果如表 4.44 所示：

表 4.44　企业性质对职业弹性的方差齐性检验结果

	Levene Statistic	df1	df2	*Sig.*
CareerT	1.551	3	307	0.201
C1	2.894	3	307	0.036
C2	1.536	3	307	0.205
C3	0.688	3	307	0.560
C4	0.344	3	307	0.793
C5	1.113	3	307	0.344
C6	3.116	3	307	0.026

从表 4.44 可以看出，除职业弹性量表一和职业弹性量表六的显著性低于 0.05 但大于 0.01 以外，其他的显著性 P 值都远远大于 0.05，也就是说，除职业弹性量表一和职业弹性量表六的方差略微不齐以外，其他量表的方差是齐性的。进一步说，除职业弹性量表一和职业弹性量表六的分析结果要以非参数检验为主以外，其他的可以以方差分析结果为主。对企业性质做方差分析，结果如表 4.45 所示。

表 4.45　企业性质对职业弹性的方差分析结果

	变异来源	平方和 *SS*	自由度	均方 *MS*	统计量 *F*	*Sig.*
CareerT	组间差异	240.387	3	80.129	0.804	0.492
	组内差异	30 591.547	307	99.647		
	总计	30 831.934	310			
C1	组间差异	32.308	3	10.769	1.034	0.378
	组内差异	3 198.892	307	10.420		
	总计	3 231.201	310			
C2	组间差异	15.986	3	5.329	1.672	0.173
	组内差异	978.292	307	3.187		
	总计	994.278	310			
C3	组间差异	2.916	3	0.972	0.303	0.823
	组内差异	985.376	307	3.210		
	总计	988.292	310			
C4	组间差异	3.787	3	1.262	0.347	0.792
	组内差异	1 117.779	307	3.641		
	总计	1 121.566	310			
C5	组间差异	4.850	3	1.617	0.432	0.731
	组内差异	1 150.106	307	3.746		
	总计	1 154.956	310			
C6	组间差异	7.081	3	2.360	0.594	0.619
	组内差异	1 218.833	307	3.970		
	总计	1 225.913	310			

从上表的方差分析结果可以看出：企业性质对职业弹性的影响不显著。由于部分分量表的方差不齐，故采用非参数方法做进一步检验。采用 SPSS 软件中的非参数检验（Nonparametric Tests）程序下的多个独立样本检验程序（k Independent Samples）来处理数据。克—瓦氏 H 检验（Kruskal-Wallis H）的结果显示企业性质对职业弹性总量表得分的影响不显著（$\chi^2=7.221$，$df=3$，$p>0.05$），对职业弹性的 6 个分量表的影响也都不显著。具体来说：对

量表一，$\chi^2=6.674$，$df=3$，$p>0.05$；对量表二，$\chi^2=6.260$，$df=3$，$p>0.05$；对量表三，$\chi^2=2.480$，$df=3$，$p>0.05$；对量表四，$\chi^2=3.186$，$df=3$，$p>0.05$；对量表五，$\chi^2=2.195$，$df=3$，$p>0.05$；对量表六，$\chi^2=1.287$，$df=3$，$p>0.05$。非参数检验的结果与方差分析的结果一致，这说明企业性质对职业弹性影响不显著。

采用交叉分析（Crosstabs Analysis）来分析企业性质对职业弹性高、中、低分组分布的影响，发现影响不显著（$\chi^2=7.575$，$df=6$，$p>0.05$）。

表 4.46　企业性质与职业弹性的交叉分析结果

		国有企业	私营企业	外资企业	合资企业	总计
职业弹性	低	69	0	0	6	75
	中	135	5	2	15	157
	高	62	3	2	12	79
	总计	266	8	4	33	311

综合以上对企业性质与职业弹性的分析结果，可以认为企业性质对职业弹性的影响不显著。

五、企业规模、性质、文化类型在职业弹性上的交互作用分析

为了考察企业文化、规模和性质三者间是否存在交互作用，下面采用多因素方差分析（Univariate）来研究。在 Univariate 分析中，检验的自变量模型为企业规模、性质、文化类型的主效应以及三者之间的交互作用。在方差分析前检查方差分析条件的适用性，发现模型检验的方差不齐［$F_{(19,277)}=2.400$，$p=0.001$］。不过，对于多因素方差分析，方差齐性往往只限于理论探讨的程度，真正在应用时，只要数据分布不是明显偏态，不存在极端值即可①。结果如表 4.47 所示。

① 张文彤．SPSS 11 统计分析教程（高级篇）．北京：北京希望电子出版社，2002.5

表 4.47　企业文化类型、规模、性质对职业弹性的交互作用全模型结果

变异来源	III 型方差 *SS*	自由度	均方 MS	统计量 *F*	*p* 值
校正的模型	7 136.558[a]	19	375.608	4.745	0.000
截距	115 352.216	1	115 352.216	1 457.295	0.000
企业文化类型	935.594	3	311.865	3.940	0.009
企业性质	507.152	3	169.051	2.136	0.096
企业规模	1 711.928	2	855.964	10.814	0.000
文化类型与性质	331.162	2	165.581	2.092	0.125
文化类型与规模	1 130.228	5	226.046	2.856	0.016
性质与规模	605.754	2	302.877	3.826	0.023
类型、性质与规模	0.000				
误差	21 925.939	277	79.155		
合计	1 631 253.450	297			
校正的合计	29 062.497	296			

注 a：$R^2=0.246$，调整 $R^2=0.194$。

交互作用分析表明，企业文化类型与企业规模的交互作用显著，企业性质与企业规模的交互作用也显著，但是，企业文化类型与企业性质的交互作用不显著，且企业文化类型、企业规模和企业性质三者同时的交互作用不显著。

企业文化与企业规模的交互作用如图 4.7 所示。从图中的交互作用可以看出，对于小型和中型企业来说，各种企业文化类型组织中管理者的职业弹性总量表得分没有差异，但是对于大型企业来说，不同的企业文化类型，其中的管理者的职业弹性水平差异显著。

从图 4.8 的交互作用可以看出，在国有性质的企业中，企业规模对职业弹性没有影响，或者说无论小型、中型还是大型企业，管理者的职业弹性总得分没有差异；但是在外资性质的企业中，企业规模对职业弹性影响显著，大型企业中管理者职业弹性的总得分要显著高于小型企业中管理者的职业弹性总得分。

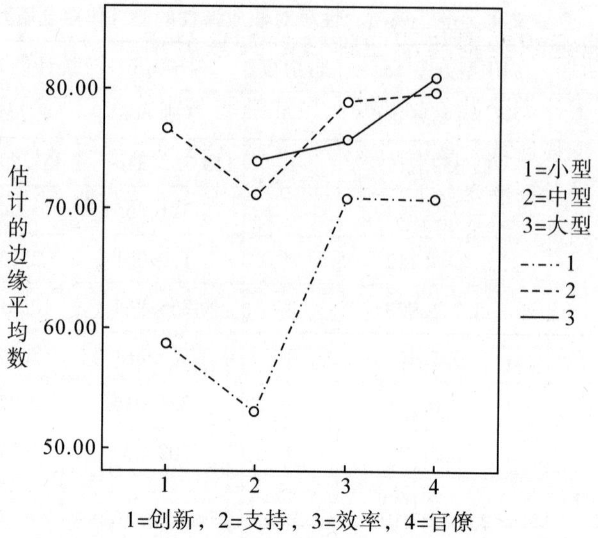

图 4.7　企业文化与企业规模的交互作用分析图

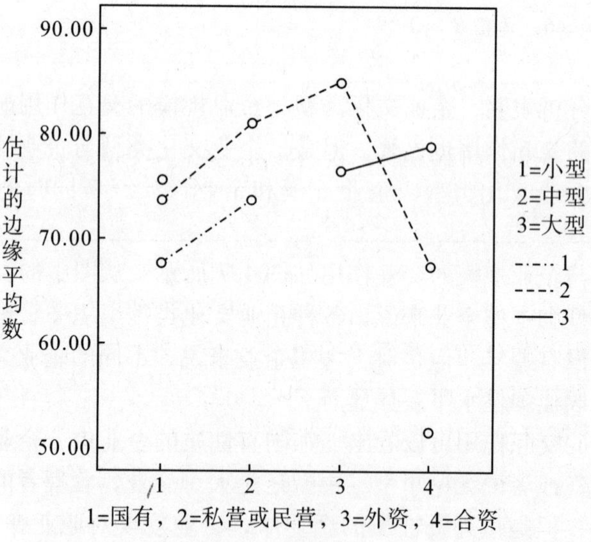

图 4.8　企业性质与企业规模的交互作用分析图

六、其他组织变量与职业弹性的关系分析

上面考察了分类变量企业规模、企业性质和组织文化类型对职业弹性的影响，下面将考察连续变量上司支持、同事支持和组织职业管理对职业弹性的影响。下面要考察的是职业弹性与连续性组织变量的描述统计结果，以及职业弹性与连续性组织变量的相关分析结果。

表 4.48 职业弹性与组织变量的描述统计结果

	样本量	最小值	最大值	平均数	标准差	偏度	峰度
CareerT	324	30.00	102.00	73.599 3	9.943 72	-1.196	2.968
C1	324	6.00	30.00	20.653 3	3.228 39	-1.022	2.113
C2	324	4.00	15.00	10.874 4	1.796 97	-0.892	1.450
C3	324	3.00	15.00	10.639 7	1.807 71	-0.723	1.607
C4	324	3.00	15.00	10.609 9	1.911 78	-1.199	2.105
C5	324	3.00	15.00	10.714 6	1.940 33	-0.803	1.248
C6	324	3.00	15.00	10.107 3	2.004 13	-0.579	0.678
上司支持	324	9.00	45.00	29.846 4	6.100 03	-0.538	0.235
同事支持	324	3.00	15.00	10.154 3	2.217 50	-0.791	0.662
组织职业管理	324	8.00	40.00	23.185 6	6.527 00	-0.190	-0.336

按照一般标准，从表 4.48 的偏度和峰度值来判断，职业弹性总量表和分量表一、四得分的分布不呈正态分布，三个组织变量得分皆成呈态分布。当研究变量不呈正态分布时，往往需要对其进行某种形式的转换，使其转换后的形式呈正态分布①。由于职业弹性得分不呈正态分布，笔者在此尝试了 log、ln、取倒数以及平方根和 Z 分数的转换，发现其转换后的形式皆不呈正态分布。对其进行排序（rank）转换后的形式呈正态分布，其偏度为 -0.002，其峰度为 -1.199，但是原形式和 rank 形式转换后的形式相关度非常高（$r = 0.914$，$p < 0.01$），而且原形式和 rank 形式转换后的形式与其他研

① Heppner, P. P. & Heppner, M, J. *Writing your thesis, Dissertation & Research*. Singapore: Cengage Learning Asia Pte Ltd., 2009. 158 - 159（北京大学出版社影印版）

究变量的相关非常接近，考虑到这些结果，最后的统计分析还是保留其原形式，并认为职业弹性总量表及其分量表得分近似正态分布。

职业弹性与组织变量间的皮尔逊相关结果如表 4.49 所示。从表中可以看出，职业弹性及其分量表都与上司支持、同事支持、组织职业管理显著相关。

表 4.49 职业弹性与组织变量间的皮尔逊相关结果

	职业弹性总	职业弹性一	职业弹性二	职业弹性三	职业弹性四	职业弹性五	职业弹性六	上司支持	同事支持	组织职业管理
上司支持	0.455**	0.416**	0.215**	0.261**	0.438**	0.500**	0.256**	1	0.689**	0.525**
同事支持	0.463**	0.399**	0.267**	0.292**	0.437**	0.485**	0.266**	0.689**	1	0.519**
组织职业管理	0.398**	0.367**	0.206**	0.282**	0.422**	0.402**	0.152**	0.525**	0.519**	1

注：* 表示在 0.05 水平显著；** 表示在 0.01 水平显著。

表 4.49 的结果显示上司支持、同事支持、组织职业管理与职业弹性有着密切的关系，但若要考察他们之间是否有着显著的预测关系及预测的数量，则需通过多元回归来做深入分析。

回归分析有它自己严格的条件，在拟合时需要对这些适用条件进行判断。在这里，回归分析的步骤参考了张文彤的建议①。第一，作出散点图，观察变量间的趋势是否呈线性趋势。第二，考察数据分布，进行必要的预处理，即分析变量的正态性、方差齐性等问题并进行相应的数据处理。第三，进行线性回归分析。第四，残差分析，主要考察残差间是否独立、残差是否呈正态分布。第五，强影响点的诊断及多重共线性问题的诊断。通过回归分析前提条件的考察，这里可以做回归分析。

将组织变量采用强迫进入法（enter）纳入回归方程，设置自变量进入回归方程式的 F 显著性水平为 0.05，剔除回归方程式的 F 显著性水平为 0.10。职业弹性总量表对连续性组织变量的回归分析结果如表 4.50 所示：

① 张文彤．SPSS 11 统计分析教程（高级篇）．北京：北京希望电子出版社，2002. 66 ~ 68

表 4.50　职业弹性总量表对连续性组织变量的回归分析结果

	方程的统计描述指标			变量的统计描述指标				共线性诊断描述指标			
	R	R^2	*F*	*B*	*SE B*	*β*	*t*	*Tolerance*	*VIF*	*Eigenvalue*	*CI*
Constant				47.008	2.528		18.594 **			3.924	1.000
上司支持				0.334	0.112	0.205	2.989 **	0.487	2.053	0.039	10.006
组织职业管理				0.256	0.089	0.168	2.897 **	0.677	1.477	0.023	12.931
同事支持				1.052	0.306	0.235	3.439 **	0.491	2.036	0.013	17.315
回归方程模型	0.518	0.269	39.194 **								

注：因变量（职业弹性量表得分）；* 和 ** 分别表示在 0.05 和 0.01 水平显著；模型的 Durbin-Watson = 1.573。

从连续性组织变量对职业弹性总量表的回归分析的条件检验来看，模型的残差统计量 Durbin-Watson 为 1.573，非常接近 2，可见残差没有明显的相关性。陈希孺等根据经验指出，如果某个自变量的容忍度（Tolerance）小于 0.1，则可能共线性严重，表 4.50 中 Tolerance 值都大于 0.1，说明变量间共线性程度低。另外方差膨胀因子（VIF）越大则共线性越严重，经验上大于 10 就存在严重共线性；若多个特征根（Eigenvalue）约等于 0 则可能有严重的共线性；条件指数（*CI*）大于 30 则存在共线性①。从多元回归分析的条件检验结果来看，在此可进行多元回归分析，回归分析的结果可信。从回归分析的 *t* 值来看：上司支持、组织职业管理和同事支持都对职业弹性影响显著，从标准 *β* 值来看，同事支持对于职业弹性的影响大于上司支持，上司支持的影响大于组织职业管理。

职业弹性各分量表对连续性组织变量的回归分析结果如表 4.51 所示。

表 4.51　职业弹性各分量表对连续性组织变量的回归分析结果

	C1		C2		C3	
	β	*t*	*β*	*t*	*β*	*t*
Constant		15.195 **		16.369 **		15.151 **
上司支持	0.214	3.025 **	0.033	0.431	0.061	0.808

① 张文彤．SPSS 11 统计分析教程（高级篇）．北京：北京希望电子出版社，2002.82～83

（续上表）

	C1		C2		C3	
	β	t	β	t	β	t
组织职业管理	0.170	2.825**	0.084	1.289	0.165	2.572*
同事支持	0.163	2.307*	0.200	2.616**	0.165	2.187*
回归方程模型	$R^2=0.217$		$R^2=0.078$		$R^2=0.111$	
	$F=29.483$**		$F=9.009$**		$F=13.254$**	

	C4		C5		C6	
	β	t	β	t	β	t
Constant		11.566**		10.716**		12.610**
上司支持	0.190	2.761**	0.270	4.036**	0.143	1.858
组织职业管理	0.223	3.820**	0.143	2.524*	-0.014	-0.217
同事支持	0.190	2.766**	0.225	3.372**	0.175	2.287*
回归方程模型	$R^2=0.260$		$R^2=0.302$		$R^2=0.081$	
	$F=37.538$**		$F=46.101$**		$F=9.385$**	

注：*表示在0.05水平显著；**表示在0.01水平显著；C1～C6分别为职业弹性分量表一至六。

七、控制人口变量后对组织变量与职业弹性的关系分析

从本章第三节中的表4.31“人口学变量间的相关分析结果”可以看出，年龄与工龄和管理时间这三个变量彼此之间的相关非常高，其中工龄与年龄的相关达到0.943，工龄与管理时间的相关达到0.833，而管理时间与年龄的相关也达到0.796，接近0.80，考虑到变量间的共线性问题，在将人口学变量纳入回归方程时，这三个高相关的变量只选取年龄而舍去工龄和管理时间。

在做回归分析时，将人口学的分类变量性别、学历、换职业经历、换组织经历、管理级别、管理领域做哑变量处理。由于在本研究中人口学的等级变量年龄在不同年龄组中存在着近似的线性关系，可以当做连续变量来处理。

要控制人口变量来考察组织变量对职业弹性的影响，可以用层级回归的

方法来进行。首先在回归模型中加入人口学变量作为第一层自变量，接着放入前文检验作用显著的组织变量上司支持、同事支持、组织职业管理和组织规模，将其作为第二层自变量。这样通过比较两个回归模型的 R^2 的变化，可以检验控制了第一层的自变量后，第二层的自变量对因变量的作用。检验结果如附录 J 中的表 J1 所示。

从层级回归分析的结果来看，当控制人口变量性别、年龄、学历、换职业经历、换组织经历、管理级别、管理领域后，组织变量上司支持、同事支持、组织职业管理仍然对职业弹性的作用显著，但组织规模变得不显著。这一结果也说明组织规模对职业弹性的影响可能是通过中介变量上司支持或同事支持或组织职业管理来实现的。从标准化回归系数来看，对于职业弹性的影响作用来说，自变量同事支持、上司支持、组织职业管理的作用依次递减。

第五节　职业弹性与个体方面影响因素的关系研究

一、个体变量与职业弹性的关系分析

本研究中所选择的个体方面的变量包括：身体健康、心理资本、配偶支持和关系。下面将对这 4 个变量与职业弹性的关系进行考察。这 4 个个体方面变量的描述统计结果如表 4. 52 所示。

表 4. 52　个体方面变量的描述统计结果

	样本量	最小值	最大值	平均数	标准差	偏度	峰度
自我效能	324	7. 00	30. 00	21. 021 9	3. 123 88	－1. 042	2. 434
希望	324	7. 00	30. 00	20. 623 5	3. 276 74	－1. 073	2. 265
心理韧性	324	6. 00	25. 00	17. 572 7	2. 661 96	－1. 103	2. 292
乐观	324	4. 00	20. 00	14. 214 4	2. 536 65	－1. 361	2. 930
心理资本总分	324	31. 00	105. 00	73. 432 4	9. 845 66	－1. 223	3. 188
配偶支持	324	2. 00	10. 00	7. 263 0	1. 624 99	－0. 540	0. 310
关系	324	3. 00	15. 00	9. 359 1	2. 043 12	－0. 414	0. 019
身体健康	324	2. 00	10. 00	5. 706 4	1. 460 33	0. 127	－0. 302

从表 4.52 的偏度值和峰度值可以看出，心理资本总量表及其分量表得分的峰度值大于 2，按照一般的偏度、峰度绝对值小于 2 的标准需要对数据做转换使其成正态分布。表 4.52 的偏度值和峰度值显示其他的几个研究变量：配偶支持、关系和身体健康皆呈正态分布。由于心理资本总分不呈正态分布，笔者在这里尝试了 log、ln、取倒数以及平方根和 Z 分数的转换，发现其转换后的形式皆不成正态分布。对其进行排序（rank）转换后的形式成正态分布，其偏度为 -0.001，其峰度为 -1.199，但是原形式和 rank 转换后的形式相关度非常高（$r = 0.900$，$p < 0.01$），而且原形式和 rank 转换后的形式与其他研究变量的相关非常接近，考虑到这些结果，最后的统计分析还是保留其原形式，并认为其分布近似正态。

对职业弹性与个体方面的变量做皮尔逊相关分析，相关分析结果表明心理资本和配偶支持与职业弹性总量表及各分量表皆相关显著，心理资本的各分量表与职业弹性总量表及职业弹性的各分量表相关也都是显著的。关系量表与职业弹性总量表影响及分量表一和分量表六相关显著，身体健康与职业弹性相关不显著。相关分析结果如表 4.53 所示。

表 4.53　职业弹性与个体方面变量间的皮尔逊相关结果

	职业弹性总	职业弹性一	职业弹性二	职业弹性三	职业弹性四	职业弹性五	职业弹性六	心理资本总分	配偶支持	关系	身体健康
心理资本总分	0.776 **	0.739 **	0.451 **	0.556 **	0.659 **	0.659 **	0.485 **	1	0.154 **	0.150 **	-0.074
自我效能	0.701 **	0.698 **	0.440 **	0.521 **	0.531 **	0.537 **	0.466 **	0.848 **	0.163 **	0.184 **	-0.089
希望	0.670 **	0.634 **	0.409 **	0.476 **	0.575 **	0.596 **	0.383 **	0.867 **	0.135 *	0.123 *	-0.038
心理韧性	0.625 **	0.586 **	0.334 **	0.448 **	0.560 **	0.548 **	0.390 **	0.868 **	0.117 *	0.096	-0.032
乐观	0.625 **	0.577 **	0.332 **	0.431 **	0.573 **	0.551 **	0.403 **	0.805 **	0.098	0.097	-0.095
配偶支持	0.265 **	0.228 **	0.193 **	0.201 **	0.190 **	0.238 **	0.183 **	0.154 **	1	0.196 **	-0.001
关系	0.170 **	0.209 **	0.100	0.063	0.021	0.078	0.263 **	0.150 **	0.196 **	1	-0.057
身体健康	-0.066	-0.092	-0.024	0.015	-0.056	-0.014	-0.103	-0.074	-0.001	-0.057	1

注：* 和 ** 分别表示在 0.05 和 0.01 水平显著。

为了进一步了解职业弹性与各个体方面变量的关系，下面采用多元回归分析来深入考察。通过多元回归分析的前提条件检验，在这里可以进行多元回归分析。表 4. 54 显示的是个体方面的变量对职业弹性总量表影响的回归分析结果。

表 4. 54 个体方面的变量对职业弹性总量表影响的回归分析结果

	回归方程的统计描述			变量的统计描述				共线性诊断描述			
	R	R^2	F	B	$SE\ B$	β	t	*Tolerance*	*VIF*	*Eigenvalue*	*CI*
Constant				10. 720	3. 373		3. 178 **			4. 867	1. 000
心理资本总分				0. 756	0. 035	0. 748	21. 329 **	0. 957	1. 045	0. 062	8. 835
关系				0. 138	0. 172	0. 028	0. 800	0. 944	1. 059	0. 037	11. 413
配偶支持				0. 885	0. 216	0. 145	4. 096 **	0. 945	1. 058	0. 026	13. 706
身体健康				-0. 060	0. 235	-0. 009	-0. 254	0. 992	1. 008	0. 007	25. 893
回归方程模型	0. 790	0. 624	132. 439 **								

注：因变量为职业弹性总分；* 和 ** 分别表示在 0. 05 和 0. 01 水平显著；模型的 Durbin - Watson = 1. 867。

从个体方面的变量对职业弹性总量表的回归分析结果来看，心理资本和配偶支持对职业弹性总分的影响显著，而关系和身体健康对职业弹性总分的影响不显著。由于考虑到心理资本和配偶支持可能对关系和身体健康与职业弹性的影响起中介作用，导致在同时进入回归模型时不显著，故采用一元回归分析来分别考察关系和身体健康对职业弹性的作用。一元回归分析结果表明关系对职业弹性有显著的影响（标准 $\beta = 0.170$，$t = 3.092$，$p < 0.01$，$R^2 = 0.029$），而身体健康对职业弹性影响不显著（标准 $\beta = -0.066$，$t = -1.181$，$p > 0.05$，$R^2 = 0.004$）。进一步分析心理资本和配偶支持对关系与职业弹性间的中介作用，发现心理资本对关系有完全中介作用，而配偶支持对关系有部分中介作用。

个体方面的变量对职业弹性各分量表影响的回归分析结果如表 4. 55 所示。

表 4.55 个体方面的变量对职业弹性各分量表影响的回归分析结果

	C1		C2		C3	
	β	t	β	t	β	t
Constant		1.152		4.490**		2.709**
心理资本总分	0.709	18.835**	0.431	8.520**	0.547	11.647**
关系	0.080	2.105*	0.012	0.229	-0.040	-0.853
配偶支持	0.103	2.721**	0.124	2.446*	0.125	2.638**
身体健康	-0.035	-0.939	0.009	0.172	0.053	1.144
回归方程模型	$R^2=0.567$		$R^2=0.219$		$R^2=0.327$	
	$F=104.634^{**}$		$F=22.409^{**}$		$F=38.785^{**}$	
	C4		C5		C6	
	β	t	β	t	β	t
Constant		1.661		0.338		1.735
心理资本总分	0.656	15.479**	0.645	15.286**	0.441	9.095**
关系	-0.100	-2.334*	-0.046	-1.087	0.177	3.633**
配偶支持	0.108	2.544*	0.148	3.483**	0.081	1.655
身体健康	-0.014	-0.327	0.031	0.755	-0.060	-1.262
回归方程模型	$R^2=0.452$		$R^2=0.456$		$R^2=0.282$	
	$F=65.651^{**}$		$F=66.893^{**}$		$F=31.255^{**}$	

注：因变量为职业弹性总分；* 和 ** 分别为在 0.05 和 0.01 水平显著；C1 ~ C6 为职业弹性分量表一至六。

二、控制人口变量后个体变量对职业弹性的影响分析

由本章第三节中的表 4.31“人口学变量间的相关分析结果”可以得知年龄与工龄和管理时间这三个变量彼此之间的相关非常高。考虑到变量间的共线性问题，在将人口学变量纳入回归方程时，这三个高相关的变量只选取年龄而舍去工龄和管理时间。

在做回归分析时，将人口学的分类变量性别、学历、换职业经历、换组织经历、管理级别、管理领域做哑变量处理，把年龄当做连续变量来处理。

要控制人口变量来考察个体变量对职业弹性的影响，可以用层级回归的方

法来进行。首先在回归模型中加入人口学变量作为第一层自变量，接着放入前文检验作用显著的个体变量心理资本、配偶支持、关系作为第二层自变量。这样通过比较两个回归模型的 R^2 的变化，可以检验控制了第一层的自变量后，第二层的自变量对因变量的作用。检验结果如附录 J 中的表 J2 所示。

从层级回归分析的结果来看，当控制人口变量性别、年龄、学历、换职业经历、换组织经历、管理级别、管理领域后，个体变量心理资本、配偶支持仍然对职业弹性的作用显著。从标准化回归系数来看，对于职业弹性的影响作用来说，自变量心理资本、配偶支持对职业弹性的影响作用依次递减。

三、控制人口变量和组织变量后个体变量对职业弹性的影响分析

由于考虑到组织变量会影响个体变量，组织变量对职业弹性的作用也许部分会通过个体变量表现出来，故这里在控制了人口变量、组织变量后，对个体变量对职业弹性的影响进行考察。结果如附录 J 中的表 J3 所示。

从层级回归分析的结果来看，当控制人口变量性别、年龄、学历、改换职业经历、改换组织经历、管理级别、管理领域，和组织变量上司支持、同事支持、组织职业管理和组织规模后，个体变量心理资本和配偶支持依然对职业弹性的影响显著，模型中的变量关系的作用仍然不显著。不过在层级回归的模型 3 中，组织变量上司支持和组织职业管理对职业弹性的作用变得不显著，这说明对职业弹性的影响来说，大多数个体变量要强于组织变量对职业弹性的影响。

第六节　职业弹性与后效因素的关系研究

本研究选择的后效变量为自评绩效、职业满意度、离职倾向和心理健康这 4 个变量。下面将分析职业弹性与这些后效变量之间的关系。这些后效变量的描述统计分析结果如表 4. 56 所示。

表 4. 56　后效变量的描述统计结果

	样本量	最小值	最大值	平均数	标准差	偏度	峰度
自评绩效	324	5. 00	20. 00	13. 642 2	2. 254 70	-0. 412	0. 887
职业满意度	324	7. 00	25. 00	16. 130 1	3. 553 12	-0. 549	-0. 491

（续上表）

	样本量	最小值	最大值	平均数	标准差	偏度	峰度
离职倾向	324	3.00	15.00	9.085 6	2.613 67	-0.230	-0.113
心理健康	324	6.83	35.00	16.665 9	5.457 05	0.316	0.206

职业弹性与这些后效变量间的皮尔逊相关分析结果如表 4.57 所示。从皮尔逊相关矩阵可以看出，职业弹性及各分量表与自评绩效和职业满意度皆相关显著，职业弹性总量表与离职倾向和心理健康相关不显著，离职倾向仅与职业分量表二和分量表六相关显著，心理健康仅与职业弹性分量表一和分量表六相关显著。

表 4.57　职业弹性与后效变量间的皮尔逊相关分析结果

	职业弹性总	职业弹性一	职业弹性二	职业弹性三	职业弹性四	职业弹性五
自评绩效	0.525**	0.532**	0.346**	0.338**	0.380**	0.412**
职业满意度	0.381**	0.365**	0.265**	0.208**	0.224**	0.346**
离职倾向	0.099	0.070	0.202**	0.067	-0.025	-0.048
心理健康	0.062	0.124*	-0.006	-0.016	-0.043	-0.084
	职业弹性六	自评绩效	职业满意度	离职倾向	心理健康	
自评绩效	0.372**	1	0.520**	0.162**	0.120*	
职业满意度	0.329**	0.520**	1	0.184**	0.064	
离职倾向	0.207**	0.162**	0.184**	1	0.369**	
心理健康	0.251**	0.120*	0.064	0.369**	1	

注：* 和 ** 分别表示在 0.05 和 0.01 水平显著。

为了进一步深入考察职业弹性与后效变量之间的数量预测关系，下面将采用回归分析来研究。笔者在做职业弹性与后效变量的回归分析前，既考察了做回归分析的前提条件，也考察了残差的独立性和正态性以及方差的齐性。残差独立性的检查使用的是 Durbin-Watson 统计量，残差正态性的检查使用的是残差的累积概率图，方差齐性的检查使用的是因变量与其标准化残差的散点图。通过系列前提条件的考察，数据适合做回归分析。回归分析的结果表明职业弹性总量表得分对自评绩效和职业满意度的预测显著，回归分析的结果如表 4.58 所示。

表 4.58　职业弹性对后效变量自评绩效的回归预测结果

	回归方程的统计描述			变量的统计描述			
	R	R^2	F	B	$SE\ B$	β	t
Constant				4.878	0.799		6.108 **
职业弹性总				0.119	0.011	0.525	11.074 **
回归方程模型	0.525	0.276	122.639 **				

注：因变量（自评绩效）；* 和 ** 分别表示在 0.05 和 0.01 水平显著。

表 4.59　职业弹性对后效变量职业满意度的回归预测结果

	回归方程的统计描述			变量的统计描述			
	R	R^2	F	B	$SE\ B$	β	t
Constant				6.112	1.367		4.470 **
职业弹性总				0.136	0.018	0.381	7.393 **
回归方程模型	0.381	0.145	54.654 **				

注：因变量（职业满意度）；* 和 ** 分别表示在 0.05 和 0.01 水平显著。

简单回归分析的结果表明职业弹性对后效变量离职倾向和心理健康的预测关系在 0.05 水平不显著。

为了进一步考察职业弹性与自评绩效、职业满意度、离职倾向和心理健康这几个变量的关系，下面采用结构方程模型中的路径分析来检验在第三章图 3.1 中提出的职业弹性与后效变量的关系，如图 4.9 所示。

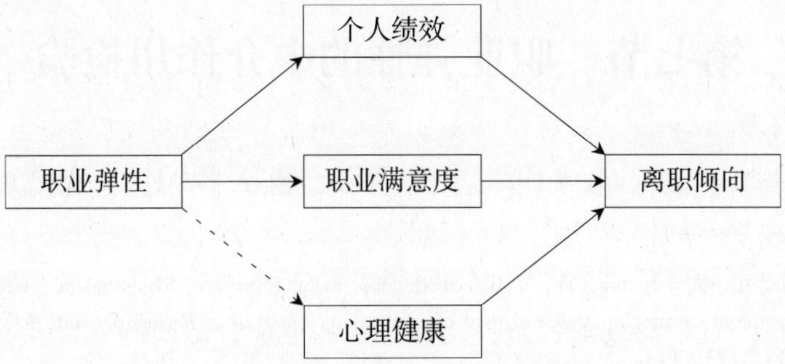

图 4.9　职业弹性后效因素关系概念模型（M1）

采用 Lisrel 8.51 对模型进行验证。在验证之前对数据的正态性进行了考察，并对所有变量做了去中心化处理。根据模型提供的修正值对模型的路径进行了修改后，模型对数据达到了极好的拟合。修正后的模型如图 4.10 所示。

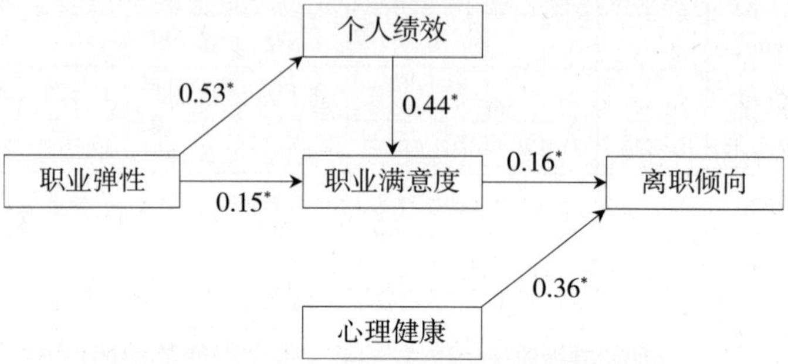

图 4.10　职业弹性后效因素关系概念模型（M2）

注：图形中路径系数为标准化系数，*和**分别表示路径系数在 0.05 和 0.01 水平显著。

这两个后效模型的拟合指数比较如表 4.60 所示。

表 4.60　两个后效模型的拟合指数比较

结构模型	χ^2	df	χ^2/df	*GFI*	*RMSEA*	*NNFI*	*CFI*
后 M1	61.90	4	15.475	0.93	0.20	0.46	0.78
后 M2	4.11	4	1.027 5	0.99	0.008 3	1.00	1.00

第七节　职业弹性的中介作用检验

根据 Baron 与 Kenny（1986）[①] 以及温忠麟等（2004）[②] 的观点，中介作

① Baron, R. M., Kenny, D. A. The moderator-mediator variable distinction in social psychological research: Conceptual, strategic, and statistical considerations. *Journal of Personality and Social Psychology*, 1986, 51 (6): 1173-1182.

② 温忠麟，张雷，侯杰泰，刘红云．中介效应检验程序及其应用．心理学报，2004，36（5）：614~620

用的存在必须同时符合下列条件：①自变量对中介变量和因变量分别具有显著作用；②中介变量对因变量的作用也显著；③当自变量和中介变量同时进入对因变量的回归方程时，自变量对因变量的作用消失，或大大降低，但中介变量的作用依旧显著。这时，若自变量对因变量的影响变成不显著，中介变量就为一种完全中介作用；若自变量对因变量的影响仍显著，则中介变量只有部分中介作用。

下面将使用 SPSS 软件中的线性回归程序对第三章图 3.1 提出的职业弹性的中介作用进行检验。若无特别说明，本节中的变量职业弹性皆指职业弹性量表总分。

一、职业弹性对组织变量与个人绩效的中介作用

根据中介作用的检验步骤，第一步是检验自变量对因变量是否有显著作用，因此，首先要对上司支持、同事支持、组织职业管理、组织文化强度、组织文化类型、组织规模、企业性质对个人绩效做检验。由于企业文化类型、组织规模和企业性质是分类变量，采用 One - Way ANOVA 单因素方差分析来进行。单因素方差分析的结果表明这几个分类变量组织规模（$F_{(2,315)}=1.550$，$p=0.214$）、企业性质（$F_{(3,319)}=0.253$，$p=0.859$）、组织文化类型（$F_{(3,293)}=0.036$，$p=0.991$）对个人绩效作用均不显著，故对这几个变量停止做进一步的检验。对其他几个连续变量分别采用一元线性回归分析，结果表明这些变量对个人绩效作用均显著。

由于企业文化类型、组织规模和企业性质对个人绩效的作用不显著，这里只考察职业弹性对上司支持、同事支持、组织职业管理、组织文化强度与个人绩效的中介作用。依据温忠麟等（2004）[①] 建议的中介效应检验步骤，分别进行系列回归，结果如表 4.61 所示：

① 温忠麟，张雷，侯杰泰，刘红云．中介效应检验程序及其应用．心理学报，2004，36（5）：614 ~ 620

表 4. 61　职业弹性对组织变量与后效变量间的中介作用分析

			个人绩效		职业满意		心理健康	
			标准 β	t	标准 β	t	标准 β	t
1	第一步	上司支持	0. 390	7. 605 **	0. 359	6. 899 **	0. 015	0. 273
	第二步	上司支持	0. 455	9. 163 **	0. 455	9. 163 **		
	第三步	职业弹性	0. 525	11. 074 **	0. 381	7. 393 **		
	第四步	上司支持	0. 191	3. 652 **	0. 234	4. 146 **		
		职业弹性	0. 438	8. 389 **	0. 274	4. 862 **		
2	第一步	同事支持	0. 336	6. 405 **	0. 291	5. 455 **	0. 039	0. 700
	第二步	同事支持	0. 463	9. 375 **	0. 463	9. 375 **		
	第三步	职业弹性	0. 525	11. 074 **	0. 381	7. 393 **		
	第四步	同事支持	0. 118	2. 225 *	0. 146	2. 527 *		
		职业弹性	0. 470	8. 845 **	0. 313	5. 437 **		
3	第一步	组织职业管理	0. 187	3. 407 **	0. 125	2. 267 *	－0. 110	－1. 977 *
	第二步	组织职业管理	0. 398	7. 778 **	0. 398	7. 778 **	0. 398	7. 778 **
	第三步	职业弹性	0. 525	11. 074 **	0. 381	7. 393 **	0. 062	1. 114
	第四步	组织职业管理	－0. 027	－0. 512	－0. 031	－0. 553	－0. 159	－2. 653
		职业弹性	0. 536	10. 353 **	0. 393	6. 996 **	0. 125	2. 087 **
4	第一步	组织文化 1	0. 360	6. 916 **	0. 356	6. 831 **	0. 054	0. 965 *
	第二步	组织文化 1	0. 464	9. 396 **	0. 464	9. 396 **		
	第三步	职业弹性	0. 525	11. 074 **	0. 381	7. 393 **		
	第四步	组织文化 1	0. 148	2. 791 **	0. 228	4. 014 **		
		职业弹性	0. 457	8. 619 **	0. 275	4. 839 **		
5	第一步	组织文化 2	0. 343	6. 549 **	0. 330	6. 264 **	0. 058	1. 048
	第二步	组织文化 2	0. 483	9. 896 **	0. 483	9. 896 **		
	第三步	职业弹性	0. 525	11. 074 **	0. 381	7. 393 **		
	第四步	组织文化 2	0. 116	2. 161 *	0. 190	3. 276 **		
		职业弹性	0. 469	8. 709 **	0. 289	4. 989 **		

（续上表）

			个人绩效		职业满意		心理健康	
			标准β	t	标准β	t	标准β	t
6	第一步	组织文化3	0.347	6.644**	0.357	6.851**	0.080	1.432
	第二步	组织文化3	0.462	9.339**	0.462	9.339**		
	第三步	职业弹性	0.525	11.074**	0.381	7.393**		
	第四步	组织文化3	0.133	2.510*	0.230	4.050**		
		职业弹性	0.464	8.745**	0.275	4.843**		
7	第一步	组织文化4	0.356	6.829**	0.329	6.243**	0.032	0.569
	第二步	组织文化4	0.486	9.967**	0.486	9.967**		
	第三步	职业弹性	0.525	11.074**	0.381	7.393**		
	第四步	组织文化4	0.132	2.447*	0.188	3.235**		
		职业弹性	0.461	8.567**	0.290	4.986**		

注：第一步指自变量对因变量的回归；第二步指自变量对中介变量的回归，第三步指中介变量对因变量的回归，第四步指自变量和中介变量同时进入回归方程，考察对因变量的回归；组织文化1、组织文化2、组织文化3、组织文化4分别对应着组织文化的4个维度：弹性、控制、外向、内向；表最左列中的1~7分别表示变量上司支持、同事支持、组织职业管理、组织文化1~4。

从回归分析的结果来看，职业弹性对组织职业管理具有完全中介作用，对上司支持、同事支持和组织文化强度具有部分中介作用。

二、职业弹性对组织变量与职业满意度的中介作用

采用One-Way ANOVA单因素方差分析来考察分类变量企业文化类型、组织规模和企业性质对职业满意度的作用。单因素方差分析的结果表明分类变量组织规模（$F_{(2,315)}=2.686$，$p=0.070$）、企业性质（$F_{(3,319)}=0.785$，$p=0.503$）对职业满意度的作用不显著。在采用单因素方差法分析组织文化类型对职业满意度的作用时，发现方差分析条件不满足，即方差不齐（$F_{(3,293)}=4.265$，$p=0.006$），故对组织文化类型采用非参数检验，克—瓦氏H检验（Kruskal-Wallis H）的结果显示组织文化类型对职业满意度的影响显著（$\chi^2=9.519$，$df=3$，$p<0.05$）。平均数比较表明创新型文化中员工的职业满意度平均数（$M=17.0000$）和效率型文化中员工的职业满意度平均

数（$M=16.7647$）要显著高于官僚型文化中员工的职业满意度平均数（$M=15.2518$）。由于组织文化类型是分类变量，在回归分析时需要做哑变量处理。

连续性变量上司支持、同事支持、组织职业管理、组织文化强度对职业满意度的影响分析如表 4.61 所示。从表中的回归分析的结果来看，职业弹性对组织职业管理具有完全中介作用，对上司支持、同事支持和组织文化强度具有部分中介作用。

对于企业文化类型来说，由于是分类变量，在进行回归分析时需要设置哑变量。然后对企业文化类型和职业满意度，企业文化类型和职业弹性，职业弹性和职业满意度分别做回归分析，最后把企业文化类型和职业弹性同时加入回归方程对职业满意度做回归分析。其中企业文化类型对职业弹性的回归不显著，最后结果表明职业弹性对企业文化类型和职业满意度的中介作用不显著（可进一步用 Sobel 分析检验）。具体分析如表 4.62 所示：

表 4.62　职业弹性对组织文化类型与后效变量间的中介作用检验

		职业满意		心理健康	
		标准 β	t	标准 β	t
第一步	文化类型 1	-0.095	-1.224	0.120	1.549
	文化类型 2	-0.032	-0.348	0.111	1.200
	文化类型 3	-0.235	-2.555*	-0.080	-0.867
第二步	文化类型 1	-0.045	-0.582		
	文化类型 2	0.117	1.250		
	文化类型 3	0.164	1.763		
第三步	职业弹性	0.389	7.246**		
第四步	文化类型 1	-0.076	-1.077		
	文化类型 2	-0.081	-0.952		
	文化类型 3	-0.303	-3.594**		
	职业弹性	0.414	7.836**		

三、职业弹性对组织变量与心理健康的中介作用

采用 One-Way ANOVA 单因素方差分析来考察分类变量企业文化类型、

组织规模和企业性质对心理健康（这里指心理健康的总分）的作用。单因素方差分析的结果表明分类变量组织规模（$F_{(2,315)}=2.716$，$p=0.068$）、企业性质（$F_{(3,319)}=0.192$，$p=0.902$）对心理健康的作用不显著。在采用单因素方差分析组织文化类型对心理健康的作用时，发现方差分析条件不满足，即方差不齐（$F_{(3,293)}=2.844$，$p=0.038$），故对组织文化类型采用非参数检验。克—瓦氏 H 检验（Kruskal-Wallis H）的结果显示组织文化类型对心理健康的影响显著（$\chi^2=14.488$，$df=3$，$p<0.01$）。平均数比较表明支持型文化（$M=18.3846$）和效率型文化（$M=17.6923$）中员工的心理健康水平要显著高于官僚型文化（$M=15.5543$）中员工的心理健康水平。

从表 4.61 中的回归分析的结果来看，除了组织职业管理对心理健康影响显著外，其他的变量上司支持、同事支持和组织文化强度皆对心理健康影响不显著。对于不显著的自变量即可放弃检验。对组织职业管理进一步做 Sobel 检验，结果表明职业弹性的中介作用不显著。

由于组织文化类型是分类变量，对其进行哑变量处理后做回归分析。回归分析的结果如表 4.62 所示。由于第一步的回归分析结果表明组织文化类型对职业弹性的影响不显著，故应停止职业弹性对组织文化类型与心理健康的中介作用检验。

四、职业弹性对个体变量与个人绩效的中介作用

采用系列回归分析来考察个体变量心理资本、身体健康、关系、配偶支持对个人绩效的作用。中介作用的回归分析结果如表 4.63 所示：

表 4.63　职业弹性对个体变量与后效变量的中介作用分析

			个人绩效		职业满意		心理健康	
			标准 β	t	标准 β	t	标准 β	t
1	第一步	心理资本	0.515	10.794**	0.369	7.119**	-0.002	-0.037
	第二步	心理资本	0.776	22.045**	0.776	22.045**		
	第三步	职业弹性	0.525	11.074**	0.381	7.393**		
	第四步	心理资本	0.271	3.682**	0.184	2.269*		
		职业弹性	0.315	4.271**	0.238	2.937**		

（续上表）

			个人绩效		职业满意		心理健康	
			标准 β	t	标准 β	t	标准 β	t
2	第一步	身体健康	-0.010	-0.176	-0.004	-0.063	-0.484	-9.918**
	第二步	身体健康	-0.066	-1.181	-0.066	-1.181	-0.066	-1.181
	第三步	职业弹性					0.062	1.114
	第四步	身体健康					-0.482	-9.846**
		职业弹性					0.030	0.620
3	第一步	关系	0.413	8.135**	0.444	8.895**	0.283	5.285**
	第二步	关系	0.170	3.092**	0.170	3.092**	0.170	3.092**
	第三步	职业弹性	0.525	11.074**	0.381	7.393**	0.062	1.114
	第四步	关系	0.333	7.497**	0.391	8.207**	0.280	5.155**
		职业弹性	0.469	10.539**	0.315	6.608**	0.014	0.265
4	第一步	配偶支持	0.184	3.364**	0.105	1.886	-0.072	-1.300
	第二步	配偶支持	0.265	4.935**	0.265	4.935**		
	第三步	职业弹性	0.525	11.074**	0.381	7.393**		
	第四步	配偶支持	0.048	0.983	0.004	0.071		
		职业弹性	0.512	10.416**	0.380	7.098**		

注：第一步指自变量对因变量的回归；第二步指自变量对中介变量的回归；第三步指中介变量对因变量的回归；第四步指自变量和中介变量同时进入回归方程，考察对因变量的回归。表最左列中的1~4分别表示变量心理资本、身体健康、关系、配偶支持。

从表中的回归分析的结果来看，职业弹性对于心理资本和关系与个人绩效之间具有部分中介作用，对于配偶支持具有完全中介作用，对于身体健康无中介作用。

五、职业弹性对个体变量与职业满意度的中介作用

采用系列回归分析来考察个体变量心理资本、身体健康、关系、配偶支持对职业满意度的作用。从表4.63中的回归分析的结果来看，职业弹性对于心理资本和关系与职业满意度之间具有部分中介作用。由于身体健康和配偶支持对职业满意度的直接作用不显著，不考虑对职业弹性中介作用的

检查。

六、职业弹性对个体变量与心理健康的中介作用

采用系列回归分析来考察个体变量心理资本、身体健康、关系、配偶支持对心理健康的作用。从表 4.63 中的回归分析结果来看，职业弹性对这些个体变量与心理健康之间不存在作用。

第八节　职业弹性前因后效模型的验证分析

下面采用 Lisrel 8.51 对第三章图 3.1 提出的职业弹性的前因后效模型进行验证。运用结构方程模型方法的基本假设条件是数据呈正态分布。本研究对职业弹性的前因后效模型中的变量逐一考察，结果表明这些变量都呈近似正态分布，符合统计分布的要求。此外，模型中的所有变量在进入模型之前都经过了数据的去中心化处理。

一、检验方法

全模型指图 4.11 所列的前因后效关系框架。由于企业性质是分类变量，又对职业弹性的影响不显著，因此在进行全模型的检验时不纳入这个变量。剔除这个变量后做模型拟合度检验，但结构方程模型的结果显示协方差矩阵不正定。按照侯杰泰[①]建议的办法进行检查，发现原因是组织文化的 4 个强度变量的相关性太高。4 个强度变量相关的最小值为 0.905，最大值为 0.960。为了解决这个问题，考虑采用 4 个强度变量的总分来代替 4 个组织文化强度变量。对 4 个强度变量与组织文化总分进行相关分析，发现 4 个强度变量皆与其相关性很高（r 最小值为 0.976）。另外考察 4 个组织文化强度变量及其总分与全模型中其他变量的相关性，发现总分与单个强度变量相比，与模型中其他变量的相关系数变化不大。故在模型中采用组织文化强度变量的总分来代替 4 个强度变量。这时，全模型的概念框架（M1）如图 4.11 所示：

① 侯杰泰，温忠麟，成子娟．结构方程模型及其应用．北京：教育科学出版社，2004. 148 ~ 149

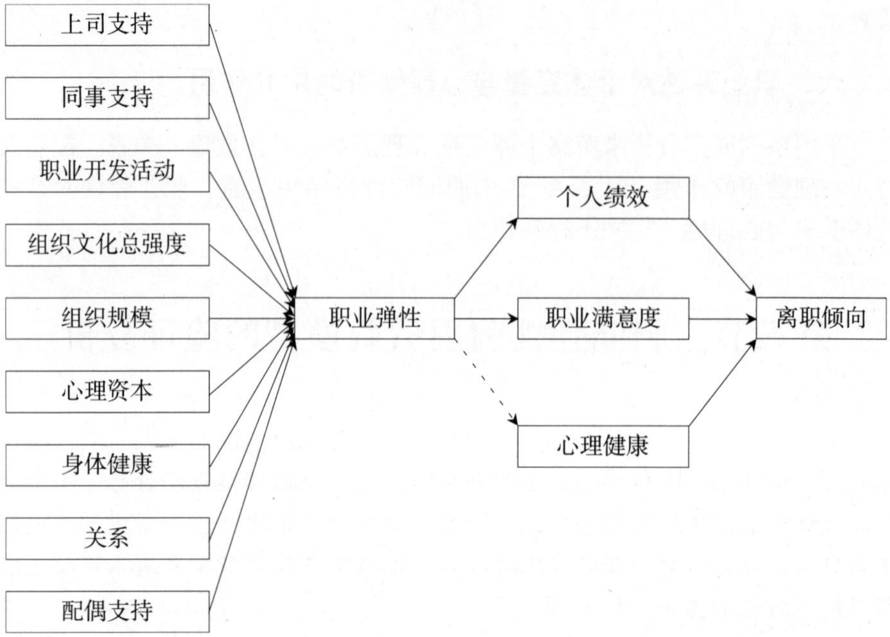

图 4.11 管理者职业弹性的前因、后效因素关系概念模型（M1）

然后将该模型与其他几个根据修正指数和本研究的发现提出的模型进行比较，寻求最佳模型。

二、模型的比较

把 M1 中职业弹性与后效因素的关系进行更改，并设为 M2，如图 4.12 所示。

把 M2 中的虚线路径去掉形成模型 M3。把 M3 中不显著的路径去掉后形成模型 M4。对这几个模型的比较，发现 M2 的拟合情况要好于 M1，M4 的情况要好于 M2，在这几个模型中，M4 对数据的拟合情况最好。

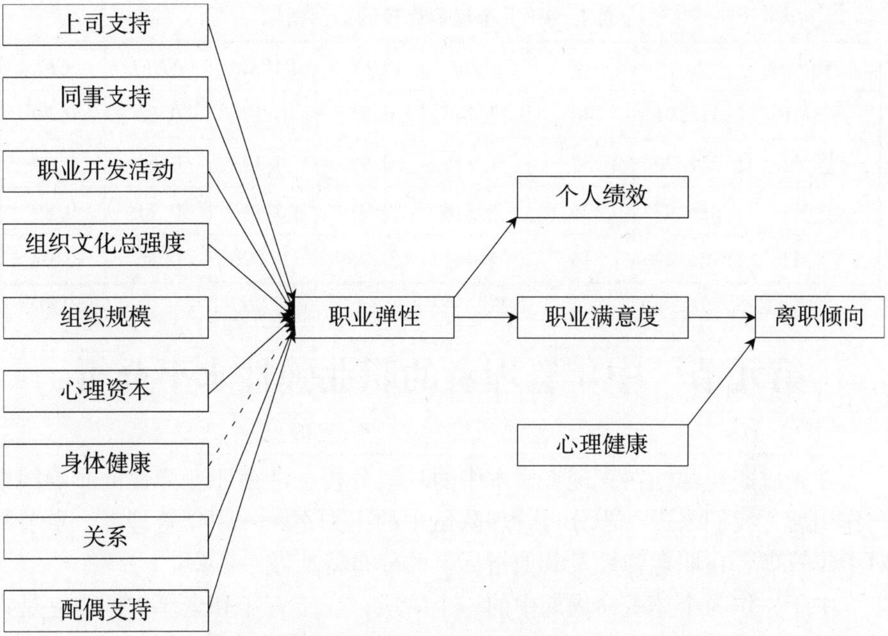

图 4.12　管理者职业弹性的前因、后效因素关系概念模型（M2）

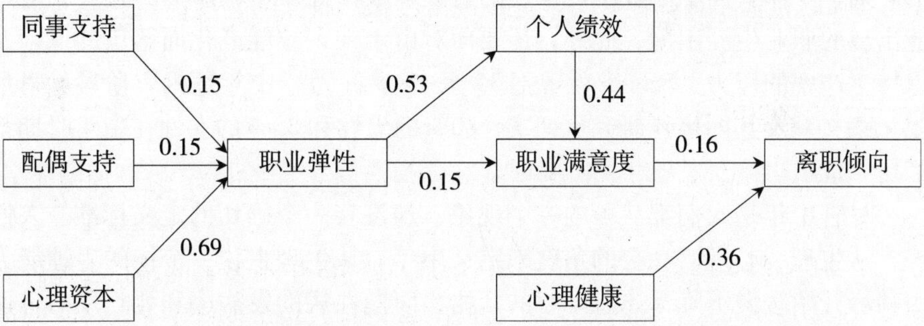

图 4.13　管理者职业弹性的前因、后效因素关系概念模型（M3）

注：图形中路径系数为标准化系数；在 0.05 水平上图中的路径皆显著。

几个模型比较的拟合指标如表 4.64 所示。

表 4.64　几个模型比较的拟合指标

结构模型	χ^2	df	χ^2/df	*GFI*	*RMSEA*	*NNFI*	*CFI*
全 M1	413.91	40	10.348	0.85	0.17	0.52	0.79
全 M2	227.70	32	7.116	0.92	0.13	0.69	0.89
全 M3	216.97	26	8.318	0.91	0.14	0.71	0.89
全 M4	62.49	14	4.464	0.96	0.096	0.86	0.93

第九节　中年管理者的职业弹性水平分析

在完成职业弹性在管理者样本中的一般分析、考察职业弹性的影响因素与作用后，我们来进一步分析管理队伍中的主力军——中年管理者。本节将对中年管理者在职业弹性及其他指标上的分布特征做一考察。

中年，作为个体生命周期中的一个阶段，介于青年和老年中间。它是人生的鼎盛时期，它意味着事业上的蓬勃发展，意味着成为社会中承上启下、肩负重任、任劳任怨并举足轻重的“角色”。同时，中年也是一个危机四伏的时期，个体要面临职业生涯中期的转换以及由此带来的压力，还要面对可能出现的职业生涯困境，此外，还要面对由于知识技能老化而落伍的危险及保持生产率的压力。Schein 就曾把 35 至 45 岁称为“中年危机”阶段。丹尼尔·莱文森及其同事经研究也证实，80% 的男性和 85% 的女性在中年时期都经历了危机。

尽管中年是人们都认可的一个现象，却没有一个确切的定义标准。人们经常从生理、心理、社会的角度来定义中年。从生理上说，个体的生理能力由顶峰开始缓慢下降标志着中年的开始，而慢性病的发病率和死亡率的迅速上升标明了中年和老年的界线。Finch（1991）曾从生物学的角度出发，指出可以把中年的上限看做是介于成熟期（绝经和结束生育）和老年期之间的软界线①。最早提出老年人口年龄界限的瑞典人口学家桑德巴，他在 1900 年提出人口再生产类型的标准时，是以 50 岁来划分老年人口的②。心理学家夏埃和威里斯在《成人发展与老龄化》中对中年有长篇论述，将中年定义为开

① Finch, C. E. Middle age: an evolving frontier in gerontology. *Neurobiology of Aging*, 1991 (12): 1-2.

② 转引自：薄惠茹，孙中国．中年社会学．北京：中国人事出版社，1992.8

始于30至35岁间，结束于60至65岁这一时期[①]。心理学家莱文森则根据他对各种人群的人生传记访谈的结果提出了生命周期模型，他把人生分为成年前期、青年期、中年期、老年期（如图4.14所示），每个时期都由稳定期和转型期交替组成[②]。从莱文森的生命周期图中可以看出，中年期是40～60岁这一个生命时期。我国学者薄惠茹和孙中国则从社会学研究的角度把中年定义为35岁至60岁[③]。我国心理学家朱智贤在其主编的《心理学大辞典》中对中年期如此解释"一般指35～55或60岁这段时期。中年前期，即35～50

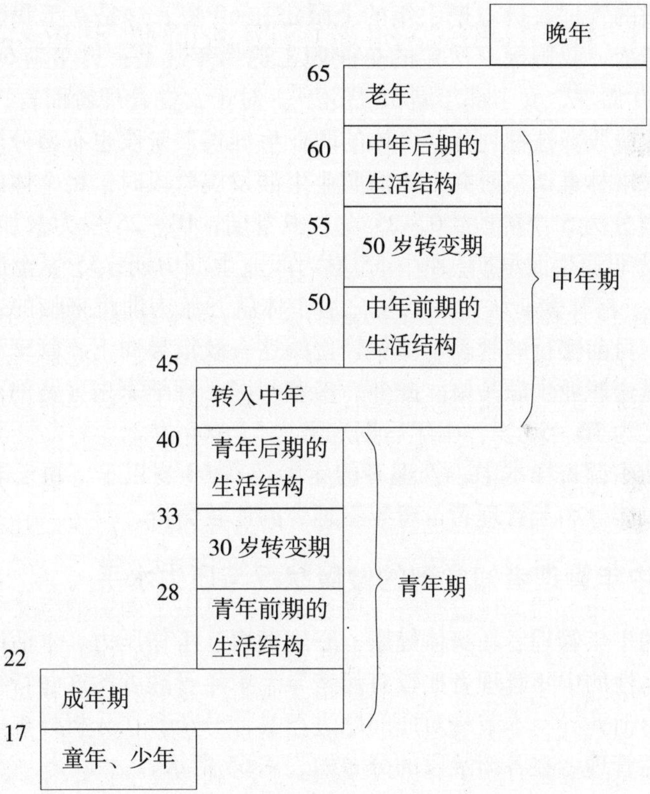

图4.14 莱文森的生命周期模型

① ［美］K·W. 夏埃，S·L. 威里斯. 成人发展与老龄化（第5版）. 乐国安，韩威，周静等译. 上海：华东师范大学出版社，2003. 44～45

② ［美］杰弗里·H. 格林豪斯，杰勒德·A. 卡拉南，维罗妮卡·M. 戈德谢克. 职业生涯管理（第3版）. 王伟译. 北京：清华大学出版社，2006. 93

③ 薄惠茹，孙中国. 中年社会学. 北京：中国人事出版社，1992. 9

岁，个体处在生命的全盛期，体力好、精力旺盛、工作能力强、效率高，知识经验和智力水平都处在高原期。中年后期，即50～60岁，体力和智力发展状况虽呈下降趋势，但不是急剧下降，随着年龄的增长，经验越来越丰富，知识面更为宽广、深厚，故工作能力和效率依然较高。[①]”我国的另一位有影响的心理学家邵瑞珍对中年期（成年中期）的看法是“一般指35或40～60或65岁的发展时期。个体进入此时期的年龄以及持续时间的长短会有很大的差异，这与个体对此期的意识和社会地位有关。[②]”

鉴于以上学者对中年的定义，本研究把中年管理者定义为36～60岁这一个年龄段的管理人员。把中年的上限定在60岁，这是基于我国的劳动退休制度的考虑。我国国家法定的企业职工退休年龄是：男年满60周岁，女工人年满50周岁，女干部年满55周岁[③]。对于女性管理者而言，55岁后就要进入退休阶段。这种划分与个体的职业生涯发展阶段也有部分的吻合。职业心理学家格林豪斯在研究个体的职业生涯发展阶段时，将个体的职业生涯发展阶段划分为5个阶段：0～25岁为准备期；18～25岁为参加工作时期；25～40岁为职业生涯早期；40～55岁为职业生涯中期；55岁至退休为职业生涯晚期[④]。格林豪斯认为，55岁之后个体就开始为即将来临的退休做准备了。在我国目前实行的管理干部年轻化的这一政策导向下，管理者可能比前辈更早地遭遇职业生涯高原。此外，借鉴我国心理学家朱智贤的观点，把中年前期定义为36～50岁，中年后期定义为51～60岁。

由于在本调查样本中，管理者的年龄皆在60岁以下，缺乏老年管理者样本，故只能做中年管理者与青年管理者的比较分析。

一、中年管理者知觉到的健康状况与压力水平

男性的中年管理者在身体健康、心理健康、工作压力、生活压力等众多指标上与女性的中年管理者比较有何差异，中年管理者的这些特征与青年管理者相比有何差异？本节将对此问题进行具体分析。在分析样本中，男性管理者与女性管理者在各年龄段的分布如表4.65所示。

---

① 朱智贤．心理学大辞典．北京：北京师范大学出版社，1989.967

② 邵瑞珍．教育大辞典·教育心理学．上海：上海教育出版社，1990.179

③ 劳动和社会保障部．劳动和社会保障部关于制止和纠正违反国家规定办理企业职工提前退休有关问题的通知（劳社部发〔1999〕8号）

④ ［美］杰弗里·H. 格林豪斯，杰勒德·A. 卡拉南，维罗妮卡·M. 戈德谢克．职业生涯管理（第3版）．王伟译．北京：清华大学出版社，2006.99

表 4.65　管理者在年龄上的分布

		年龄（岁）							总计（人）
		30 及以下	31 ~ 35	36 ~ 40	41 ~ 45	46 ~ 50	51 ~ 55	56 ~ 60	
性别	男	42	44	15	15	16	30	10	172
	女	26	46	20	14	14	13	3	136
总计		68	90	35	29	30	43	13	308

从表 4.65 中可知：男性青年、中年管理者人数分别为 86、86，其中中年前期 46 人，中年后期 40 人；女性青年、中年管理者人数分别为 72、64，其中中年前期 48 人，中年后期 16 人。

1. 中年管理者的身体健康分析

男性管理者与女性管理者的身体健康状况随年龄变化的情形如图 4.15 所示。图中间的参考性横线为所有管理者身体健康得分的平均值（$M=5.6977$）。对于男性管理者而言，中年管理者的身体健康状况显著差于青年管理者（$t_{(170)}=2.035$，$p=0.043$）。对于女性管理者而言，中年管理者的身体健康状况与青年管理者没有显著差异（$t_{(134)}=1.350$，$p=0.179$）。对于男女管理者来说，中年前期与后期的身体健康差异并不显著。无论在青年期、中年期、中年前期还是中年后期，男性与女性管理者相比较，二者的身体健康状况无显著差异。40 岁以后到距退休前 5 年这一时期，男、女性管理者的身体健康状况低于管理者健康的平均水平。从图 4.15 中还发现了一个有趣的现象，40 岁是男、女性管理者身体健康状况的一个分水岭，40 岁以后身体状况明显低于 40 岁以前。并且，男性管理者与女性管理者的身体健康状况都在距退休时限 5 年左右时达到最低点，然后身体健康状况又会逐渐好转。对于这一现象是否具有规律性，还有待今后用更大的样本来验证。

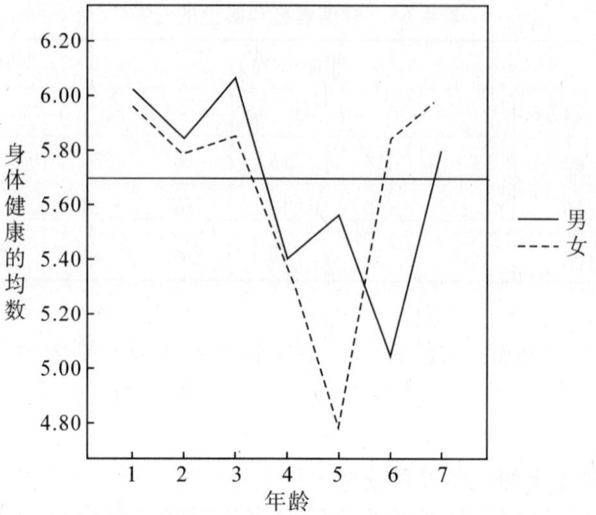

图 4.15　管理者身体健康与年龄的关系图

注：图中年龄横坐标的 1、2、3、4、5、6、7 分别代表 30 岁及以下、31～35 岁、36～40 岁、41～45 岁、46～50 岁、51～55 岁、56～60 岁。下同。

2. 中年管理者的心理健康分析

男性管理者与女性管理者的心理健康状况随年龄变化的情形如图 4.16 所示。图中间的参考性横线为所有管理者心理健康得分的平均值（$M=16.6659$）。对于男性管理者而言，中年管理者的心理健康状况与青年管理者没有显著差异（$t_{(170)}=-1.565$，$p=0.120$）。对于女性管理者而言，中年管理者的心理健康状况与青年管理者也没有显著差异（$t_{(134)}=-1.445$，$p=0.151$）。对于男、女性管理者来说，中年前期与后期的心理健康差异不显著。无论是在青年期、中年期、中年前期还是中年后期，男性与女性管理者相比较，二者的心理健康状况无显著差异。对于女性管理者而言，30 岁以前和 50 岁以后，心理健康水平较低，在 30 岁至 50 岁期间，心理健康处于一个较高的水平。对于男性管理者而言，与女性管理者类似，30 岁以前心理健康水平处于最低位，50 岁之后也会从高水平下降，不过，男性管理者在 41 岁到 45 岁期间心理健康水平会骤降，显著低于前后相邻时期。这是否意味着男性管理者在 41～45 岁期间会经历一个“心理危机”，还需要大样本和其他研究来验证。

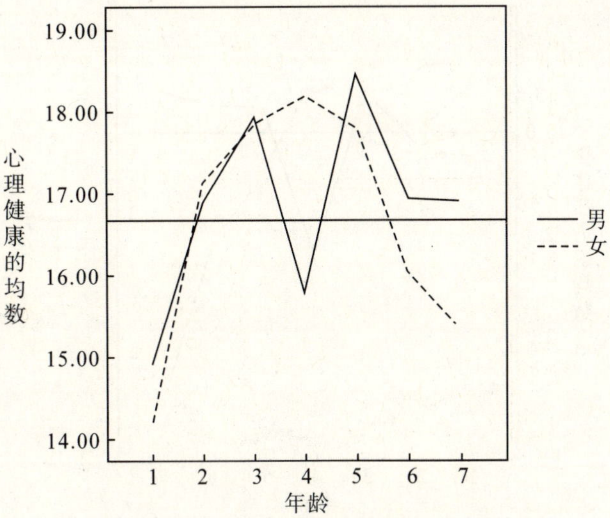

图 4.16 管理者心理健康与年龄的关系图

3. 中年管理者的工作、生活压力分析

男性管理者与女性管理者体验到的工作压力随年龄变化的情形如图 4.17 所示。图中的参考线代表工作压力的“中等水平”。下图纵坐标为压力的水平，其中 1 代表“无压力”，2 代表“低水平”，3 代表“中等水平”，4 代表“高水平”，5 代表“非常高”。对于男女中年管理者而言，他们知觉到的工作压力与青年管理者知觉到的工作压力没有显著差异（男、女性管理者的 t 检验的显著性 p 值分别为 0.692，0.851）。对于中年前期的男性管理者来说，他们知觉到的工作压力与中年后期没有显著差异；但是对于女性管理者而言，中年前期的工作压力显著大于中年后期（$t_{(62)}=3.495$，$p=0.001$）。从图 4.17 看，女性管理者仅在 36 岁到 45 岁期间体验的工作压力在中等水平以上，其他大部分时期体验到的是低到中等水平的压力，40 岁以后体验的工作压力逐步下降，尤其在退休年龄 55 岁以后体验到的工作压力几乎为零。对于男性管理者而言，大部分时期体验到的是中等偏高水平的工作压力，不过在 41 至 45 岁期间体验到了较低的工作压力。统计分析表明，男性仅在中年后期体验到的工作压力显著高于女性（$t_{(54)}=2.767$，$p=0.008$）。

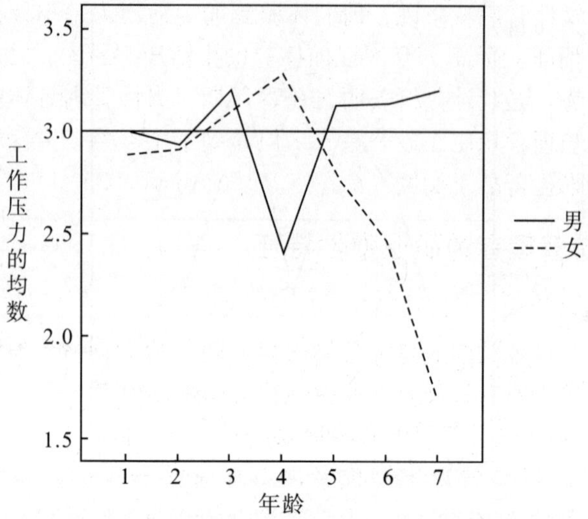

图 4.17　管理者的工作压力与年龄的关系图

男、女性管理者体验到的生活压力随年龄变化情形如图 4.18 所示。图中的参考线代表生活压力的“中等水平”。男、女中年管理者体验到的生活压力与青年管理者没有显著差异（t 检验的 p 值分别为 0.616 和 0.064）。而且，男、女中年前期的管理者体验到的生活压力与中年后期也没有显著差

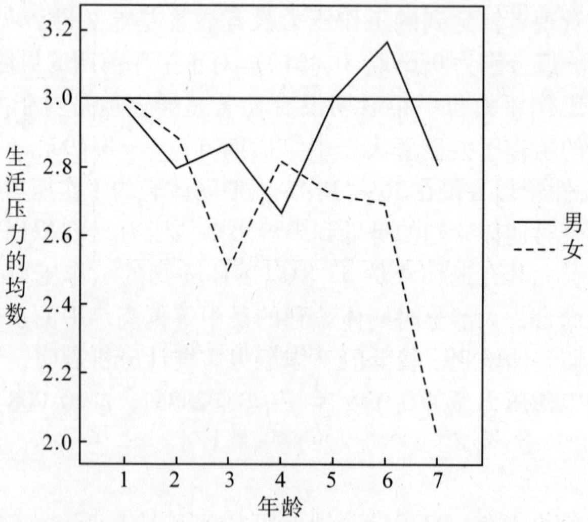

图 4.18　管理者的生活压力与年龄的关系图

异。对于男、女性管理者来说，他们体验到的生活压力基本处于中等偏低水平。对于女性管理者而言，30 岁以前体验的生活压力最大，之后，基本属于逐步下降的趋势。经统计分析表明，在青年期，男性管理者体验到的生活压力水平与女性管理者相比无显著差异，但是到了中年期，男性管理者体验到的生活压力水平显著高于女性（$t_{(148)}=2.156$，$p=0.033$）。

二、中年管理者的职业弹性特征

1. 性别差异

男、女性管理者的职业弹性总量表得分随年龄变化情形如图 4.19 所示。图中的参考线代表所有管理者职业弹性得分的平均值（$M=73.5993$）。图中 35 岁前为青年期，35 岁后为中年期。对于男性管理者而言，中年管理者的职业弹性总量表得分与青年管理者没有显著差异（$t_{(170)}=-0.172$，$p=0.864$）。对于女性管理者而言，中年管理者的职业弹性总量表得分与青年管理者也没有显著差异（$t_{(134)}=0.427$，$p=0.670$）。

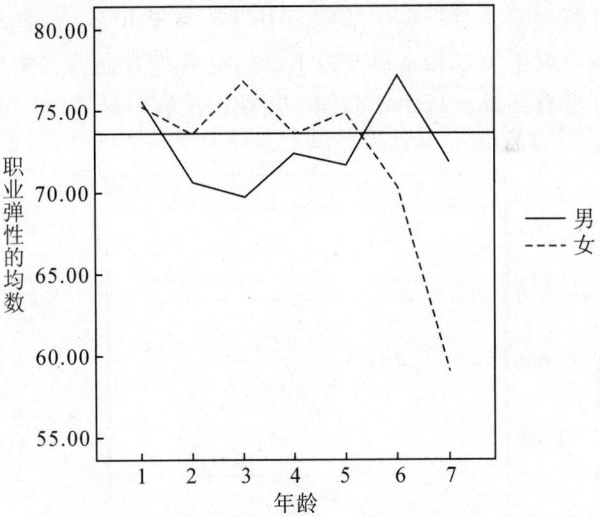

图 4.19　管理者的职业弹性与年龄的关系图

注：图中横坐标的 1、2、3、4、5、6、7 分别代表 30 岁及以下、31 ~ 35 岁、36 ~ 40 岁、41 ~ 45 岁、46 ~ 50 岁、51 ~ 55 岁、56 ~ 60 岁。

经过统计分析表明，对男性管理者而言，中年前期的职业弹性总量表得分要显著低于中年后期（$t_{(84)}=-2.074$，$p=0.041$）。对于女性管理者而言，情形则相反，中年前期的职业弹性总量表得分要显著高于中年后期（$t_{(62)}$ = 2.813，p = 0.007）。从图中还可以观察到一个现象，那就是随着退休的临近，男、女性管理者的职业弹性都较前一时期有所下降。

此外，对于中年期的管理者来说，男、女性管理者在职业弹性总量表及各分量表上得分无显著差异。具体就中年前期而言，男性管理者在职业弹性总量表（$t_{(78.497)}$ = −2.073，p = 0.041）及分量表二“职业愿景”（$t_{(72.113)}$ = −3.203，p = 0.002）和分量表五“心理韧性”（$t_{(77.479)}$ = −2.305，p = 0.024）上得分显著低于女性管理者。就中年后期来说，男性管理者在职业弹性总量表（$t_{(54)}$ = 2.604，p = 0.012）及分量表一“职业主动性”（$t_{(54)}$ = 2.898，p = 0.005）和分量表二“职业愿景”（$t_{(54)}$ = 2.115，p = 0.039）上得分显著高于女性管理者。

2. *学历差异*

青年、中年管理者的职业弹性总量表得分随学历变化情形如图 4.20 所示。图中的参考横线代表所有管理者职业弹性得分的平均值（M = 73.599 3）。由于高中及以下学历的青年管理者总共只有 5 人，故对这类管理者不做比较分析。统计分析表明，对于高中学历的中年管理者而言，前期与后期的职业弹性没有不同；对于大专和本科及以上学历的管理者而言，中年与青年管理者的职业弹性没有差异，且中年前期与后期也没有差异。

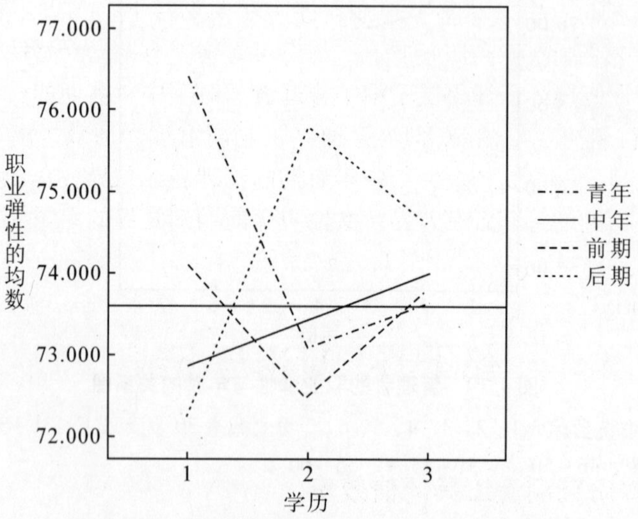

图 4.20　管理者的职业弹性与学历的关系图

注：图中横坐标的 1、2、3 分别代表高中及以下、中专、本科及以上。

3. 在其他人口学指标上的分布差异

对于变量管理级别，由于某些单元格中的观测值太小使分析结果没有意义从而不做分析。对于不同管理领域来说，中年管理者的职业弹性与青年管理者无差异。由于样本中，中年前期和后期的管理者在某些管理领域中的人数太少，使分析没有意义，不做比较。对于国有企业与非国有企业来说，中年管理者的职业弹性与青年管理者无差异，同样由于样本中中年前期和后期的管理者在非国有企业中的人数太少而不做分析。

三、中年管理者的其他工作相关特征分析

经过统计分析，发现男、女性中年管理者在其他工作相关特征上具有以下结果：对于男性管理者而言，中年管理者在变量心理资本、上司支持、组织职业管理、职业满意度、离职倾向、关系、同事支持、配偶支持上与青年管理者无差异；在变量自评绩效上，与青年管理者有差异。男性青年管理者的绩效显著低于中年管理者。对于中年前期的男性管理者而言，在指标组织职业管理、离职倾向和关系上，与中年后期的管理者无差异；在变量心理资本、上司支持、职业满意度、自评绩效、配偶支持和同事支持上，与中年后期的管理者有差异。男性管理者中年前期的心理资本、上司支持、职业满意度、绩效、配偶支持、同事支持得分显著低于中年后期。

对于女性管理者而言，中年管理者在变量心理资本、上司支持、组织职业管理、职业满意度、关系、同事支持、配偶支持上，与青年管理者无差异；在变量自评绩效、离职倾向上，与青年管理者有差异。女性青年管理者的绩效、离职倾向得分显著低于中年管理者。对于中年前期的女性管理者而言，在指标心理资本、组织职业管理、职业满意度、绩效、离职倾向、关系、配偶支持、同事支持上，与中年后期的管理者无差异；在变量上司支持上，与中年后期的管理者有差异。女性中年前期知觉到的上司支持水平显著高于中年后期。

第十节 讨论与小结

一、本研究测量工具的信效度

从本研究测量工具的信效度分析来看，心理资本、上司支持、组织职业管理、职业满意度、自评绩效、离职倾向、心理健康、同事支持、关系这些

变量的测量量表都具有良好的内部一致性信度和结构效度。配偶支持量表的内部一致性信度系数在0.80以上，也具有很好的信度，但是由于只有两题，不能进行效度分析。对于组织文化量表来说，有较高的信度（α为0.936），其结构效度指标χ^2/df为6.71，*RMSEA*为0.15，*GFI*、*NNFI*、*CFI*分别为0.80、0.80、0.87。虽然拟合指数不高，不是特别理想，但是考虑到本研究中使用的组织文化量表的每个题目都从属于两个因子，鉴于这种量表的复杂性，这些拟合指数可以接受。本研究自己开发的职业弹性量表有着良好的信度指标（α等于0.922）和结构效度指标，其中χ^2/df为2.46，*GFI*为0.88，*NNFI*和*CFI*分别为0.90和0.92，*RMSEA*为0.069。其中*GFI*指标没有达到一般认定的拟合优度标准0.9，但考虑到职业弹性量表是一个新开发的量表，仍可认为职业弹性量表具有较好的结构效度。

二、人口学变量对职业弹性的影响

本研究发现，所选择的人口学变量——性别、年龄、学历、职务级别、管理领域、从事管理工作年数、参加工作年数以及转换职业和转换组织单位的经历对职业弹性的影响都不显著。以往的研究发现职业弹性在人口变量上存在差异，例如Liu的研究发现职业弹性在性别、组织所有性质、教育程度、参与培训、管理经历上差异显著，而在工龄、职业转换和组织转换经历上差异不显著①。而此处却发现都没有差异，原因可能在于本研究使用的职业弹性的测量工具与其他学者使用的测量工具有较大的差异。

与本研究的文化背景最为接近的是中国台湾学者Liu在台湾所做的关于职业弹性与职业信念的关系研究，但是，Liu并没有根据本土文化对职业弹性量表进行修订，而是直接把国外几个测量职业动机分维度之一的职业弹性的测量量表加以整合而成。本研究中人口学变量对职业弹性没有影响的另一原因可能在于文化的差异和样本的特性。由于中国文化是一种倡导隐忍、坚韧的文化，这种强大的文化的影响要大于人口因素。再者，管理者的职业角色和群体特性对其职业弹性的影响强于人口特性，从而使人口特性对职业弹性的影响不显著。

三、前因变量对职业弹性的影响

在组织的前因变量分析中，得到的结果大多与研究假设一致，如上司支

---

① Liu，Yu-Ching. *Relationships between career resilience and career beliefs of employees in Taiwan* (PhD dissertation). Texas A&M University，2003. 90.

持、同事支持和组织职业生涯管理活动对职业弹性有正向的影响。另外发现企业文化类型对职业弹性影响不显著，但是企业文化强度对职业弹性的影响显著。企业性质对职业弹性没有影响，但是组织规模对职业弹性有显著影响，并且组织规模与企业文化类型和企业性质之间存在交互作用。职业弹性在不同的组织规模上存在差异，组织规模本身并不是本质原因，但它表明了不同组织规模中的某种差别对职业弹性有影响，这种差别也许是不同规模的组织提供的职业管理活动或上司支持程度等不同，也许是本模型所未涵盖的因素。

在个体的前因变量分析中，得到的结果基本与研究假设一致，如心理资本、配偶支持和关系都对职业弹性有正向的影响。但是，我们发现身体健康与职业弹性的相关在统计上并不显著，原因之一可能在于身体健康对职业弹性的影响比较间接。身体健康是个体多种能力发展的基础，而且身体健康与心理健康是相互影响和制约的。原因之二可能在于身体健康对职业弹性起作用是通过影响职业弹性的其他更直接的前因变量如自我效能等来实现的，而管理者的自我效能可能普遍较一般员工高，故在统计上难以达到显著水平。

四、职业弹性对后效因素的影响

本研究发现职业弹性与后效因素职业满意度和个人工作绩效正相关，这与假设相一致，也与前人的研究（如叶欣怡，2005；林瑞蓉，2009）相一致。但是，也发现职业弹性对心理健康和离职倾向的影响在统计上并不显著。这说明员工的职业弹性的高低本身并不影响其心理健康和离职倾向，或者说，职业弹性低并不是心理健康水平下降的根本原因，而职业弹性高也不是产生离职倾向的根本原因，可能只有当个体对工作不满意时，高职业弹性才会加强离职倾向。

五、职业弹性与前因后效因素的关系

职业弹性的中介作用分析结果显示在职业弹性的前因后效关系模型中，前因变量对后效变量的作用是部分或全部由职业弹性来实现的。而职业弹性与前因后效之间的关系模型的拟合指数，也都达到了令人满意的数值，如 $\chi^2/df=4.464$，$GFI=0.96$，$RMSEA=0.096$，$NNFI=0.86$，$CFI=0.93$，这表明了职业弹性与其前因变量同事支持、配偶支持和心理资本及其后效变量个人绩效、职业满意度和离职倾向之间的关系与调查数据的良好拟合性。至于在前因变量分析中，对职业弹性作用显著的变量上司支持、组织职业管理活动、组织文化总强度、组织规模、关系在最终模型中作用路径不显著，原因在于这几个前因变量与模型中路径显著的前因变量心理资本或同事支持存在完全的中介作用。也就是说，上司支持、组织职业管理活动、组织文化总强度、组织规模、关系通过心理资本或同事支持来对职业弹性产生作用，但当它们同时进入模型时，就只有中介变量同事支持和心理资本显著了。

六、本章小结

本章主要分析了组织变量和个体变量对职业弹性的影响，以及职业弹性对后效变量的影响及其在前因、后效变量中所起的中介作用。此外，本章还分析了人口学变量对职业弹性的影响，调查样本的特征和测量工具的信效度以及中年管理者的职业弹性水平特征。通过对回收数据的统计分析，本研究提出的大部分研究假设得到了验证，只有研究假设 H8、H11 和 H12 没有得到验证。研究假设检验情况总结见表 4. 66。本章为结果分析部分，得到的主要结论如下：①组织变量上司支持、同事支持、组织职业管理、组织文化强度、组织规模对职业弹性有显著影响；企业性质和组织文化类型对职业弹性影响不显著。②个体变量心理资本、配偶支持和关系对职业弹性有显著影响，但身体健康对职业弹性影响不显著。③职业弹性对后效变量个体绩效和职业满意度有显著影响，但对心理健康和离职倾向影响不显著。④职业弹性在大部分的前因变量和后效变量之间起部分或者完全的中介作用。

表 4. 66 研究假设的检验情况

假设	内容	结论
假设 H1	职业弹性与上司支持正相关	支持
假设 H2	职业弹性与同事支持正相关	支持
假设 H3	职业弹性与组织进行的职业生涯管理活动相关	支持
假设 H4	组织文化对职业弹性存在影响	支持
假设 H5	职业弹性与心理资本正相关	支持
假设 H6	职业弹性与关系正相关	支持
假设 H7	职业弹性与配偶支持正相关	支持
假设 H8	职业弹性与身体健康正相关	不支持
假设 H9	职业弹性与自评绩效正相关	支持
假设 H10	职业弹性与职业满意度正相关	支持

（续上表）

假设	内容	结论
假设 H11	职业弹性与心理健康正相关	不支持
假设 H12	职业弹性与离职倾向负相关	不支持
假设 H13	工作绩效与离职倾向相关显著	支持
假设 H14	职业满意度与离职倾向相关显著	支持
假设 H15	心理健康状况与离职倾向相关显著	支持

第五章　讨论与结论

第一节　职业弹性的培养策略

关于职业弹性的应用探讨远比理论研究要多得多，在国外如此，在国内也不例外。尽管职业弹性在国内学术界还是一个很新的概念，但也有为数不少的文章谈及职业弹性的重要性和培养策略，如许诺、凌文辁（2007）①，寇冬泉、黄技（2008）②，孙赟（2009）③，丁亚忠（2009）④，杨从杰，吴兴华，董国峰（2005）⑤。下面将从个人和组织的角度来讨论职业弹性的培养策略和措施。

一、个人的职业弹性培养策略

弹性并不是少数人才拥有的禀赋，很多调查研究表明，弹性是普遍存在的，问题在于如何正确地引导人们在面对逆境时发挥出他们的弹性，这正是积极心理学的主旨。对于如何培养和提高弹性，Masten 和 Reed 曾提出弹性开发的 3 种途径⑥：①危险中心策略，强调预防和减少危险因素和压力源。②资产中心（保护因素）策略，强调增强能导致积极结果的保护性因素。③以过程为中心的组织弹性开发策略，它包括调动人类的适应系统。

弹性的过程理论认为个体的弹性水平取决于危险性因素与保护性因素之间的抗衡结果，若危险性因素的作用过大，超过保护性因素的功效，个体的

---

① 许诺，凌文辁．初探职业韧性的培养．企业经济，2007（9）：51～53

② 寇冬泉，黄技．提高职业韧性应对教师职业生涯高原．广西师范学院学报（哲学社会科学版），2008，29（3）：111～114

③ 孙赟．浅谈员工的职业韧性管理．中国商贸，2009（13）：43～44

④ 丁亚忠．西方职业韧性研究的启示及培养途径分析．内蒙古科技与经济，2009，182（4）：47～48

⑤ 杨从杰，吴兴华，董国峰．管理者的复原力及其开发．人才开发，2005（3）：14～151

⑥ Masten, A. S. Ordinary magic: Resilience processes in development. *American Psychologist*, 2001, 56 (3): 227 – 238; Masten, A. S. & Reed, M. G. J. Resilience in development. In C. R. Snyder & S. Lopez (Eds.). *Handbook ofpositive psychology*. Oxford, UK: Oxford University Press, 2002. 74 – 88.

平衡状态就会瓦解导致低弹性，若保护性因素的作用超过危险性因素，个体的平衡状态就能维持。就职业弹性而言，保护性因素是指那些能够促使个体更好地应对职业生活压力、降低消极职业发展结果出现的各种个体和环境因素；而危险性因素则是指那些会增加消极职业发展结果出现概率的各种因素。从职业弹性的作用机制来看，增大保护性因素和减少或消除危险性因素就可以提高弹性水平。借助 Masten 和 Reed 的思路，职业弹性的培养和提高对个人而言可从提高职业弹性资产和降低危险因素这两个方面着手。

1. 提高职业弹性资产

从前面职业弹性的结构研究可以看出，职业弹性由人际关系方面的主动性和职业探索与管理方面的主动性、职业自我意识和愿景、学习能力、职业成就动机、心理韧性、灵活性这6个因素构成。这6个因素综合了复杂的职业弹性现象的各个层面：气质层面、性格层面、能力层面以及外部环境关系层面。下面将从社会资本、人力资本和心理资本的角度来讨论职业弹性的培养途径。

(1) 开发社会资本来提高个体的职业弹性。

社会资本即个人拥有的表现为社会结构资源的资本财产，存在于社会关系网络之中，只有通过成员资格或网络联系才能获得回报。个体要营造和培养社会关系网络，包括工作中的同事、上司和组织内的领导、工作上给予指导的师傅或导师、专业领域内的伙伴、业务上有联系的客户、社区内的邻居和自己的家人及亲戚朋友。就开发社会资本而言，有以下建议：

①培养自己的专业网络。本研究的实证部分表明上司的支持和同事的支持与职业弹性是正相关的，这表明专业网络对于职业弹性的有利作用。个体需要与上司和领导保持良好的关系，与同事建立亲密的关系，在同事请求帮助时要伸出援助之手，经常拜访技术上的师傅或导师，经常保持与客户和专业领域内同行的联系。这些专业的网络对于获取专业知识和信息，了解专业发展的动向和新进展，比对和更新自己的专业知识和技术，获取单位及行业内外的就业招聘信息都具有重要作用。

②营造良好的家庭关系。配偶及家人往往是个体在遭遇职业生涯阻碍时最有力、最忠诚的支持和保护性因素，本研究的实证部分也表明配偶支持与职业弹性正相关。许多在政治运动和文化运动中崩溃和自杀的个体往往是遭遇了双重的不幸，即职业生涯的不幸打击和家庭的瓦解，单单是职业上的不幸打击很少能彻底击垮一个人的心灵。许多经历了地震灾难和集中营考验的个体经验说明，家人的支持是走出黑暗的希望之灯。个体要培养与家庭成员之间的感情，解决好家庭与工作之间的冲突，让家庭成为自己职业弹性的最

坚实的后盾。

③建立亲密的朋友关系。平时注意结交朋友并与朋友保持沟通，朋友往往能提供支持的力量，让自己有勇气克服困难。当遭遇工作逆境时，得到朋友的关心和帮助是非常有价值的。

（2）开发人力资本来提高个体的职业弹性。

人力资本是劳动者受到教育、培训、实践经验、迁移、保健等方面的投资而获得的，存在于个体之中具有经济价值的知识、技能和体力（健康状况）等质量因素之中。人力资本可以通过学位教育、培训、开发能力、导师制学习、工作轮换等得到提升，使得个体的教育、经验、知识、技能、能力有所提高。个体要主动获取组织提供的培训机会，争取组织内的锻炼和成长机遇。此外，个体还要培养自学意识和自学能力，养成终身学习的习惯，进而提高自己的可雇佣性。

（3）开发积极的心理资本提高个体的职业弹性。

这里所说的心理资本是一般意义上的心理资本，即由积极的心理品质和心理能力构成的资本，它包括 Luthans 的心理资本的成分“自我效能、乐观、希望和韧性”[①]，还包括其他的积极心理品质和能力如主动性、思维灵活性、成就动机、清晰的自我意识、强烈的职业兴趣、合理的价值观等。总的来说，开发积极的心理资本的方法，包括融入一个和谐的社会群体、确立自己的人生信仰、体味成功的经验、替代或模仿学习、社会说服、自我激励、自主和权变行动、设定有挑战性的目标、改变不切实际的努力方向等。下面就心理资本的开发提一些具体建议：

①提高自我效能感。通过熟练掌握工作相关技能可提高个体的职业胜任感，成功的经验也可提高个体的自我效能。个体还可通过替代学习和榜样模仿来提高自我效能，观察那些受人敬佩的同事是如何开展工作的，感受他们的成功及同事传授的个人经验和秘诀，可能比专业培训师和著名的外部顾问进行的正式培训更能提高个体的自我效能。此外，个体还可以通过社会说服和积极反馈来提高自我效能，他人的鼓励、赞许、认可是一种正强化。另外，个体还需形成积极的归因方式，避免过多地将失败归结于自己的能力和不可控制的因素。最后，可通过改善个体的身体健康状况来提高自我效能，良好的健康状况对一个人的认知和情绪状态，包括对自我效能的信念与期望都有积极影响；相反，疾病、疲劳和身体不适则有消极影响，当一个人有严

---

① Luthans, F. & Youssef, C. M. Human, social and now positive psychological capital management: Investing in people for competitive advantage. *Organizational Dynamics*, 2004, 33 (2): 143-160.

重的生理疾病时，他的自我效能就会急剧下降。

②培养积极乐观的态度，训练个体的积极思维和积极的处事态度。在面对困境时，要对自己解决问题的能力充满信心，相信自己是个有天赋、有能力的人，这样有利于弹性的建立[①]。把工作逆境和挫折看做是生活的一部分，不要把面临的逆境看成是无法超越的难题。当职业困境或难题降临时，个体就要接受无可改变的事实，这样可以把更多的精力集中到能够改变和控制的问题上，把更多的注意力放在如何面对困境、寻找解决问题的方法上。不要过多地关注现在的问题是多么困难，要对未来情况的好转充满信心。在面对逆境时，要时刻注意事情已经出现转机的那些细微变化。在与逆境抗衡过后，许多人得到了成长。有研究表明，许多遭遇过逆境的人们，在逆境之后，社会关系得到了更好的发展，自我价值得到提升，认知水平达到了一个新的高度，从自己身上发现和学习到许多原本没发现的优点。自我效能感提高了，主观幸福感也随之得到了提升，对生活和工作便有了更高的期望。

③怀有希望的态度。本着一种乐观的精神，就可以期望有一个好的结果将会出现在生活和工作中，尽量去思考自己希望得到的成就，而不要总是担心自己会遇到什么险恶。保持好的心理和生理状态。多关注些自己的需要和感觉，多参加自己喜欢的活动，工作之余要学会放松，有规律地生活。照顾好自己，这可以让个体在心理上和生理上以最好的状态去应对那些需要韧性的逆境挑战。[②]

④增强心理韧性。遇到逆境时要沉着冷静、勇于面对、及时行动，不要有消极逃避的心态，更不要妄想逆境会自动消失。要不断提高自身素质，提高自我心理保健能力，加强个体耐挫力的培养和锻炼。在业务进修、提高科学研究和自身品德修养水平的同时，应提高心理保健意识、不断完善自身人格；对自己不苛求，对他人不妄想；运用换位思考的办法调整心态，保持良好的心境，有意识地增强自身的职业弹性。

⑤制定现实的长期目标和短期目标。个体心中要有长远的职业目标，长期目标或者职业理想，是一个人成功的关键和原动力，指引着职业生涯发展的方向。当个体遭遇职业中断或阻碍后，长期的目标可以把个体引向既定的方向。此外，个体还需立足现实环境确立清晰、可实现的短期目标。短期目标的实现可增强个体的自我效能，帮助实现总体目标。若短期目标过高或不现实，只会增加个体的职业挫折，降低自我的职业效能。

---

① 袁庆宏，付美云，陈文春．职业生涯管理．北京：科学出版社，2009. 221 ~ 222

② 许诺，凌文轾．初探职业韧性的培养．企业经济，2007（9）：51 ~ 53

⑥探索职业兴趣，找准职业锚（career anchor）。现代人的生活被太多人或事所占据，很少有时间让自己静下心来思考及沉淀，思考自己究竟要的是什么。有时候要拨些时间给自己，在认真思考后才会知道自己究竟要的是什么、缺少的又是什么。只有找到工作的目标与意义，个体才能坚持到底。正确认识自己，热爱本职工作，设定恰当而多元化的职业目标，坚持不懈，力争职业目标的达成。热爱是最好的老师，只有自发地从心底里认同自己所从事的工作，把工作当事业去追求，当学问去研究，准确地自我定位，寻找平衡的支点，只对比，不攀比，才能全身心地投入最大的能量，无所保留地发挥出更大的实力。

⑦提高职业自我管理的责任和能力。个体要将职业生涯发展掌握在自己手上，不要期待组织或他人来指引。个体需要对自己从事的职业有一个全面、辩证的理性认识。不仅要认识到个体的职业在促进经济社会发展中不可替代的作用，而且要用辩证的观点分析个体职业中的苦、乐、得、失，并从中解读出自己应该肩负的责任，明确自己的使命，寻找到自己实现价值的用武之地。只有对所从事的职业有深刻而理性的认识，个体才能在从事的职业中坚守甘于奉献的精神，努力追求职业理想，坚定职业信念，崇尚职业荣誉感，勇担职业重任，如此才能在从业的过程中领略到从事职业的乐趣和精神的满足，甚至以苦为乐、以失为得，产生愉悦感、成功感等职业情感，从而避免患得患失。

⑧拥有良好的价值观和道德观。价值观能够使人的行为带有稳定的倾向性，是人用于区别好坏、分辨是非、掂量轻重的心理倾向体系。Wolin（2005）认为，道德观通过把一个人的行为和价值体系协同起来，指导人们的判断，有助于人们形成自己的处事原则，并服务他人，进而增强个体的韧性。人们在管理实践中已发现那些拥有良好的价值观和道德观的人，对于理想、使命或目标有着坚定的信念，为了理想，他们会坚持不懈地努力，这些人在行动时会拥有更多的自由、精力和韧性，他们的成功几率相对会更大一些。生活变化、挫折和逆境贯穿于他们生命的整个历程中，这实质上就是韧性不断提高的过程。①

⑨增强个人兴趣爱好，有利于个人职业弹性的形成。多关注自己的需要和感觉，多参加自己喜欢的活动，工作之余要学会放松，有规律地生活。广泛的兴趣爱好可以提升个人品位，可以使人胸襟开阔，以平和的心态对待个

---

① 孙赟．浅谈员工的职业韧性管理．中国商贸，2009（13）：43～44

人得失，从狭窄的自我中解放出来，可以让个体以心理和生理上最好的状态去应对那些需要韧性的逆境挑战[①]。

⑩采用积极的方式应对挫折。个体要学会妥协和接受现实，当环境发生改变，困难降临时，个体既然无法逃避，那就不如去坦然接受它，学着让自己适应周围人、事、物的变化。从长远的角度看，尽管在工作中遇到了令你难以接受的重挫，但仍要尽量把心胸放宽广，目光放长远一点，现在的挫折也许就是未来成功的起点。要相信明天会更好，避免心理失衡。

2. 加强危险因素的管理

尽管积极心理学倡导发挥个体潜在的，具有建设性的积极力量，但它并不排斥对消极力量危险因素的管理。危险因素是那些可能会导致不良后果发生的因素，如社会压力、组织压力、失业经历、健康状况不良、教育水平较低等。危险因素是客观存在的，不以人的意志为转移。个体能做的是不回避、不逃跑，正视这些挑战。就像人体会患轻微的疾病，康复过程是一个免疫力增强的过程，可使人体获得长久的抵抗力，Cown 认为个人面对危险和应对所遇到的挫折和困境也是一个免疫过程。所以在面对危险因素时，可以利用积极的自我对话来激励自己，让自己坚信明天会更好，采用积极的思维激励个体成长和超越。有研究表明，善于管理危险因素的人们，在逆境过后，社会关系得到了更好的发展，自我效能感提高，对未来的前景持乐观态度，对生活和工作有了更高的满意度[②]。

二、组织的职业弹性管理策略

员工职业弹性的提高对组织来说是一件值得鼓励和支持的事情。有学者或管理者认为员工职业弹性的提高会损害员工对组织的忠诚，增加员工的流动性和离职率。而 Waterman 等认为员工职业弹性的提高对个人与组织来说是双赢的，组织要大力支持员工职业弹性的提高[③]。因为在 Waterman 看来，个体的职业弹性提高后，个体的可雇佣性会增强，个体的绩效和工作质量也会提高，同时组织也会从员工的高绩效中获益。而且，由于组织给员工提供了发展和成长的机会，员工不会选择离开组织。事实上，本研究的实证部分

---

① 丁亚忠．西方职业韧性研究的启示及培养途径分析．内蒙古科技与经济，2009，182（4）：47～48

② 孙赟．浅谈员工的职业韧性管理．中国商贸，2009（13）：43～44

③ Waterman，R. H.，Waterman，J. A. & Collard B. A. *Toward a career-resilient workforce. Harvard Business Review*，1994，72（4）：87－95.

也证实了 Waterman 的观点，职业弹性与自评绩效显著正相关，而与离职倾向不相关。在此，笔者认同 Waterman 的观点，认为组织应该为开发组织成员的职业弹性提供支持。

在组织层面开发管理者和员工的职业弹性应着重从以下几方面入手①。

1. 培养企业文化

本书关于企业文化与职业弹性的相关研究表明，企业文化在"内向"、"外向"、"弹性"、"控制"4 个维度上的强度越大，企业管理者的职业弹性就越高。卢美月的研究也有类似的发现②，在她的研究中，企业文化的类型与员工绩效无关，但企业文化的强度与绩效正相关。这说明一个企业文化中的关键价值观和行为模式越是稳定和牢固，越是被组织成员广泛地认同和强烈地坚持，该企业的文化强度就越大，其组织成员的职业弹性就越高。其深层原因在于企业文化可为其成员提供强烈的归属感和方向，使成员有比较明确的行为规范和价值目标。

2. 将职业弹性纳入人力资源管理环节

在对人力资源甄选、任用、晋升等环节的测评、考核时，将职业弹性作为其中的一项内容，让组织成员认识到职业弹性的重要性③。在新员工的甄选环节中，考虑加入职业弹性考察项目，筛选职业弹性高的应聘者做组织成员。在任用和晋升环节也要对员工的职业弹性水平进行考察，不仅是由于职业弹性高的个体往往有高的绩效，还因为这样做有助于培养注重员工职业弹性的企业文化。在对员工的绩效进行考核时，尤其是周边绩效考核时，要注意考核员工的组织行为是否有助于提高自己和组织内其他成员的职业弹性。

3. 注重职业培训和开发

要提高员工的职业弹性，组织的职业培训和开发工作可从以下几方面入手：

①提供职业弹性理论知识的培训。宣传、传播职业弹性知识，使管理者广泛了解职业弹性知识及其影响，有针对性地进行相关知识的教育以及社交技巧的训练等，开展一些有益于提高职业弹性的竞赛活动。例如，举办小型说明会，让员工了解职业弹性的基本概念；举办深度的座谈会，让员工探究职业弹性最深层的意涵，并通过职业弹性测评让员工了解其职业弹性的

---

① 杨从杰，吴兴华，董国峰．管理者的复原力及其开发．人才开发，2005（3）：14～151

② 卢美月．企业文化、企业培训与组织绩效关系研究——以两岸企业为背景．复旦大学博士学位论文，2006. 32～33

③ 杨从杰，吴兴华，董国峰．管理者的复原力及其开发．人才开发，2005（3）：14～151

程度。

②提供职业生涯辅导课程，指导员工制定职业发展规划，教授简历制作和面试技巧，指导员工进行技能基准检查（benchmarking）及自我人格、价值观和职业兴趣的评估。

③提供工作技能培训。如提供实地培训，鼓励师徒制，允许员工组织内变换工作，增加员工的职业胜任力和技能的灵活性。提供学习资料和培训费用，鼓励继续学习和学位教育，促进终身学习。

④提供心理能力培训课程。组织要通过提供心理能力培训课程来提高员工的心理韧性、情商、成就动机、主动性、思维灵活性、社交技巧等。角色扮演法是一个综合性的培训方法，可以同时培养参与者的众多心理能力，从而提高员工的心理能力。例如，通过扮演客户经理，就可以切身感受到当被客户拒绝时的情绪变化和反应，能够对挫折坦然视之。通过这种方法，管理者能较快熟悉工作环境，了解工作内容，适应实际工作的要求。

角色扮演指受培训者根据指导教师提出的情境和角色的要求，使个体想象处于某种情境中时所扮演角色应有的情感和态度。当这种扮演活动开始后，各个扮演者之间的相互作用也就开始了。有些受培训者由于自我意识或者过度反应，起初难以进入角色，但经过培训指导后，这个问题是能够解决的。当扮演结束后，指导教师会对受培训者的行为、态度进行评价。

角色扮演主要有两种培训方式：第一种是角色颠倒扮演，这种方法要求受培训者扮演与自己原有角色完全相反的人物。例如，管理者与被管理者、服务员与顾客、相互对立部门的竞争者之间颠倒角色等。通过这种训练可使扮演者站在另一角度来体验人的经验和处理问题的方法，彼此加深对对方需要和态度的了解，从而减少双方心理上的差异。心理学家认为，当一个人被迫表述自己不赞成的观点并为之与他人辩论时，他的态度就会朝着所扮演角色的方向转变，即使对所扮演的角色不满，这种转变也会产生，因为个体的态度必须符合自己的论述。第二种称为多角色扮演，又称心理剧。实施方法是，将20~30人的大组划分为5~6个小组。指导教师给小组成员提出某种剧情，让他们分别扮演不同的角色，表演结束后，所有小组集中在一起共同讨论和比较他们的体验。由于多种角色扮演法，参加的人数较多，这种方法可以节约经费。此外，指导教师还可以给各小组安排不同的剧情（受培训者事前不知道），那么，在扮演中各组解决问题的差异就会显现出来。例如，某项有关沟通方式的训练，由于各组的沟通途径规定得不一样，因此在解决问题的方法和成员们的满意度上就会有差别，此后的讨论就更有交流价值了。

总之，角色扮演对于培养小群体的管理技能，对他人动机的敏感性、表达能力、协调人际关系和态度改变都是十分有益的，它为理论联系实际架构起了一座桥梁。角色扮演的不足之处在于，扮演者的反馈主要来自其他扮演者的行为反应，有时这种反应并不一定正确。所以，应当把角色扮演与其他培训方法结合起来。

与角色扮演相近的是情景模拟游戏。情景模拟游戏与角色扮演的不同之处在于角色和剧情的真实性，它是在一个与现实的工作情形或环境相似的模拟情景中进行的。情景模拟游戏对于提高员工的工作技能和心理能力皆有帮助。

4. 提供 EAP 项目

目前，在西方企业盛行的员工援助计划（Employee Assistance Programs，EAPs）是培养员工职业弹性的较好方法之一，近年来越来越多地受到了企业和研究人员的重视。员工援助计划是组织为员工设置的一套系统的、长期的福利与支持项目，它通过专业人员为员工提供诊断、评估、培训、专业指导与咨询，帮助员工自身及其家庭成员解决各种心理和行为问题，目的在于提高员工在组织中的工作绩效和身心健康，并改善企业的组织气氛与管理效能①。

员工援助计划最早起源于 20 世纪初的美国，它的发展历程大致可以分为 4 个阶段。职业戒酒计划（1939—1962）阶段、员工援助计划（Employee Assistance Programs，EAPs）（1962—至今）、职业健康促进计划（Occupational Health Promotion Programs，OHPPs）（1980—至今）、员工增强计划（Employee Enhancement Programs，EEPs）（1988—至今）②。现在的员工增强计划强调压力管理、全面健康生活形态、工作生活质量、人际关系管理等问题，致力于改善工作中和工作后可能逐渐引发未来健康问题的行为，具有系统性、全面性、动态性和超前性的特点。

为提高员工的职业弹性，组织提供的 EAPs 的核心内容可以包括：第一，给处于困境中的员工提供咨询、培训、援助，以改善环境、提高绩效；第二，针对雇员和客户关心的问题，提供及时的甄别和评估服务并为之保密；第三，运用建设性面谈、激励和短期干预的方法，帮助员工处理可能遇到的影响工作绩效的问题；第四，为员工提供或推荐诊断、治疗和援助服务以及案例监控和跟踪服务；第五，在工作组织与提供其他服务的供应商之间建立

---

① 王雁飞．国外员工援助计划相关研究述评．心理科学进展，2005，13（2）：219～226

② 王雁飞．国外员工援助计划相关研究述评．心理科学进展，2005，13（2）：219～226

和保持有效联系，以及在管理供应商契约方面，为工作组织提供咨询；第六，鼓励适用医疗和行为问题（包括但不限于酗酒、药物滥用以及精神和情感混乱）的健康保障的实用性和可获得性；第七，鉴定为工作组织和个人绩效提供的EAPs服务的效果。

5. 做好解雇和转职工作

不论是对企业还是对员工来说，裁员都是一个沉重的话题。然而对于大多数企业来说，这又是一个不得不面对的现实。纵观国内外企业裁员案例，企业裁员过程中容易发生劳资双方冲突、工作场所暴力、员工自杀等过激现象，这往往会给企业带来非常严重的负面影响。不管出于什么原因，裁员都是一种对企业员工产生严重伤害的行为。其中最受伤的是被裁掉的员工，其次是保留下来的“幸存者”，而执行裁员的人力资源管理者和被裁员工的直接上级受到的心理冲击也不容忽视。对于那些被裁掉的员工，企业应当给他们提供经济上的补偿、心理调适、职业规划等方面的培训和辅导，为被裁员工寻找再就业的机会，尽可能帮他们顺利度过失业的危机，从而减少他们的痛苦。研究表明，与身心健康的员工相比，那些工作压力过大、具有抑郁倾向等心理特征的员工，更容易采用过激的方式来应对突如其来的变化。在以往的裁员实践中，患有抑郁症的员工自杀率较高。因此，实施针对被裁员工群体的心理调查，对他们的心理状态进行评估是必不可少的。首先，在不泄露公司裁员计划的前提下，将“如何进行决策”、“如何应对挫折”、“调整心态，积极应对变化”等方面的知识和技能传递给他们。在被裁员结果不变的前提下，如果员工能够进行自我心理调适，那么他们对突如其来的变化就会有充足的心理准备。其次，公司必须关注“幸存者”，即对留用人员给予清晰的说明，不避讳企业实际，传达公司发展战略，给留岗员工描绘出他们清晰的职业生涯路径，将企业对留岗员工的信任和期待明确地告诉他们，争取在尽可能短的时间内恢复员工信心，重新焕发出高昂的组织士气。最后，裁员对那些执行裁员工作、与被裁员工谈话的人力资源管理者及直接上司来说也是一件非常痛苦的事情，他们会感到内疚、难过，而且压力重重，他们也需要接受培训和心理咨询的帮助。

第二节 本研究的总结论

本节将对该研究的主要结论进行总结。在不予以特别说明的情况下，以下结论中的职业弹性变量皆指职业弹性量表总分。

一、关于职业弹性的结构及测量的结论

职业弹性由6个因素构成。因素F1“职业主动性”主要反映的是人际关系方面的主动性和职业探索与管理方面的主动性。因素F2“职业愿景”主要反映的是职业愿景方面的内容。因素F3“学习能力”主要反映的是学习能力方面的内容。因素F4“成就动机”主要反映的是努力与成就动机方面的内容。因素F5“心理韧性”主要反映的是心理韧性方面的内容。因素F6“灵活性”主要反映的是冒险与灵活变化方面的内容。正式的职业弹性测量量表由21个项目构成，总量表的内部一致性系数α等于0.922，分量表一的信度为0.789，分量表二的信度为0.782，分量表三的信度为0.767，分量表四的信度为0.802，分量表五的信度为0.823，分量表六的信度为0.789，各分量表的信度皆在0.70以上。从职业弹性的六因素模型的验证结果来看职业弹性量表有着较好的结构效度。

二、关于人口学变量对职业弹性的影响的结论

采用多因素方差分析程序（univariate）来考察多个人口学变量对职业弹性的影响。结果发现所选择的人口学变量性别、年龄、学历、职务级别、管理领域、从事管理工作年数、参加工作年数，以及转换职业和转换组织单位的经历的主效应及其与性别的交互作用对职业弹性的影响都不显著。

若根据职业弹性总量表得分把被试分成高、中、低组，来考察人口学变量在职业弹性高、中、低3组分布上的差异。结果表明对选择的人口学变量和职业弹性做高、中、低组的交叉分析（crosstabs analysis）的结果差异不显著。

三、关于职业弹性与组织方面的影响因素的结论

本研究所选择的组织方面的变量为：单位性质、组织规模、上司支持、同事支持、组织职业管理、组织文化。①单因素方差分析（One-Way ANOVA）的结果表明：企业文化类型对管理者的职业弹性影响不显著。②职业弹性的高、中、低分组在企业文化类型上分布差异不显著。③不管文化的类型如何，企业文化在弹性、控制、内向、外向4个维度上的强度越高，企业中管理者的职业弹性越高。④企业规模对组织中的管理者的职业弹性影响作用不显著。⑤职业弹性的高、中、低分组在不同的企业规模中分布差异显著。⑥企业性质对职业弹性的影响不显著。⑦企业文化类型与企业规模的交互作用显著，企业性质与企业规模的交互作用也显著。⑧上司支持对职业弹

性的影响显著。⑨同事支持对职业弹性的影响显著。⑩组织职业管理对职业弹性的影响显著。

四、关于职业弹性与个体方面的影响因素的结论

本研究所选择的个体方面的变量包括身体健康、心理资本、配偶支持和关系。心理资本和配偶支持与职业弹性总量表及各分量表皆相关显著。关系量表与职业弹性总量表及分量表一和分量表六相关显著，身体健康与职业弹性相关不显著。

为了进一步了解职业弹性与各个体方面变量的关系，可以采用多元回归分析来进行深入考察。多元回归分析结果表明心理资本和配偶支持对职业弹性的影响显著，而关系和身体健康变量对职业弹性影响不显著。

五、关于职业弹性与后效因素的结论

本选择的后效变量为自评绩效、职业满意度、离职倾向和心理健康这4个变量。职业弹性及各分量表与自评绩效和职业满意度皆显著正相关，职业弹性总量表与离职倾向和心理健康相关不显著，离职倾向仅与职业分量表二和分量表六显著正相关，心理健康仅与职业弹性分量表一和分量表六显著正相关。

为了进一步深入考察职业弹性与后效变量之间的数量预测关系，采用回归分析来研究。回归分析的结果表明职业弹性总量表得分对自评绩效和职业满意度的预测显著，简单回归分析的结果表明职业弹性对后效变量离职倾向和心理健康的预测关系在0.05水平不显著。

六、关于职业弹性培养对策的结论

员工职业弹性的提高，对个人与组织来说都是一种双赢。个体要努力提高自己的职业弹性，组织也要大力支持员工职业弹性的提高。从职业弹性的作用机制来看，增大保护性因素和减少或消除危险性因素就可以提高弹性水平。个体可从开发自己的社会资本、人力资本、心理资本和降低危险因素这两个方面着手来培养和提高自己的职业弹性。对组织而言，可从培养企业文化、将职业弹性纳入人力资源管理环节、注重职业培训和开发、提供EAPs项目、做好解雇和转职工作这几个方面着手提高组织成员的职业弹性。

第三节　本研究的局限及未来研究方向

一、本研究的局限性

1. 样本代表性的局限

本研究为了控制行业类型的影响，选取了电子相关企业。由于笔者本身社会资源的局限性，不能按照科学的随机抽样的方式来获取样本，只能采用方便抽样的方式。为了尽量使研究样本具有代表性，笔者本着尽量涵盖各种企业性质、各种企业规模、各个管理层级、各种管理领域和性别来进行抽样。尽管如此，最终获取的样本中私营民企和外资、合资企业偏少，使样本中各资本性质的企业比例与实际有偏离。此外，由于样本中私营民企和外资、合资企业偏少，使得一些比较分析缺乏统计所需的样本数量。如在考察企业文化、企业规模对职业弹性的交互作用时，由于样本中外资企业和合资企业偏少，一些比较不能进行。另外，本研究的样本为自愿参与者，非行政安排，这也是估计样本代表性时需考虑的一个因素。Gall 等[①]曾指出自愿参与者样本可能是目标群体的一个有偏样本，因为有研究表明自愿参与者的个体特征与非自愿参与者不同。总之，由于样本代表性上的不足，本研究的结论在使用和推广时需谨慎。

2. 相关关系研究设计的局限

由于本研究采用的是相关关系研究设计，只能建立各研究变量之间的相关关系，不能建立各变量之间的因果关系。要探究各研究变量之间的因果关系，需要采用实验设计或长时研究。

3. 同源方差的问题

在正式研究中，只采用了自陈式问卷法来收集数据，而只依赖一种方法来收集数据可能导致同源方差问题（common method variance）。同源方差指的是一种潜在的系统误差，这时所测到的方差不是由研究者感兴趣的变量或

---

① Gall, J. P., Gall, M. D. & Borg, W. R. *Applying educational research: A practical guide* (4th ed.). New York: Addison Wesley Longman, 1999.

构想引起的，而是由测量方法所导致的[①②]。

4. 问卷调查法的局限

本研究采用了自陈式问卷调查法来收集被试的态度和人格特征。问卷调查法存在的常见问题就是无法判定被试是否诚实地回答问卷中的问题，被试填写的是否是他们内心真实的想法，或者说真实性有多高。而问卷的填答采用自陈（self-reported）的方式，而非他人填写或他人评价的方式，又会导致一个问题，即被试是否具备足够的自我意识来对自己的能力、态度和人格特征进行评价。

5. 职业弹性量表的辨别效度的局限

本研究是在前人研究和自主探索性研究的基础上编制的本土的职业弹性量表。该量表共有 21 个项目，但是全部项目的标准差（SD）均小于 1.0。偏小的标准差，意味着项目在辨别被试在职业弹性的反应上的较低的差异性。不过，回顾职业弹性研究的文献，除了密歇根的职业弹性量表[③] 14 个项目中有 12 个项目中的 SD 大于 1.0 以外，其他的职业弹性量表的项目都很少大于 1.0。例如，London 在 1993 的研究[④]，Noe 等在 1990 的研究[⑤]，Liu 在 2003 年的研究[⑥]，他们的职业弹性量表的项目的 SD 绝大部分都小于 1.0。这说明，对职业弹性的测量研究还不够完善，有待更多的实证研究的系统检验与支持。

二、未来研究的方向与建议

由于各种限制，每个研究都不可能做到面面俱到、尽善尽美，然而每个研究的局限又都为后来者的探索播下了收获的希望。职业弹性未来的研究可

---

① Spector, P. E. Method variance as an artifact in self – reported affect and perceptions at work: Myth or significant problem? *Journal of Applied Psychology*, 1987, 72 (3): 438 – 443.

② Podsakoff, P. M., MacKenzie, S. B., Moorman, R. H. & Fetter, R. Transformational leader behaviors and their effects on followers' trust in leader, satisfaction, and organizational citizenship behaviors. *Leadership Quarterly*, 1990, 1 (2): 107 – 142.

③ Operation ABLE of Michigan. *Building career and organizational resilience: An evaluation of the Operation ABLE of Michigan Kellogg career resiliency/lifelong learning project*, 1996—2001. Michigan, MI: Author, 2001, March.

④ London, M. Relationships between career motivation, empowerment and support for career development. *Journal of Occupational and Organizational Psychology*, 1993b, 66 (1): 55 – 69.

⑤ Noe, R. A., Noe, A. W. & Bachhuber, J. A. An investigation of the correlations of career motivation. *Journal of Vocational Behavior*, 1990, 37 (3): 340 – 56.

⑥ Liu, Yu-Ching. *Relationships between career resilience and career beliefs of employees in Taiwan* (PhD dissertation). Texas A&M University, 2003.

以从以下方面进行。

1. 改善单一方法的偏差问题

这可以从以下几个方面着手：①职业弹性问卷中的部分项目改为负向陈述，而不是全部都采用正向陈述，当然也可以在量表中插入一些与测量项目无关的记号条目，这都可能会有助于降低同源方差。②研究中加入他评的测量，例如，加入上司评价或下属评价。加入上司的评价会提高职业弹性水平测量的准确性。事实上，在 London 的研究①中，员工对自己职业弹性的自评与其上司的评价相关性只有 0.36。③研究中加入社会赞许性（social desirability）测量。由于在本研究中发现，有相当大一部分被试在职业弹性项目上的选择集中在 Liket 尺度上的 4 和 5，这表明有可能职业弹性的测量存在社会赞许性，这也是导致同源方差的一个主要元凶。未来的研究可以加入社会赞许性量表来帮助判定职业弹性测量中的社会赞许性程度。

2. 继续修正和完善职业弹性测量量表

本研究是在开放式问卷和少量访谈的基础上收集本土职业弹性的测量指标，结合国外文献中的测量指标来编制职业弹性初始问卷，通过探索性因子分析来提取结构。这种尝试开发本土职业弹性测量量表的努力方向无疑是正确的，但是，开放式问卷的样本量较小，而且是在一个管理培训班发放的，样本的代表性可能不足。此外，由于访谈缺乏深度和范围，可能导致一些重要的本土职业弹性测量指标被忽略。在国外，许多问卷从研制到完善都经过了相当长的时间，在我国也不例外，都不是通过一次研究就能够很好地完成的。本研究只是一个开始，今后的研究需要在搜集和确定本土职业弹性的特征方面加强努力，继续修正和完善职业弹性测量量表，使之有更好的结构效度、辨别效度和预测效度。

3. 注重使用质性研究和纵向研究

量化研究可以揭示研究变量之间的数量关系，横向研究可以揭示某一时间点上众多事件之间的平面关系。量化研究和横向研究对于深入揭示职业弹性现象来说都必不可少。但职业弹性是一个复杂动态的现象，例如，London 曾指出职业弹性如果在个体的少年期及 20 岁早期建立，它如何随着个体的年龄和工作生活阅历发展而变化，环境中的因素又如何影响个体职业弹性的发展？质性研究和纵向研究将有助于此类问题的探索。虽然本书采用了开放式问卷和访谈，但都属于较为简单的质性研究。为了更加深入和准确地理解

---

① London, M. Relationships between career motivation, empowerment and support for career development. *Journal of Occupational and Organizational Psychology*, 1993b, 66 (1): 55 -69.

职业弹性现象，还需要大量的更加系统的质性研究和纵向研究，这将有助于把握复杂动态的职业生涯发展过程中各事件和变量之间的因果关系，以及挖掘职业弹性与影响因素和结果因素之间的复杂作用与联系。

4. 提高样本的代表性水平

这可以从拓展调查区域和取样范围，扩大样本量，改进抽样方法这几方面来实现。本研究的调查局限于天津的电子相关行业，而且样本量较小，如果条件允许，今后的研究可以进一步拓展调查区域和样本范围、扩大样本量，在多个地区进行取样，并可将研究对象拓展到各类其他职业群体，来进一步检验职业弹性的结构和研究假设。当然如果研究者的社会资源许可，也可采用随机抽样的方法来提高样本的代表性，例如，在一个企业中进行深入的个案研究或者在一个行业中进行横向的比较研究。

5. 注重职业弹性的干预研究

可以尝试选取两个同行业各方面情况都接近的企业或其他组织，一个作为对照，另一个作为实验对象。在实验企业中，推行职业弹性培训项目这项工作要获得高层的支持与推动，要在政策、物质条件和经费方面获得高层的支持，确保职业弹性培训的效果不流于形式。在培训项目开始之前对企业员工的职业弹性水平进行初测，在培训中期和培训结束后对员工的职业弹性水平做后测。比较实验企业中职业弹性的初测水平与后测水平，比较实验企业与对照企业员工的职业弹性水平，考查职业弹性干预的效果、思考和总结影响职业弹性培训实施和效果的因素，为在更大范围内推广职业弹性培训项目打基础。

6. 展开职业弹性的生化、遗传机制研究

心理韧性是职业弹性的一个重要成分，心理学的研究表明心理韧性是受遗传影响的。遗传具有增加人们对高危环境的脆弱性和易感性的作用①。对收容机构内的收容者的研究表明，环境对于那些有危险遗传因素的个体的影响更大，这些人会有违法犯罪、滥用药物或酗酒问题②。London 也曾建议展开关于职业弹性的生理机制的研究，他认为个体的坚持行为、目标设定行为

---

① Rutter, M. & Quinton, D. Parental psychiatric disorder: Effects on children. *Psychological Medicine*, 1984, 14: 853; Rutter, M., Dunn, J., Plomin, P. et al. Integrating nature and nurture: Implications of person – environment correlations and interactions for developmental psychopathology. *Development and Psychopathology*, 1997, 9: 325.

② Bohman M. Predisposition to criminality: Swedish adoption studies in retrospect. In: Bock, G. R & Goode, J. A. Chichester ed. *Genetics of Criminal and Antisocial Behavior*. England: Wiley, 1996. 99.

有其相关的神经生理特征①。生物化学以及遗传学上取得的新进展，将会促进人们从分子水平来寻找职业弹性的生物基础。

① London, M. Relationships between career motivation, empowerment and support for career development. *Journal of Occupational and Organizational Psychology*, 1993b, 66 (1): 55-69.

附　录

附录 A　职业开发研究调查问卷

您好！

在现在的工作中，人们难免会遇到各种挫折和困境，如下岗、降级、转岗、不良上司关系、工作压力等。然而有些人（姑且称之为 A 类的人）在遭遇挫折和困境后能迅速地走出、恢复，甚至超过原先的水平；也有些人（姑且称之为 B 类的人）则在遭遇打击和困境后难以恢复，从而一蹶不振。请您仔细回想，想出您熟悉或知晓的人中典型的 A 类和 B 类的人各一名，即 A 和 B，然后通过回答下面的两个问题来描述他们俩的行为和个人特征。

一、请回忆 A 在处理挫折、困境，与人交往，面临新情境时有什么反应和行为？

____

____

A 在性格上有什么特点？

____

____

二、请回忆 B 在处理挫折、困境，与人交往，面临新情境时有什么反应和行为？

____

____

B 在性格上有什么特点？

____

____

您的个人信息：

性别：________　年龄：________　职务：________

职业：________

附录B　回收的职业开发研究调查问卷样例

B1　回收的职业开发研究调查问卷样例（1）

您好！

在现在的工作中，人们难免会遇到各种挫折和困境，如下岗、降级、转岗、不良上司关系、工作压力等。然而有些人（姑且称之为A类的人）在遭遇挫折和困境后能迅速地走出、恢复，甚至超过原先的水平；也有些人（姑且称之为B类的人）则在遭遇打击和困境后难以恢复，从而一蹶不振。请您仔细回想，想出您熟悉或知晓的人中典型的A类和B类的人各一名，即A和B，然后通过回答下面的两个问题来描述他们俩的行为和个人特征。

一、请回忆A在处理挫折、困境，与人交往，面临新情境时有什么反应和行为？

答：一个国有企业转制了，原有企业的一位副总经理离开了这个企业，面临失业的他，第一时间在脑海里就形成了挑战财富和自主创业的激情，在接下来的两年时间里，他投资了近一亿元人民币，建成了占地面积近两百亩的沈北新区大型集中供热锅炉房，实现了名利双丰收。

A在性格上有什么特点？

答：敢于挑战、敢闯市场、敢于创业、敢于投资、敢担风险、心态平和。

二、请回忆B在处理挫折、困境，与人交往，面临新情境时有什么反应和行为？

答：同样是一个国有企业转制，原有企业的一位董事长也同样离开了这个企业，面临失业的他，非常失落，两年多的时间里一直没有什么作为。

B在性格上有什么特点？

答：遇到困难和挫折，不能很快地从中走出来，不能正确认识自身问题，往往把责任归结于社会或者外界原因。

您的个人信息：

性别：　男　　年龄：　48　　职务：　董事长

职业：企业高管

B2 回收的职业开发研究调查问卷样例（2）

您好！

在现在的工作中，人们难免会遇到各种挫折和困境，如下岗、降级、转岗、不良上司关系、工作压力等。然而有些人（姑且称之为A类的人）在遭遇挫折和困境后能迅速地走出、恢复，甚至超过原先的水平；也有些人（姑且称之为B类的人）则在遭遇打击和困境后难以恢复，从而一蹶不振。请您仔细回想，想出您熟悉或知晓的人中典型的A类和B类的人各一名，即A和B，然后通过回答下面的两个问题来描述他们俩的行为和个人特征。

一、请回忆A在处理挫折、困境，与人交往，面临新情境时有什么反应和行为？

答：A在遇到挫折、困境时也会觉得十分气愤，在工作中不被理解、遭遇他人的误解时同样会给他带来苦恼，不能施展自己的才华抱负时会苦闷，甚至沮丧。

但这之后会冷静下来变得理智，并做一些客观分析：首先，对自身还有哪些不足做出客观分析。加强自身的业务学习，更加努力地工作以展示自己新的面貌，增加人们对自己的信任和认可。其次，在适应新环境时，善于发现并欣赏同事的优点，对待他人以诚相待，能与同事搞好关系，积极融入新的团体之中，并对新团体的工作环境、人际环境，同事的工作方式、工作制度，新团体的特有价值观念等有一个客观、全面的了解。最后，将新旧单位进行比较，发现不同及优缺点，并用温和、艺术的手法提出建议，有策略地改变不足以体现自己的价值，得到大家的认可，给团体带来新的面貌和气象。

A在性格上有什么特点？

答：A类人一般头脑冷静、思维缜密，有工作韬略。与人交往时比较大度，心胸宽广、不计较小事。有自己的长远规划和追求。不足的地方是过于理智，在对待他人时会让人有敬而远之的感觉，不太容易接近，有些过于清高。

二、请回忆B在处理挫折、困境，与人交往，面临新情境时有什么反应和行为？

答：B类人在新环境下会表现出急于做出新成绩以得到同事们的认可。他们有宏伟的抱负，最初工作热情很高，也会取得一些新的成绩。但由于不了解新情况、新问题，一遇到挫折就会感觉委屈，感到自己不被认可，甚至会有怨言、怨气，由此会得到相反的效果，遇到更大的挫折。于是开始怀疑自己的能力，进而抱怨环境的不公，认为新环境不适合自己、新的团体不容纳自己，用一种苛刻的眼光衡量新环境从而放大了新环境的缺点，继而由抱怨转而愤怒，最后造成人际关系更加恶化，上司不重用，同事排挤，最终陷入了恶性循环，甚至离开这个环境寻求新的出路。

B 在性格上有什么特点？

答：B 类人有极高的工作热情，也有基本的工作能力，工作方面有闯劲、干劲，如果进行有效的引导会取得开创性的成绩。工作性格直率，但遇到挫折会一蹶不振。稍有情绪化，没有恒常性。面对突发情境时不够冷静、理智，有些意气用事。

您的个人信息：

性别：＿＿女＿＿年龄：＿＿45＿＿职务：财务总监

职业：企业高管

附录C 职业情况调查表

尊敬的女士、先生：

您好！

感谢您挤出宝贵的时间细心地填写这份调查问卷。填完整份问卷大约需要您10分钟时间。本次调查的目的在于了解和熟悉您在工作中遇到的情况，以便我们研究探讨职业管理的一些问题。我们的调查是以无记名方式进行的，结果只作为整体分析之用，不报告您的个人资料，请您根据自己的真实情况，在最适合自己情况的选项上打"√"。

请您注意：每题只选一项！

南开大学成人职业开发课题组
2008年4月

第一部分：个人基本资料，请在相应的数字上打"√"或填写具体答案。

1. 性别：①男 ②女

2. 年龄：①20岁及以下 ②21~25岁 ③26~30岁 ④31~35岁
⑤36~40岁 ⑥41~45岁 ⑦46~50岁 ⑧51~55岁
⑨56~60岁 ⑩60岁及以上

3. 学历：①初中及以下 ②高中 ③大专 ④本科 ⑤硕士 ⑥博士

4. 所在单位的性质：①国有企业 ②私营或民营企业 ③外资或合资企业 ④事业单位 ⑤其他__________（请注明）

5. 您是否有改换职业（改行）的经历？（如从会计转到销售员，从医生转到律师等）

①否 ②是，换过__________次职业（请注明）

6. 您是否有改换单位（组织）的经历？

①否 ②是，换过__________个单位（请注明）

7. 在最近的一年里，您参加过为期超过一周的培训或进修吗？

①否 ②是

8. 您参加工作的年数：________年；在现单位工作的年数：________年

9. 您从单位得到的年收入（包括工资、奖金、福利等）大致有多少？

如果您工作不到一年，请估计您可能的年收入。

□1.5 万及以下 □1.5～2.0 万 □2.1～2.5 万 □2.6～3.0 万
□3.1～3.5 万 □3.6～4.0 万 □4.1～4.5 万 □4.6～5.0 万
□5.1～5.5 万 □5.6～6.0 万 □6.1～6.5 万 □6.6～7.0 万
□7.1～7.5 万 □7.6～8.0 万 □8.1～8.5 万 □8.6～9.0 万
□9.1～9.5 万 □9.6～10 万 □10 万及以上

10. 您的婚姻状况：①单身 ②已婚

11. 您的职业：________________

第二部分：以下问题用于研究个体与工作和职业相关的态度。请仔细阅读每条陈述，并选择与你的观点、态度、情况最相符合的选项，并在其相应的数字代码后划“√”。

	非常不符合	不符合	不确定	符合	非常符合
1. 我能适应变化的环境	1	2	3	4	5
2. 我愿意冒险（即做结果不确定的事）	1	2	3	4	5
3. 我欢迎工作或组织上的变化	1	2	3	4	5
4. 我盼望与不认识的、各式各样的人一起工作	1	2	3	4	5
5. 我坦然接受别人的称赞而不是在心中打折扣	1	2	3	4	5
6. 当别人告诉我工作干得好时我相信他们所说的话	1	2	3	4	5
7. 当我取得成绩后我就会奖励一下自己	1	2	3	4	5
8. 我肯下工夫把任务尽可能地完成好	1	2	3	4	5
9. 我设置有难度但能实现的目标	1	2	3	4	5
10. 即使别人可能不接受，我也会给他提建议	1	2	3	4	5
11. 我寻找机会与单位中有影响力的人接触	1	2	3	4	5
12. 我帮助同事完成其工作任务	1	2	3	4	5

（续上表）

	非常不符合	不符合	不确定	符合	非常符合
13. 我和不同部门的人建立和维持友谊	1	2	3	4	5
14. 我按照自己的标准来评价我的工作绩效而不是和别人做比较	1	2	3	4	5
15. 我清楚我给单位带来的价值	1	2	3	4	5
16. 我心中清楚我有哪些技能	1	2	3	4	5
17. 我的职业目标清晰、方向明确	1	2	3	4	5
18. 我探索本领域的发展趋势，并觉察到了一些正在发生的变化	1	2	3	4	5
19. 我心中很清楚我需要具备哪些能力和技能才能被雇佣	1	2	3	4	5
20. 在我的专业领域内外都有能帮助我的事业的人际网络	1	2	3	4	5
21. 在当前和过去的工作中我都积极寻求更好的任务分配	1	2	3	4	5
22. 我经常通过个人接触、阅读或参加专业会议等来把握本领域未来的发展方向	1	2	3	4	5
23. 一旦确认有需要学习的东西，我就积极地寻找学习机会	1	2	3	4	5
24. 我喜欢通过阅读、参加会议或研究小组来学习新知识或技能	1	2	3	4	5
25. 想到工作中要发生变化，我就为可能的失败感到焦虑	1	2	3	4	5
26. 工作责任的清晰性相当程度上影响我工作水平的发挥	1	2	3	4	5
27. 意外工作机会或任务的来临常使我感到不舒服	1	2	3	4	5

（续上表）

	非常不符合	不符合	不确定	符合	非常符合
28. 得到上司的同意后我才会放心地采取行动	1	2	3	4	5
29. 我期待着我的上司给我提供职业方面的指导	1	2	3	4	5
30. 我常害怕辜负别人对我职业进步的期望	1	2	3	4	5
31. 我感觉工作头衔体现了职业成功，因为头衔显示了权力、地位	1	2	3	4	5
32. 我认为晋升比工作责任扩大更有价值	1	2	3	4	5
33. 当获取职业目标碰到障碍时（如没有晋升机会），我就感到心烦意乱	1	2	3	4	5
34. 我认为雇主应尽可能长期地雇佣员工	1	2	3	4	5
35. 我利用和一些关键客户/供货商等人的接触来获取可能的新的工作机会	1	2	3	4	5
36. 我注意保护自己不要过度依赖当前的雇主	1	2	3	4	5
37. 我愿意选择一份稳定工作，即使别的地方能获得更高的薪水	1	2	3	4	5
38. 我不愿意每隔半年就得与新的、不同的工作团队一起工作	1	2	3	4	5
39. 为了提升我的职业发展，在去年我采取了明确的措施（如申请空缺的职位等）	1	2	3	4	5
40. 如果一个有难度的任务正面临失败的危险，我就会考虑从这个任务中撤身出来	1	2	3	4	5
41. 若要寻找新的工作机会，我会发动我的家人、朋友和其他有影响力的人来帮忙	1	2	3	4	5

（续上表）

	非常不符合	不符合	不确定	符合	非常符合
42. 假若每三个月就要对一个新的上司汇报工作，我想我会感到很难受、有种挫折感	1	2	3	4	5
43. 每隔一段时间就要学习一些新技术对我来说没有不适	1	2	3	4	5
44. 如果我认为我应该得到加薪或其他我应该得到的东西，我就会找领导争取	1	2	3	4	5
45. 我不是一个轻易被挫折和失败打倒的人	1	2	3	4	5
46. 即使在最糟糕的情况下，我也坚信“一切都会好起来的”	1	2	3	4	5
47. 在一个高度情绪化的情境中，我仍能控制我的情绪，把注意力放在需解决的问题上	1	2	3	4	5
48. 单位里发生什么事情，我往往是最后一个才知道	1	2	3	4	5
49. 我拥有亲密、安全的关系网（如家人、朋友等）	1	2	3	4	5
50. 若某个同事或领导伤害了我，在很长的一段时间里我很难看到他（她）的优点	1	2	3	4	5
51. 若一个办法不见效，我会继续尝试不同的办法直到解决问题	1	2	3	4	5
52. 一天的工作结束后，我感觉到疲劳至极					
53. 我常常感觉到筋疲力尽	1	2	3	4	5
54. 我的工作太辛苦了	1	2	3	4	5
55. 我担心工作会影响我的情绪	1	2	3	4	5
56. 最近一段时间，我有点抑郁	1	2	3	4	5

（续上表）

	非常不符合	不符合	不确定	符合	非常符合
57. 我难以从工作中获得价值感	1	2	3	4	5
58. 我能否当上领导主要靠我的能力	1	2	3	4	5
59. 制订完计划后，我都能实行它	1	2	3	4	5
60. 我拥有朋友的多少取决于我这个人怎么样	1	2	3	4	5
61. 我完全能够主宰我生活中的一切	1	2	3	4	5
62. 我一般能够保护自己的利益	1	2	3	4	5
63. 我得到了我所想要的,通常是因为我为之勤奋努力过	1	2	3	4	5
64. 我的生活由我的行为所决定	1	2	3	4	5

对于您的热心协助再次致以敬意和感谢之情！

恭祝您事业成功，健康平安！

假如您还有更多的想法或评论，请在下面的空白处写出。

附录 D 企业管理人员的职业弹性与压力应对调查问卷

尊敬的企业管理人员：

您好！感谢您抽出宝贵的时间细心地填写这份调查问卷。填完整份问卷大约需要您 15 分钟时间。本次调查的目的在于了解和熟悉您在工作中遇到的情况，以便我们研究探讨职业压力管理的一些学术问题。我们的调查结果只作为整体趋势分析之用，不报告个体资料，请您根据自己的真实情况，在最适合自己情况的选项上打“√”。请您注意：每题只选一项！为了问卷的完整性，请您不要遗漏任何一个问题！

衷心感谢您的支持与合作！

南开大学职业开发研究课题组

一、个人基本资料。请在与您的情况符合的相应选择项上打“√”或填写具体答案。

1. 性别：①男 ②女

2. 年龄：①30 岁及以下 ②31 ~ 35 岁 ③36 ~ 40 岁 ④41 ~ 45 岁 ⑤46 ~ 50 岁 ⑥51 ~ 55 岁 ⑦56 ~ 60 岁 ⑧60 岁及以上

3. 学历：①初中及以下 ②高中 ③大专 ④本科 ⑤硕士 ⑥博士

4. 所在单位的性质：①国有企业 ②私营或民营企业 ③外资企业 ④合资企业

5. 您是否有改换职业（改行）的经历？（如从会计转到销售员，从医生转到律师等）

①否 ②是，换过__________次职业（请注明）

6. 您是否有改换单位（组织）的经历？

①否 ②是，换过__________个单位（请注明）

7. 您参加工作的年数：__________年；从事管理工作的年数：__________年。

8. 您现在职务属于：①初级管理者 ②中级管理者 ③高级管理者

9. 您负责管理的领域为：①生产 ②财务 ③销售 ④行政 ⑤研发 ⑥其他__________（请注明）

10. 您直接管理的人数约为＿＿＿＿＿人；您单位的职工总人数约为＿＿＿＿＿人；您所属的行业为＿＿＿＿＿＿＿＿＿；您公司的名称为＿＿＿＿＿＿＿＿＿＿。

二、本部分的问题是对您实际体验到的压力的描述，请根据自己的实际体验，对这些问题的说法做出回答，或在最符合您情况的选项上画“√”。

	无压力	低	中等	高	非常高
1. 在过去的一年中，总体而言，您体验到的工作压力程度如何					
2. 在过去的一年中，总体而言，您体验到的生活压力（指由于工作以外的家庭等的因素带来的压力）程度如何					

到目前为止，在过去的一年中，若您体验的压力总分记为100分的话，其中＿＿＿＿＿%的压力来自工作内的因素，＿＿＿＿＿%的压力来自工作以外的因素（如家庭等）。

三、下面是有关您健康状况的一些描述，请在最符合您情况的选项上做标记“√”。

1. 总体而言，您觉得您的身体健康状况属于：

相当糟糕（　）　一般（　）　尚好（　）　比较好（　）

非常好（　）

2. 与一年前相比，您觉得您的身体健康状况如何？

差许多（　）　稍差一些（　）　一样（　）　稍好些（　）

好很多（　）

3. 近一周来，您经常觉得忧郁吗？程度如何？（如表现为：高兴不起来，无愉快感，精力下降，易疲劳，对工作、娱乐、夫妻生活等兴趣下降或丧失，觉得生活没意思，孤独感，易哭，觉得自己无用、经常自责等）

没有（　）　很轻（　）　较轻（　）　较重（　）　极重（　）

4. 近一周来，您经常觉得焦虑吗？程度如何？（如表现为：无故或为一些小事担心，紧张不安，心里不踏实，坐立不安，害怕，或心慌气短、出

汗、肌肉跳痛等）

没有（ ） 很轻（ ） 较轻（ ） 较重（ ） 极重（ ）

5. 近一周来，您是否觉得情绪易波动，如急躁，易发脾气，易伤感等？程度如何？

没有（ ） 很轻（ ） 较轻（ ） 较重（ ） 极重（ ）

6. 近一周来，您是否心情平淡，对喜、怒、哀、乐的事情没有什么情绪反应，觉得无所谓？

没有（ ） 很轻（ ） 较轻（ ） 较重（ ） 极重（ ）

7. 最近一周，您对生活是否充满希望与信心，觉得活着很有意义、有价值？

总是这样（ ） 多数时候如此（ ） 有时如此（ ）

很少如此（ ） 从不这样（ ）

8. 最近一周，您觉得生活轻松愉快吗？

总是这样（ ） 多数时候如此（ ） 有时如此（ ）

很少如此（ ） 从不这样（ ）

9. 您对自己一周来的情绪状态：

很不满意（ ） 不大满意（ ） 过得去（ ） 比较满意（ ）

非常满意（ ）

四、本部分是对您单位中一些情况的描述。请仔细阅读每条陈述，并选择与您的情况及观点、态度、认识最相符合的选项划“√”。

	非常不符合	不符合	不确定	符合	非常符合
1. 我的上司花费时间来了解我的职业目标和期望					
2. 我的上司关心我是否实现了自己的目标					
3. 我的上司一直注意着在公司中对我的职业发展有利的各种机会					
4. 我的上司能保证在我完成重要任务后我能得到信誉					

（续上表）

	非常不符合	不符合	不确定	符合	非常符合
5. 我上司提供我关于自己绩效的有效反馈					
6. 当我需要的时候，我的上司会给我如何改进绩效的建议					
7. 我的上司支持我为了将来的发展而想得到另外的训练或教育					
8. 我的上司给我提供有发展新技能的机会的工作任务					
9. 我的上司给予我特别的任务，它能增强我在公司中的声望					
10. 我的同事为我提供他们的专业意见和建议					
11. 我的同事与我分享他们的工作经验					
12. 我的同事帮助我了解公司的文化和潜规则					
13. 我公司的主要领导者（总经理或董事长）对待员工如同子女一般					
14. 我公司的主要领导者是位追求创新、不畏风险的企业家，引导员工积极成长与创新					
15. 我公司的主要领导者是位效率专家，擅长组织、协调及分析，非常讲究工作效率					
16. 我公司的主要领导者是位事必躬亲的企业家，会制定明确的目标并要求严格贯彻					
17. 我公司员工之间相处十分融洽，感觉像一个大家庭般那样温暖					
18. 我公司是个充满活力与干劲的地方，员工都很有斗志与冒险犯难的精神					

(续上表)

	非常不符合	不符合	不确定	符合	非常符合
19. 我公司是个很有制度的公司，各人职责明确，组织运作很有条理且有规章可依循					
20. 我公司相当重视工作效率与工作绩效，各部门及各员工之间都必须相互竞争					
21. 我公司最主要的竞争优势是公司重视人力资源发展，使员工能发挥潜能及团队精神					
22. 我公司最主要的竞争优势是公司拥有独特产品或技术，且能不断创新					
23. 我公司最主要的竞争优势是公司的产品质量稳定且生产效率较高					
24. 我公司最主要的竞争优势是公司产品竞争力强					
25. 我公司的组织风气相当开放，员工能参与决策及获得高度信任，个人在组织中感觉很舒适					
26. 我公司很重视员工的独特性及创新精神，工作极富挑战性，员工得随时面对挑战					
27. 我公司很重视绩效达成及目标控制，以使公司能稳定运作和确保员工安全与保障					
28. 我公司很重视公司竞争力的维持、员工工作效率的提升及追求成就感					
29. 我单位有明确的员工提升标准					
30. 我单位按工作绩效评估结果进行提拔					
31. 我单位提供晋升路线信息					
32. 我单位提供职位空缺信息					

（续上表）

	非常不符合	不符合	不确定	符合	非常符合
33. 我单位资助或部分资助学历教育经费					
34. 我单位给员工提供学习条件和学习材料					
35. 我单位组织了解自己职业特点的活动					
36. 我单位为员工变换工作，以丰富经验					

五、下面是有关您个人的情况、观点或态度以及对自己的看法的一些描述。请仔细阅读每条陈述，并在与您的情况及观点、态度、认识最符合的选项上画“√”。

	非常不符合	不符合	不确定	符合	非常符合
1. 我的配偶不太关心我的工作					
2. 我的配偶支持我的工作					
3. 通过我的个人关系，我经常可以办到其他多数同级员工在本单位办不到的事情					
4. 对于本单位的一些重要决定，我经常可以在未公布前比多数的同级员工先了解到					
5. 当我在单位遇到麻烦时，我可以通过我的个人关系改善我的处境					
6. 和我的同事相比，我的工作成绩比较优秀					
7. 我的领导对我的工作成绩比较满意					
8. 我的同事对我的工作成绩评价比较高					
9. 我的工作成绩经常受到单位的表扬					
10. 我对自己在事业上所取得的成功感到满意					

（续上表）

	非常不符合	不符合	不确定	符合	非常符合
11. 我对自己在总体事业目标上所取得的进步感到满意					
12. 我对自己在收入方面所取得的进步感到满意					
13. 我对自己在晋升方面所取得的进步感到满意					
14. 我对自己在获得新技能方面所取得的进步感到满意					
15. 在未来的一年内，我有可能离开目前的单位					
16. 有时我的确想辞去目前的工作					
17. 只要能得到多一点的薪水，我就可能转换目前工作					
18. 我清楚我给单位带来的价值					
19. 我心中清楚我有哪些技能					
20. 我的职业目标清晰、方向明确					
21. 我经常通过个人接触、阅读或参加专业会议等来把握本领域未来的发展方向					
22. 一旦确认有需要学习的东西，我就积极地寻找学习机会					
23. 我喜欢通过阅读、参加会议或研究小组来学习新知识或技能					
24. 我不是一个轻易被挫折和失败打倒的人					
25. 即使在最糟糕的情况下，我也坚信“一切都会好起来的”					
26. 在一个高度情绪化的情境中，我仍能控制我的情绪，把注意力放在需解决的问题上					

（续上表）

	非常不符合	不符合	不确定	符合	非常符合
27. 我设置有难度但能实现的目标					
28. 我肯下工夫把任务尽可能地完成好					
29. 我帮助同事完成其工作任务					
30. 若一个办法不见效，我会继续尝试不同的办法直到解决问题					
31. 我探索本领域的发展趋势，并觉察到了一些正在发生的变化					
32. 我心中很清楚我需要具备哪些能力和技能才能被雇佣					
33. 我寻找机会与单位中有影响力的人接触					
34. 我欢迎工作或组织上的变化					
35. 我愿意冒险（即做结果不确定的事）					
36. 我盼望与不认识的、各式各样的人一起工作					
37. 我和不同部门的人建立和维持友谊					
38. 在当前和过去的工作中我都积极寻求更好的任务分配					
39. 在我的专业领域内外都有能帮助我事业的人际网络					
40. 我相信自己能分析长远的问题，并找到解决方案					
41. 与管理层开会时，在陈述我工作范围之内的事情方面我很自信					
42. 我相信自己对公司战略的讨论有贡献					
43. 在我的工作范围内，我相信自己能够帮助设定目标/目的					

（续上表）

	非常不符合	不符合	不确定	符合	非常符合
44. 我相信自己能够与公司外部的人（如供应商、客户等）联系，并讨论问题					
45. 我相信自己能够向一群同事陈述信息					
46. 如果我发现自己在工作中陷入了困境，我能想出很多办法来摆脱出来					
47. 目前，我在精力饱满地完成自己的工作目标					
48. 任何问题都有很多解决办法					
49. 眼前，我认为自己在工作上相当成功					
50. 我能想出很多办法来实现我目前的工作目标					
51. 目前，我正在实现我为自己设定的工作目标					
52. 在工作中遇到挫折时，我很难从中恢复过来，并继续前进					
53. 在工作中，我无论如何都会去解决遇到的难题					
54. 在工作中如果不得不去做，可以说，我也能独立应战					
55. 我通常对工作中的压力能泰然处之					
56. 因为以前经历过很多磨难，所以现在能挺过工作上的困难时期					
57. 在我目前的工作中，我感觉自己能同时处理很多事情					
58. 在工作中，当遇到不确定的事情时，我通常期盼最好的结果					

（续上表）

	非常不符合	不符合	不确定	符合	非常符合
59. 如果某件事情会出错，即使我明智地工作，它也会出错					
60. 对自己的工作，我总是看到事情光明的一面					
61. 对我的工作未来会发生什么，我是乐观的					
62. 在我目前的工作中，事情从来没有像我希望的那样发展					
63. 工作时，我总相信“黑暗的背后就是光明，不用悲观”					

问卷到此结束，请再次检查是否有遗漏题目！

再次衷心感谢您的热心协助！

附录 E 预测样本的描述统计

表 E1 预测样本——工龄的描述统计

		频次	百分比（%）	有效百分比（%）	累积百分比（%）
有效值	1	14	6.7	7.9	7.9
	2	12	5.8	6.8	14.7
	3	13	6.3	7.3	22.0
	4	10	4.8	5.6	27.7
	5	13	6.3	7.3	35.0
	6	11	5.3	6.2	41.2
	7	2	1.0	1.1	42.4
	8	7	3.4	4.0	46.3
	9	4	1.9	2.3	48.6
	10	10	4.8	5.6	54.2
	11	2	1.0	1.1	55.4
	12	6	2.9	3.4	58.8
	13	3	1.4	1.7	60.5
	14	2	1.0	1.1	61.6
	15	4	1.9	2.3	63.8
	16	5	2.4	2.8	66.7
	17	6	2.9	3.4	70.1
	18	4	1.9	2.3	72.3
	19	2	1.0	1.1	73.4
	20	4	1.9	2.3	75.7
	21	2	1.0	1.1	76.8
	22	2	1.0	1.1	78.0
	23	1	0.5	0.6	78.5

（续上表）

		频次	百分比（%）	有效百分比（%）	累积百分比（%）
有效值	24	8	3.8	4.5	83.1
	25	2	1.0	1.1	84.2
	26	2	1.0	1.1	85.3
	27	4	1.9	2.3	87.6
	28	5	2.4	2.8	90.4
	30	1	0.5	0.6	91.0
	31	4	1.9	2.3	93.2
	32	4	1.9	2.3	95.5
	33	2	1.0	1.1	96.6
	34	1	0.5	0.6	97.2
	35	2	1.0	1.1	98.3
	37	2	1.0	1.1	99.4
	38	1	0.5	0.6	100.0
	共计	177	85.1	100.0	
系统缺失		31	14.9		
总计		208	100.0		

表 E2 预测样本——现单位工作年数的描述统计

		频次	百分比（%）	有效百分比（%）	累积百分比（%）
有效值	1	36	17.3	21.1	21.1
	2	23	11.1	13.5	34.5
	3	8	3.8	4.7	39.2
	4	7	3.4	4.1	43.3
	5	14	6.7	8.2	51.5
	6	6	2.9	3.5	55.0
	7	3	1.4	1.8	56.7

（续上表）

		频次	百分比（%）	有效百分比（%）	累积百分比（%）
有效值	8	6	2.9	3.5	60.2
	9	5	2.4	2.9	63.2
	10	6	2.9	3.5	66.7
	12	3	1.4	1.8	68.4
	13	1	0.5	0.6	69.0
	14	5	2.4	2.9	71.9
	15	6	2.9	3.5	75.4
	16	2	1.0	1.2	76.6
	17	6	2.9	3.5	80.1
	18	2	1.0	1.2	81.3
	19	2	1.0	1.2	82.5
	20	4	1.9	2.3	84.8
	22	2	1.0	1.2	86.0
	23	1	0.5	0.6	86.5
	24	3	1.4	1.8	88.3
	25	1	0.5	0.6	88.9
	26	4	1.9	2.3	91.2
	27	4	1.9	2.3	93.6
	28	5	2.4	2.9	96.5
	30	1	0.5	0.6	97.1
	31	2	1.0	1.2	98.2
	33	1	0.5	0.6	98.8
	35	1	0.5	0.6	99.4
	38	1	0.5	0.6	100.0
	共计	171	82.2	100.0	
系统缺失		37	17.8		
总计		208	100.0		

表 E3　预测样本——职业分布的描述

		频次	百分比（%）	有效百分比（%）	累积百分比（%）
有效值	缺失	7	3.4	3.4	3.4
	MBA 硕士生	36	17.3	17.3	20.7
	采购员	2	1.0	1.0	21.6
	车间操作工	12	5.8	5.8	27.4
	大学教师	5	2.4	2.4	29.8
	法务	2	1.0	1.0	30.8
	翻译	1	0.5	0.5	31.3
	高职教师	16	7.7	7.7	38.9
	会计	3	1.4	1.4	40.4
	计划统计人员	4	1.9	1.9	42.3
	教育管理人员	2	1.0	1.0	43.3
	律师	7	3.4	3.4	46.6
	煤矿工人	8	3.8	3.8	50.5
	培训管理人员	1	0.5	0.5	51.0
	企业管理人员	29	13.9	13.9	64.9
	企业技术人员	13	6.3	6.3	71.2
	企业培训师	1	0.5	0.5	71.6
	企业文职人员	3	1.4	1.4	73.1
	企业职员	10	4.8	4.8	77.9
	铁路管理人员	1	0.5	0.5	78.4
	销售人员	19	9.1	9.1	87.5
	信息员	2	1.0	1.0	88.5
	业务员	11	5.3	5.3	93.8
	银行职员	13	6.3	6.3	100.0
	总计	208	100.0	100.0	

表 E4 预测样本——年收入的描述统计

		频次	百分比（%）	有效百分比（%）	累积百分比（%）
有效值	1	31	14.9	16.8	16.8
	2	13	6.3	7.1	23.9
	3	28	13.5	15.2	39.1
	4	28	13.5	15.2	54.3
	5	13	6.3	7.1	61.4
	6	9	4.3	4.9	66.3
	7	8	3.8	4.3	70.7
	8	10	4.8	5.4	76.1
	9	11	5.3	6.0	82.1
	10	6	2.9	3.3	85.3
	11	2	1.0	1.1	86.4
	12	4	1.9	2.2	88.6
	13	2	1.0	1.1	89.7
	14	3	1.4	1.6	91.3
	15	4	1.9	2.2	93.5
	16	1	0.5	0.5	94.0
	17	3	1.4	1.6	95.7
	18	1	0.5	0.5	96.2
	19	7	3.4	3.8	100.0
	共计	184	88.5	100.0	
共计		24	11.5		
总共		208	100.0		

附录 F 预测样本项目分析

表 F1 预测样本的项目分析结果

题号	题总相关系数	平均数	标准差	答案一百分比（%）	答案二百分比（%）	答案三百分比（%）	答案四百分比（%）	答案五百分比（%）
k1	0.517**	3.96	0.798	1.44	5.29	9.13	63.94	20.19
k2	0.394**	3.25	0.909	2.88	17.31	37.50	36.54	5.77
k3	0.480**	3.51	0.925	2.40	11.50	30.80	43.80	11.50
k4	0.461**	3.65	0.952	1.90	9.60	28.40	41.80	18.30
k5	0.425**	3.57	0.874	1.40	10.10	29.80	47.10	11.50
k6	0.322**	3.60	0.793	1.40	5.80	33.70	50.00	9.10
k7	0.268**	3.76	0.852	0.0	8.20	26.40	46.60	18.80
k8	0.433**	4.31	0.729	0.50	2.40	5.80	48.60	42.80
k9	0.446**	3.80	0.802	0.50	4.80	26.40	50.50	17.80
k10	0.358**	3.20	0.986	4.80	19.20	33.20	36.10	6.70
k11	0.397**	3.36	0.947	2.90	16.30	31.30	41.30	8.20
k12	0.570**	3.85	0.731	0.50	4.30	19.70	61.10	14.40
k13	0.492**	4.04	0.763	0.48	4.33	11.06	58.65	25.48
k14	0.243**	3.53	0.923	1.00	14.40	27.90	44.20	12.50
k15	0.414**	3.88	0.705	0.48	1.92	23.08	58.65	15.87
k16	0.555**	4.02	0.677	0.0	2.40	14.42	61.54	21.63
k17	0.609**	3.85	0.858	1.44	3.37	26.44	46.15	22.60
k18	0.577**	3.66	0.841	1.00	9.10	24.50	53.40	12.00
k19	0.459**	3.88	0.756	0.96	3.85	18.27	60.58	16.35
k20	0.552**	3.40	0.911	1.92	15.87	30.29	44.23	7.69
k21	0.492**	3.71	0.757	0.0	7.69	24.52	57.21	0.58
k22	0.555**	3.64	0.916	0.0	13.94	24.04	45.67	16.35

（续上表）

题号	题总相关系数	平均数	标准差	答案一百分比（%）	答案二百分比（%）	答案三百分比（%）	答案四百分比（%）	答案五百分比（%）
k23	0.588**	3.91	0.883	1.44	5.29	19.23	49.04	25.00
k24	0.567**	3.76	0.949	0.48	12.02	20.67	44.71	22.12
k25	0.240**	2.92	1.008	7.21	29.33	31.25	28.37	3.85
k26	0.091	2.56	0.946	9.62	46.15	24.52	18.27	1.44
k27	0.183**	3.11	0.940	3.37	24.52	34.13	33.65	4.33
k28	0.188**	2.52	0.879	10.58	40.87	36.06	11.06	1.44
k29	−0.032	2.46	0.883	9.13	50.48	26.92	11.54	1.92
k30	0.134	2.48	0.978	13.94	43.27	26.44	13.94	2.40
k31	0.082	2.65	1.053	14.42	31.25	33.65	16.35	4.33
k32	0.234**	2.89	1.041	8.65	28.85	32.69	24.52	5.29
k33	0.206**	3.15	0.920	2.40	21.63	40.87	28.37	6.73
k34	−0.044	2.44	1.015	16.83	41.83	24.04	14.90	2.40
k35	0.055	3.17	1.005	4.33	24.04	28.37	37.02	6.25
k36	0.188**	3.62	0.814	1.44	7.21	28.85	52.88	9.62
k37	−0.034	2.53	0.977	12.50	42.31	27.40	15.38	2.40
k38	0.118	2.57	0.940	10.10	43.27	27.88	17.31	1.44
k39	0.229**	2.99	1.012	3.37	35.10	26.92	28.37	6.25
k40	0.218**	3.16	0.875	1.92	20.19	42.79	29.81	5.29
k41	−0.001	3.26	1.045	2.88	26.44	22.12	38.94	9.62
k42	0.209**	2.89	0.962	6.73	28.37	37.02	24.52	3.37
k43	0.158*	3.66	0.914	1.92	11.06	19.71	53.85	13.46
k44	0.294**	3.18	0.917	2.88	20.67	37.50	33.65	5.29
k45	0.563**	3.91	0.775	0.48	4.81	17.31	57.69	19.71
k46	0.566**	3.97	0.759	0.0	3.37	19.71	52.88	24.04
k47	0.450**	3.70	0.856	0.96	7.21	28.37	47.60	15.87

（续上表）

题号	题总相关系数	平均数	标准差	答案一百分比（%）	答案二百分比（%）	答案三百分比（%）	答案四百分比（%）	答案五百分比（%）
k48	0.270**	3.03	0.995	7.69	19.23	40.38	27.40	5.29
k49	0.286**	3.73	0.858	1.92	8.17	17.79	59.13	12.98
k50	0.297**	3.05	0.921	4.33	23.56	38.46	30.29	3.37
k51	0.390**	3.84	0.631	0.48	2.88	17.79	70.19	8.65

表 F2　预测样本的鉴别度分析结果

题号	高分组平均数	低分组平均数	*t* 值	*Sig.*	去掉
k1	4.44	3.44	7.031	0.000	
k2	3.65	2.73	5.315	0.000	
k3	4.06	2.91	6.638	0.000	
k4	4.12	3.10	5.731	0.000	
k5	4.00	3.02	6.355	0.000	
k6	3.87	3.22	3.878	0.000	
k7	4.15	3.50	3.920	0.000	
k8	4.71	3.88	5.553	0.000	
k9	4.25	3.40	5.198	0.000	
k10	3.63	2.76	5.027	0.000	
k11	3.73	2.87	4.542	0.000	
k12	4.21	3.27	6.407	0.000	
k13	4.44	3.46	6.646	0.000	
k14	3.79	3.23	3.173	0.002	
k15	4.37	3.56	5.720	0.000	
k16	4.46	3.52	7.011	0.000	
k17	4.52	3.17	9.070	0.000	
k18	4.17	3.00	7.956	0.000	

（续上表）

题号	高分组平均数	低分组平均数	*t* 值	*Sig.*	去掉
k19	4. 33	3. 46	6. 691	0. 000	
k20	3. 98	2. 75	7. 236	0. 000	
k21	4. 17	3. 16	7. 360	0. 000	
k22	4. 29	3. 08	7. 659	0. 000	
k23	4. 50	3. 29	7. 699	0. 000	
k24	4. 42	3. 17	7. 409	0. 000	
k25	3. 35	2. 69	3. 257	0. 002	
k26	2. 75	2. 43	1. 663	0. 100	#
k27	3. 44	2. 98	2. 556	0. 012	#
k28	2. 73	2. 35	2. 230	0. 028	#
k29	2. 48	2. 53	-0. 271	0. 787	#
k30	2. 65	2. 42	1. 111	0. 270	#
k31	2. 81	2. 67	0. 614	0. 541	#
k32	3. 25	2. 67	2. 780	0. 006	
k33	3. 50	2. 94	3. 137	0. 002	
k34	2. 42	2. 48	-0. 295	0. 769	#
k35	3. 12	3. 02	0. 444	0. 658	#
k36	3. 73	3. 40	2. 002	0. 048	#
k37	2. 63	2. 50	0. 635	0. 527	#
k38	2. 75	2. 40	1. 919	0. 058	#
k39	3. 31	2. 69	3. 105	0. 002	
k40	3. 40	2. 87	3. 398	0. 001	
k41	3. 19	3. 33	-0. 639	0. 524	#
k42	3. 23	2. 56	3. 384	0. 001	
k43	3. 87	3. 52	1. 911	0. 059	#
k44	3. 57	2. 85	3. 990	0. 000	
k45	4. 38	3. 33	7. 882	0. 000	

（续上表）

题号	高分组平均数	低分组平均数	t 值	*Sig.*	去掉
k46	4. 48	3. 38	8. 388	0. 000	
k47	4. 19	3. 31	5. 401	0. 000	
k48	3. 46	2. 75	3. 616	0. 000	
k49	4. 08	3. 42	3. 682	0. 000	
k50	3. 42	2. 75	3. 964	0. 000	
k51	4. 08	3. 54	4. 351	0. 000	

附录 G　正式调查中各量表的信效度分析结果

G1　职业弹性量表的信效度分析结果

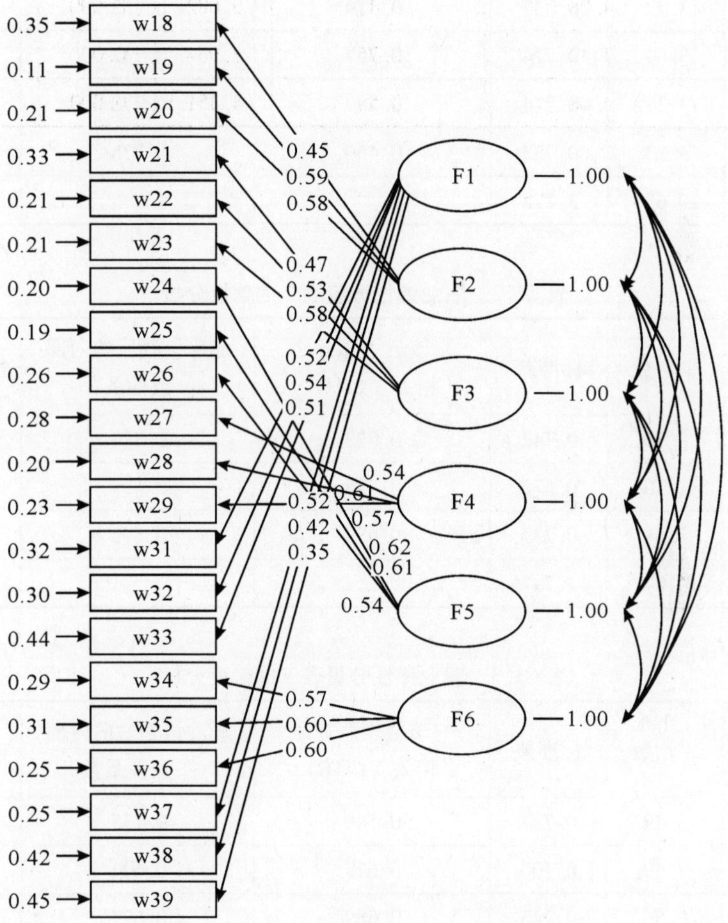

图 G1　职业弹性的验证性因子分析路径图

表 G1.1　职业弹性分量表一的信度分析

题号	平均数	标准差	与该量表总分之相关（CITC）	删除该题后的内部一致性系数	总量表 α
w31	3.45	0.768	0.592	0.744	0.789
w32	3.54	0.768	0.602	0.742	
w33	3.27	0.837	0.519	0.763	
w37	3.69	0.724	0.597	0.744	
w38	3.31	0.774	0.487	0.770	
w39	3.39	0.753	0.450	0.778	
总量表	20.65	3.228			

表 G1.2　职业弹性分量表二的信度分析

题号	平均数	标准差	与该量表总分之相关（CITC）	删除该题后的内部一致性系数	总量表 α
w18	3.56	0.742	0.522	0.814	0.782
w19	3.70	0.672	0.725	0.599	
w20	3.61	0.737	0.629	0.696	
总量表	10.87	1.797			

表 G1.3　职业弹性分量表三的信度分析

题号	平均数	标准差	与该量表总分之相关（CITC）	删除该题后的内部一致性系数	总量表 α
w21	3.49	0.744	0.540	0.755	0.767
w22	3.59	0.700	0.677	0.604	
w23	3.56	0.743	0.589	0.699	
总量表	10.64	1.808			

表 G1.4 职业弹性分量表四的信度分析

题号	平均数	标准差	与该量表总分之相关（CITC）	删除该题后的内部一致性系数	总量表 α
w27	3.34	0.753	0.586	0.791	0.802
w28	3.67	0.758	0.715	0.655	
w29	3.60	0.749	0.643	0.733	
总量表	10.61	1.912			

表 G1.5 职业弹性分量表五的信度分析

题号	平均数	标准差	与该量表总分之相关（CITC）	删除该题后的内部一致性系数	总量表 α
w24	3.62	0.767	0.714	0.719	0.823
w25	3.62	0.752	0.712	0.721	
w26	3.48	0.739	0.611	0.821	
总量表	10.71	1.940			

表 G1.6 职业弹性分量表六的信度分析

题号	平均数	标准差	与该量表总分之相关（CITC）	删除该题后的内部一致性系数	总量表 α
w34	3.39	0.781	0.604	0.741	0.789
w35	3.29	0.822	0.674	0.664	
w36	3.43	0.786	0.613	0.732	
总量表	10.11	2.004			

G2 心理资本量表的信效度分析结果

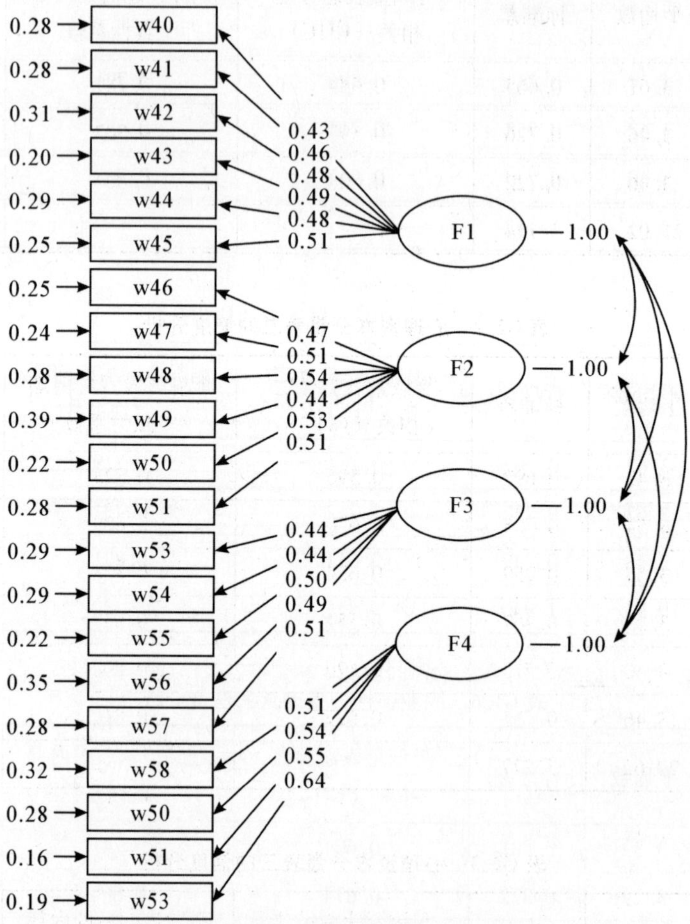

图 G2 心理资本的验证性因子分析路径图

表 G2.1 心理资本分量表一的信度分析

题号	平均数	标准差	与该量表总分之相关（CITC）	删除该题后的内部一致性系数	总量表信度
w40	3.52	0.683	0.533	0.819	0.832
w41	3.56	0.703	0.596	0.806	
w42	3.42	0.735	0.613	0.803	

（续上表）

题号	平均数	标准差	与该量表总分之相关（CITC）	删除该题后的内部一致性系数	总量表信度
w43	3.61	0.665	0.684	0.789	
w44	3.46	0.726	0.593	0.807	
w45	3.46	0.722	0.608	0.804	
总量表	21.02	3.124			

表 G2.2 心理资本分量表二的信度分析

题号	平均数	标准差	与该量表总分之相关（CITC）	删除该题后的内部一致性系数	总量表信度
w46	3.42	0.697	0.596	0.823	0.844
w47	3.54	0.705	0.670	0.809	
w48	3.55	0.759	0.624	0.818	
w49	3.25	0.767	0.551	0.833	
w50	3.40	0.713	0.676	0.808	
w51	3.46	0.731	0.627	0.817	
总量表	20.62	3.277			

表 G2.3 心理资本分量表三的信度分析

题号	平均数	标准差	与该量表总分之相关（CITC）	删除该题后的内部一致性系数	总量表信度
w53	3.46	0.696	0.552	0.767	0.797
w54	3.53	0.692	0.577	0.759	
w55	3.54	0.683	0.640	0.740	
w56	3.49	0.773	0.544	0.771	
w57	3.55	0.735	0.586	0.756	
总量表	17.57	2.662			

表 G2. 4　心理资本分量表四的信度分析

题号	平均数	标准差	与该量表总分之相关（CITC）	删除该题后的内部一致性系数	总量表信度
w58	3. 49	0. 760	0. 601	0. 841	0. 847
w60	3. 51	0. 757	0. 657	0. 817	
w61	3. 58	0. 777	0. 773	0. 766	
w63	3. 63	0. 770	0. 711	0. 794	
总量表	14. 21	2. 537			

G3　上司支持量表的效度分析结果

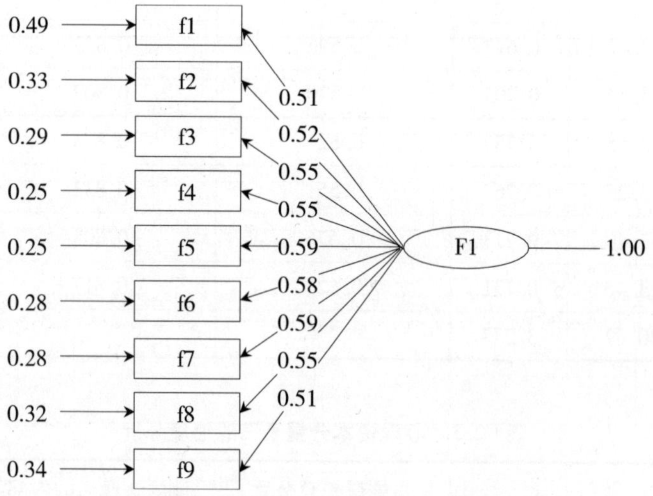

图 G3　上司支持量表的验证性因子分析路径图

G4 组织职业管理量表的效度分析结果

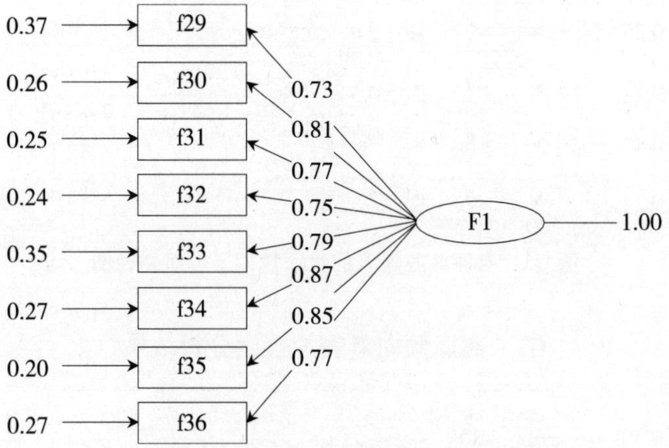

图 G4 组织职业管理量表的验证性因子分析路径图

G5 职业满意度量表的效度分析结果

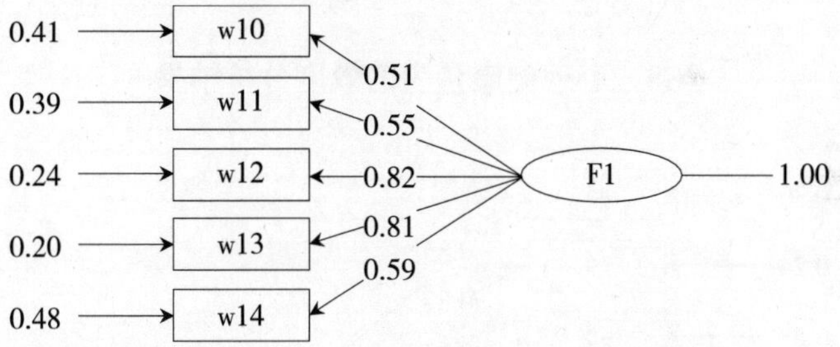

Chi-Square=41.82，Df=5，P-value=0.00000，RMSEA=0.151

图 G5 职业满意度量表的验证性因子分析路径图

G6 自评绩效量表的效度分析结果

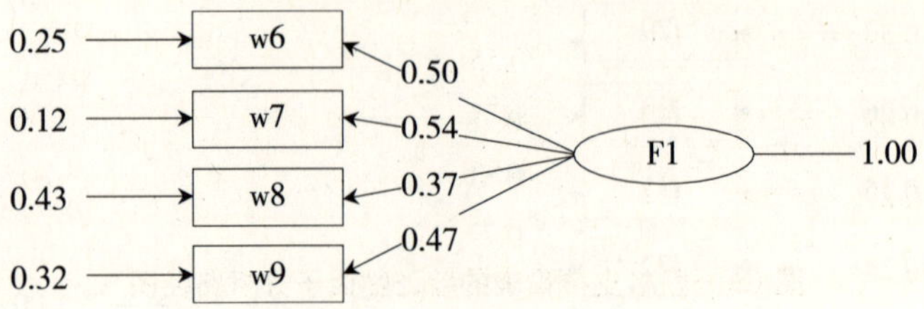

图 G6 自评绩效量表的验证性因子分析路径图

G7 离职倾向量表的效度分析结果

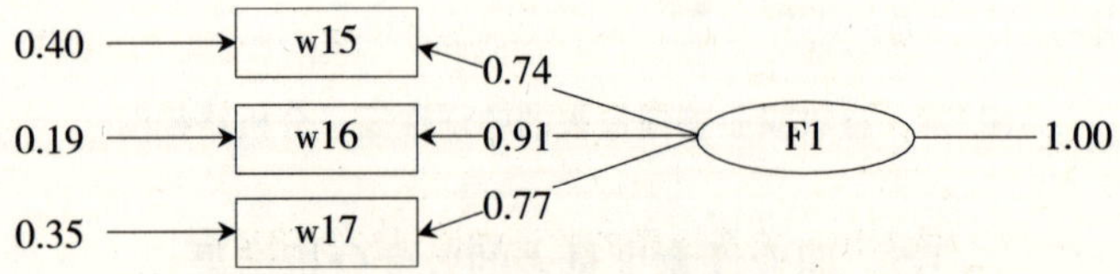

图 G7 离职倾向量表的验证性因子分析路径图

G8 心理健康量表的效度分析结果

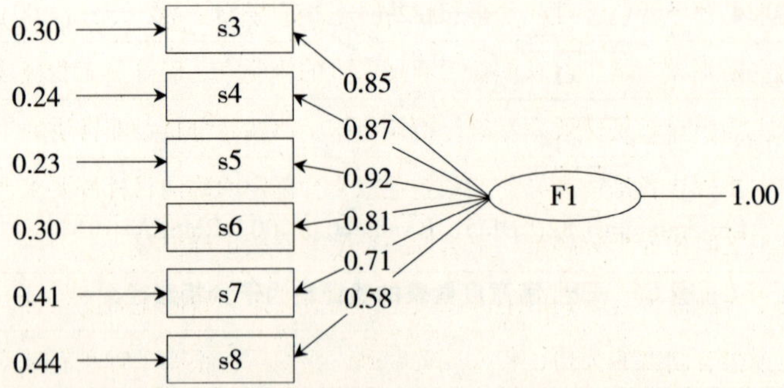

图 G8 心理健康量表的验证性因子分析路径图

G9 同事支持量表的效度分析结果

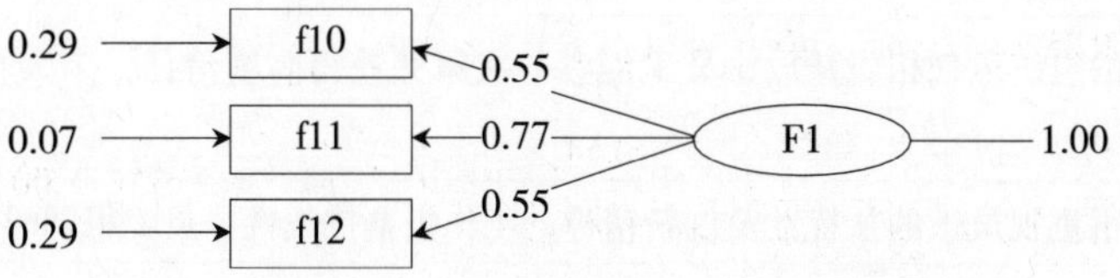

图 G9 同事支持量表的验证性因子分析路径图

G10 关系量表的效度分析结果

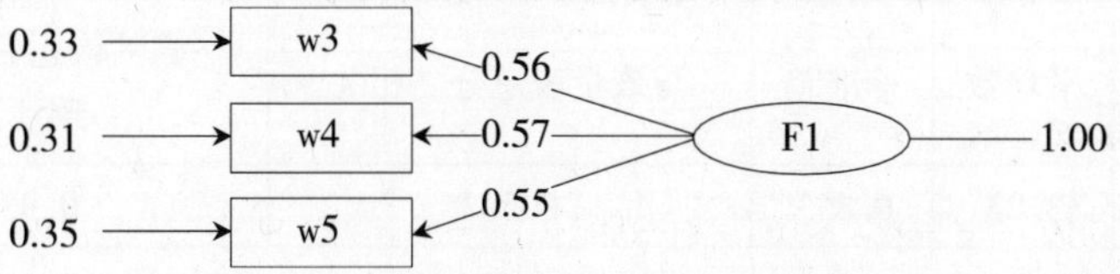

图 G10 关系量表的验证性因子分析路径图

G11 组织文化量表及其量表的信效度分析结果

表 G11.1 组织文化量表

1. 我公司的主要领导者总经理或董事长对待员工如同子女一般
2. 我公司的主要领导者是位追求创新、不畏风险的企业家，引导员工积极成长与创新
3. 我公司的主要领导者是位效率专家，擅长组织、协调及分析，非常讲究工作效率
4. 我公司的主要领导者是位事必躬亲的企业家，会制定明确的目标并要求严格贯彻
5. 我公司员工之间相处十分融洽，感觉像一个大家庭般那样温暖
6. 我公司是个充满活力与干劲的地方，员工都很有斗志与冒险犯难的精神
7. 我公司是个很有制度的公司，各人职责明确，组织运作很有条理且有规章可依循
8. 我公司相当重视工作效率与工作绩效，各部门及各员工之间都必须相互竞争
9. 我公司最主要的竞争优势是公司重视人力资源发展，使员工能发挥潜能及团队精神
10. 我公司最主要的竞争优势是公司拥有独特产品或技术，且能不断创新
11. 我公司最主要的竞争优势是公司的产品质量稳定且生产效率较高

（续上表）

12. 我公司最主要的竞争优势原因是公司产品竞争力强
13. 我公司的组织风气相当开放，员工能参与决策并获得高度信任，个人在组织中感觉很舒适
14. 我公司很重视员工的独特性及创新精神，工作极富挑战性，员工得随时面对挑战
15. 我公司很重视绩效达成及目标控制，以使公司能稳定运作并确保员工安全与保障
16. 我公司很重视公司竞争力的维持、员工工作效率的提升以及追求成就感

表 G11.2　组织文化类型总量表的信度分析结果

题号	平均数	标准差	与该量表总分之相关	删除该题后的内部一致性系数
f13	3.23	0.853	0.587	0.934
f14	3.32	0.905	0.671	0.932
f15	3.35	0.898	0.704	0.931
f16	3.30	0.862	0.694	0.932
f17	3.39	0.903	0.639	0.933
f18	3.19	0.896	0.748	0.930
f19	3.40	0.866	0.743	0.931
f20	3.27	0.861	0.667	0.932
f21	3.30	0.895	0.754	0.930
f22	3.32	0.915	0.679	0.932
f23	3.36	0.899	0.687	0.932
f24	3.36	0.913	0.652	0.933
f25	2.96	0.886	0.623	0.933
f26	3.18	0.852	0.642	0.933
f27	3.22	0.836	0.567	0.935
f28	3.11	0.868	0.631	0.933
总量表（$\alpha=0.936$）	52.28	10.090		

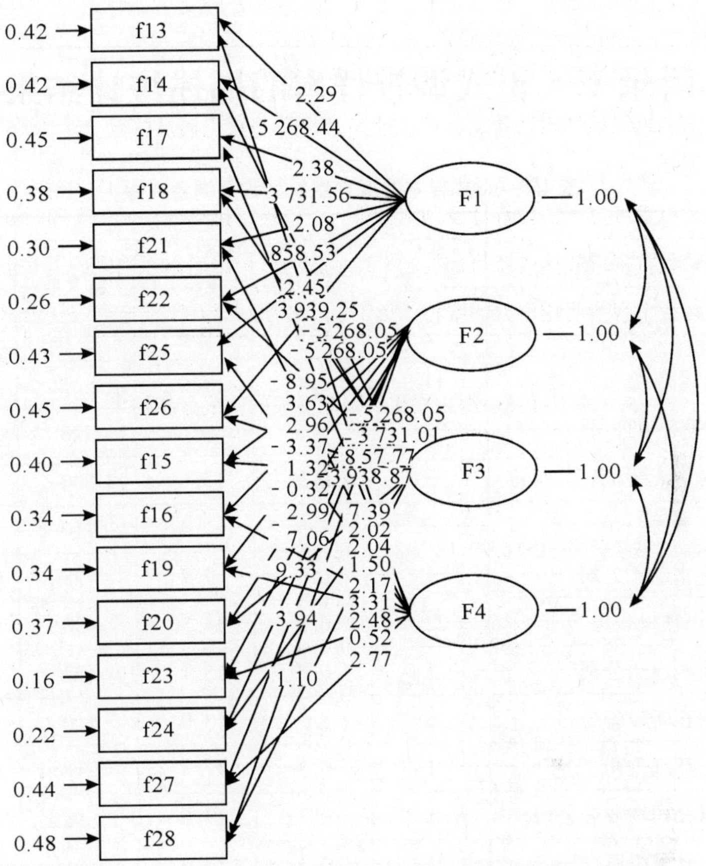

图 G11 组织文化类型总量表的验证性因子分析路径图

附录 H 正式调查样本的描述统计结果

表 H1 正式样本的取样组织名称及调查人数

调查公司名称	调查管理者人数	有效百分比（%）	累积百分比（%）	公司总人数	公司性质
不详	2	0.6	0.6	不详	不详
缺失	11	3.4	4.0	不详	不详
爱普生公司	2	0.6	4.6	720	合资
渤海无线电厂	3	0.9	5.6	1 500	国有
春海公司	6	1.9	7.4	110	国有
春水电子公司	1	0.3	7.7	28	私营民营
电视机一厂	22	6.8	14.5	450	国有
高颖电子公司	2	0.6	15.1	152	国有
海河视听设备公司	6	1.9	17.0	110	国有
环欧公司	1	0.3	17.3	不详	国有
计算机公司物业分公司	1	0.3	17.6	28	国有
计算机所	1	0.3	17.9	151	国有
计算机装配厂	6	1.9	19.8	131	国有
肯态仪表有限公司	1	0.3	20.1	50	国有
三星电子显示器有限公司	25	7.7	27.8	1 800	合资
三星手机	2	0.6	28.4	1 500	外资
三星物流	1	0.3	28.7	24	合资
胜龙电子公司	6	1.9	30.6	120	私营民营
太阳诱电电子有限公司	1	0.3	30.9	350	外资
天磁公司	10	3.1	34.0	470	国有
天津电子公司	1	0.3	34.3	470	国有
天津光电集团有限公司	1	0.3	34.6	1 500	国有

（续上表）

调查公司名称	调查管理者人数	有效百分比（%）	累积百分比（%）	公司总人数	公司性质
天津津佰仪表技术有限公司	1	0.3	34.9	300	国有
天津津京玻壳股份有限公司	1	0.3	35.2	1 000	国有
天津市长城电子公司	1	0.3	35.5	68	国有
天津市电视技术研究所	4	1.2	36.7	120	国有
天津市电子信息所	9	2.8	39.5	50	国有
天津市电子仪表实验所	1	0.3	39.8	100	国有
天津市海达电子公司	1	0.3	40.1	35	国有
天津市海河视听设备厂	1	0.3	40.4	100	国有
天津市神光新技术开发公司	1	0.3	40.7	300	私营民营
天津市亚安科技电子有限公司	1	0.3	41.0	400	外资
天津市中环东风电影机械有限公司	10	3.1	44.1	200	国有
天津市中环计算机公司	26	8.0	52.2	400	国有
天津市自动化仪表十厂	1	0.3	52.5	200	国有
天津天地伟业数码科技有限公司	1	0.3	52.8	600	私营民营
天津天仪集团	2	0.6	53.4	400	国有
天津通广三星电子有限公司	1	0.3	53.7	370	合资
天津中环半导体股份有限公司	2	0.6	54.3	1 500	国有
天生公司	1	0.3	54.6	35	国有
温度仪表公司	3	0.9	55.6	78	合资
无线电二厂	17	5.2	60.8	370	国有
亚光耐普罗	1	0.3	61.1	3 000	合资
元件二厂	9	2.8	63.9	320	国有

（续上表）

调查公司名称	调查管理者人数	有效百分比（%）	累积百分比（%）	公司总人数	公司性质
元件五厂	13	4.0	67.9	370	国有
元件一厂	11	3.4	71.3	650	国有
中驰电子公司	1	0.3	71.6	320	国有
中国机房设施工程有限公司	1	0.3	71.9	120	国有
中环电工仪表公司	2	0.6	72.5	189	国有
中环电子集团销售公司	2	0.6	73.1	60	国有
中环电子信息集团有限公司	44	13.6	86.7	不详	国有
中环电子仪器公司	5	1.5	88.3	170	国有
中环高科	3	0.9	89.2	1 500	国有
中环华祥	1	0.3	89.5	900	国有
中环数码科技发展有限公司	3	0.9	90.4	26	国有
中环天佳公司	2	0.6	91.0	82	国有
中环天仪股份有限公司	1	0.3	91.4	不详	国有
中环微电机公司	20	6.2	97.5	810	国有
中环信息学院	1	0.3	97.8	120	国有
中环仪表销售公司	3	0.9	98.8	45	国有
中环影像公司	4	1.2	100.0	110	国有
总计	324	100.0			

附录Ⅰ　正式调查样本的组织文化统计结果

表Ⅰ1　正式样本的组织文化统计结果

公司名称（代码）	Cluture1 弹性	Cluture2 控制	Cluture3 外向	Cluture4 内向	type
缺失	24.000 0	25.500 0	25.500 0	24.000 0	
不详	24.090 9	25.272 7	24.363 6	25.000 0	
1	25.000 0	23.500 0	24.000 0	24.500 0	支持
2	28.000 0	28.333 3	28.333 3	28.000 0	效率
3	26.500 0	27.666 7	28.000 0	26.166 7	效率
4	17.000 0	18.000 0	18.000 0	17.000 0	效率
5	25.545 5	25.727 3	26.090 9	25.181 8	效率
6	22.500 0	22.000 0	22.000 0	22.500 0	支持
7	26.000 0	27.833 3	26.166 7	27.666 7	官僚
8	32.000 0	32.000 0	32.000 0	32.000 0	
9	28.000 0	25.000 0	27.000 0	26.000 0	创新
10	31.000 0	32.000 0	32.000 0	31.000 0	效率
11	24.500 0	25.500 0	25.333 3	24.666 7	效率
12	28.000 0	26.000 0	25.000 0	29.000 0	支持
13	26.120 0	27.712 8	27.560 0	26.272 8	效率
14	21.500 0	23.000 0	23.500 0	21.000 0	效率
15	21.000 0	22.000 0	20.000 0	23.000 0	官僚
16	24.500 0	26.166 7	26.166 7	24.500 0	效率
17	31.000 0	33.000 0	31.000 0	33.000 0	官僚
18	25.000 0	24.700 0	25.300 0	24.400 0	创新
19	29.000 0	28.000 0	27.000 0	30.000 0	支持
20	21.000 0	19.000 0	20.000 0	20.000 0	

（续上表）

公司名称（代码）	Cluture1 弹性	Cluture2 控制	Cluture3 外向	Cluture4 内向	type
21	27.000 0	26.999 5	29.000 0	24.999 5	创新
22	21.000 0	24.000 0	22.000 0	23.000 0	官僚
23	27.000 0	30.000 0	28.000 0	29.000 0	官僚
24	23.424 5	24.750 0	23.424 5	24.750 0	官僚
25	22.777 8	25.444 4	24.777 8	23.444 4	效率
26	27.000 0	27.000 0	24.000 0	30.000 0	
27	32.000 0	32.000 0	32.000 0	32.000 0	
28	35.000 0	31.000 0	32.000 0	34.000 0	支持
29	33.000 0	33.000 0	34.000 0	32.000 0	
30	27.000 0	31.000 0	30.000 0	28.000 0	效率
31	26.800 0	28.300 0	26.700 0	28.400 0	官僚
32	26.846 2	27.115 4	26.384 6	27.576 9	官僚
33	15.000 0	14.000 0	11.000 0	18.000 0	支持
34	37.000 0	36.000 0	37.000 0	36.000 0	创新
35	33.500 0	33.500 0	33.500 0	33.500 0	
36	30.000 0	32.000 0	31.000 0	31.000 0	
37	27.000 0	29.500 0	30.000 0	26.500 0	效率
38	27.000 0	23.000 0	25.000 0	25.000 0	
39	20.000 0	19.666 7	19.666 7	20.000 0	支持
40	27.058 8	27.470 6	27.294 1	27.235 3	效率
41	38.000 0	38.000 0	37.000 0	39.000 0	
42	23.111 1	22.000 0	22.111 1	23.000 0	支持
43	26.384 6	25.923 1	26.076 9	26.230 8	支持
44	26.545 5	26.909 1	26.727 3	26.727 3	效率
45	25.000 0	23.000 0	22.000 0	26.000 0	支持
46	29.000 0	28.000 0	28.000 0	29.000 0	支持

（续上表）

公司名称（代码）	Cluture1 弹性	Cluture2 控制	Cluture3 外向	Cluture4 内向	type
47	22. 500 0	21. 000 0	22. 000 0	21. 500 0	创新
48	19. 500 0	21. 000 0	20. 500 0	20. 000 0	效率
49	27. 909 1	28. 232 8	27. 624 6	28. 517 3	官僚
50	23. 800 0	25. 600 0	24. 200 0	25. 200 0	官僚
51	26. 333 3	29. 333 3	29. 333 3	26. 333 3	效率
52	25. 000 0	25. 000 0	26. 000 0	24. 000 0	
53	25. 272 4	25. 666 7	25. 000 0	25. 939 0	官僚
54	29. 000 0	29. 000 0	29. 500 0	28. 500 0	
55	21. 000 0	18. 000 0	18. 000 0	21. 000 0	支持
56	25. 750 0	25. 450 0	25. 750 0	25. 450 0	创新
57	32. 000 0	32. 000 0	32. 000 0	32. 000 0	
58	17. 333 3	16. 000 0	16. 333 3	17. 000 0	支持
59	19. 000 0	19. 250 0	19. 000 0	19. 250 0	官僚
Total	25. 896 7	26. 386 0	26. 105 5	26. 177 1	官僚

附录 J　层级回归分析的结果

表 J1　控制人口变量后组织变量对职业弹性的回归分析结果

Model		非标准系数		标准系数			共线性	
		B	*Std. Error*	*β*	*t*	*Sig.*	*Tolerance*	*VIF*
1	Constant	72.449	3.499		20.704	0.000		
	性别	0.243	1.200	0.012	0.203	0.839	0.928	1.078
	教育 1	0.621	3.535	0.019	0.176	0.861	0.289	3.462
	教育 2	-0.395	3.118	-0.018	-0.127	0.899	0.158	6.325
	教育 3	-0.172	3.087	-0.009	-0.056	0.956	0.138	7.227
	教育 4	0.124	4.243	0.002	0.029	0.977	0.484	2.064
	换职业	-0.442	1.702	-0.017	-0.260	0.795	0.749	1.336
	换组织	1.271	1.486	0.058	0.855	0.393	0.722	1.384
	管理级别 1	1.674	1.411	0.082	1.187	0.236	0.698	1.433
	管理级别 2	0.799	2.655	0.022	0.301	0.764	0.621	1.610
	管理领域 1	0.502	2.061	0.018	0.243	0.808	0.606	1.650
	管理领域 2	0.351	2.120	0.012	0.166	0.868	0.658	1.520
	管理领域 3	3.491	1.787	0.155	1.954	0.052	0.525	1.904
	管理领域 4	-1.173	2.209	-0.038	-0.531	0.596	0.649	1.541
	管理领域 5	4.011	2.031	0.146	1.975	0.049	0.603	1.659
	年龄	-0.480	0.406	-0.091	-1.183	0.238	0.561	1.784
2	Constant	41.850	4.196		9.974	0.000		
	性别	0.774	1.031	0.038	0.751	0.453	0.913	1.096
	教育 1	2.062	3.077	0.062	0.670	0.503	0.277	3.615
	教育 2	1.066	2.727	0.049	0.391	0.696	0.150	6.666
	教育 3	1.021	2.674	0.051	0.382	0.703	0.134	7.471
	教育 4	-0.420	3.661	-0.008	-0.115	0.909	0.472	2.117

（续上表）

Model		非标准系数		标准系数			共线性	
		B	*Std. Error*	*β*	*t*	*Sig.*	*Tolerance*	*VIF*
2	换职业	-0.748	1.454	-0.029	-0.515	0.607	0.745	1.343
	换组织	1.490	1.271	0.068	1.172	0.242	0.717	1.395
	管理级别1	0.660	1.214	0.032	0.544	0.587	0.684	1.461
	管理级别2	-1.184	2.291	-0.032	-0.517	0.606	0.606	1.651
	管理领域1	2.460	1.798	0.088	1.368	0.172	0.578	1.732
	管理领域2	1.306	1.832	0.044	0.713	0.476	0.639	1.564
	管理领域3	1.383	1.555	0.061	0.889	0.375	0.503	1.987
	管理领域4	-0.713	1.912	-0.023	-0.373	0.709	0.628	1.591
	管理领域5	0.055	1.796	0.002	0.030	0.976	0.559	1.788
	年龄	-0.034	0.358	-0.006	-0.095	0.924	0.521	1.918
	上司支持	0.365	0.121	0.216	3.016	0.003	0.465	2.151
	组织职业	0.294	0.102	0.189	2.871	0.004	0.552	1.813
	同事支持	1.114	0.334	0.240	3.337	0.001	0.463	2.161
	组织规模	0.002	0.001	0.096	1.831	0.068	0.863	1.158

注：因变量为职业弹性；Model1 的 R^2 为 0.048，Model2 的 R^2 为 0.319，两模型的 ΔR^2 为 0.271、ΔF 为 28.314（$p<0.01$）。

表 J2 控制人口变量后个体变量对职业弹性的回归分析结果

Model		非标准化		标准化			共线性	
		B	*Std. Error*	*β*	*t*	*Sig.*	*Tolerance*	*VIF*
1	Constant	72.449	3.499		20.704	0.000		
	性别	0.243	1.200	0.012	0.203	0.839	0.928	1.078
	教育1	0.621	3.535	0.019	0.176	0.861	0.289	3.462
	教育2	-0.395	3.118	-0.018	-0.127	0.899	0.158	6.325
	教育3	-0.172	3.087	-0.009	-0.056	0.956	0.138	7.227
	教育4	0.124	4.243	0.002	0.029	0.977	0.484	2.064

（续上表）

Model		非标准化		标准化			共线性	
		B	*Std. Error*	*β*	*t*	*Sig.*	*Tolerance*	*VIF*
1	换职业	-0.442	1.702	-0.017	-0.260	0.795	0.749	1.336
	换组织	1.271	1.486	0.058	0.855	0.393	0.722	1.384
	管理级别 1	1.674	1.411	0.082	1.187	0.236	0.698	1.433
	管理级别 2	0.799	2.655	0.022	0.301	0.764	0.621	1.610
	管理领域 1	0.502	2.061	0.018	0.243	0.808	0.606	1.650
	管理领域 2	0.351	2.120	0.012	0.166	0.868	0.658	1.520
	管理领域 3	3.491	1.787	0.155	1.954	0.052	0.525	1.904
	管理领域 4	-1.173	2.209	-0.038	-0.531	0.596	0.649	1.541
	管理领域 5	4.011	2.031	0.146	1.975	0.049	0.603	1.659
	年龄	-0.480	0.406	-0.091	-1.183	0.238	0.561	1.784
2	Constant	11.960	3.707		3.226	0.001		
	性别	0.766	0.742	0.038	1.032	0.303	0.920	1.088
	教育 1	-0.672	2.210	-0.020	-0.304	0.761	0.280	3.573
	教育 2	-1.376	1.943	-0.064	-0.708	0.479	0.154	6.486
	教育 3	-1.706	1.937	-0.085	-0.881	0.379	0.133	7.509
	教育 4	-0.375	2.619	-0.007	-0.143	0.886	0.482	2.076
	换职业	-0.526	1.049	-0.021	-0.502	0.616	0.746	1.340
	换组织	0.202	0.925	0.009	0.219	0.827	0.707	1.415
	管理级别 1	1.404	0.874	0.068	1.606	0.109	0.690	1.450
	管理级别 2	0.283	1.647	0.008	0.172	0.864	0.612	1.634
	管理领域 1	0.239	1.269	0.009	0.188	0.851	0.606	1.651
	管理领域 2	0.583	1.307	0.019	0.446	0.656	0.656	1.525
	管理领域 3	0.649	1.107	0.029	0.586	0.559	0.518	1.930
	管理领域 4	-0.562	1.375	-0.018	-0.408	0.683	0.634	1.576
	管理领域 5	-0.166	1.274	-0.006	-0.130	0.896	0.580	1.724
	年龄	-0.513	0.250	-0.097	-2.052	0.041	0.560	1.787

（续上表）

Model		非标准化		标准化			共线性	
		B	*Std. Error*	*β*	*t*	*Sig.*	*Tolerance*	*VIF*
2	心理资本	0.772	0.038	0.759	20.328	0.000	0.894	1.118
	关系	0.098	0.192	0.020	0.511	0.609	0.827	1.210
	配偶支持	0.811	0.238	0.131	3.407	0.001	0.845	1.183

注：因变量为职业弹性；Model1 的 R^2 为 0.048，Model2 的 R^2 为 0.643，两模型的 ΔR^2 为 0.595、ΔF 为 158.946（$p<0.01$）。

表 J3 控制人口和组织变量后个体变量对职业弹性的回归分析结果

	Model1		Model2		Model3	
	标准 *β*	*t*	标准 *β*	*t*	标准 *β*	*t*
Constant		20.704**		9.974**		2.723**
性别	0.012	0.203	0.038	0.751	0.033	0.912
教育 1	0.019	0.176	0.062	0.670	-0.033	-0.503
教育 2	-0.018	-0.127	0.049	0.391	-0.085	-0.942
教育 3	-0.009	-0.056	0.051	0.382	-0.092	-0.962
教育 4	0.002	0.029	-0.008	-0.115	-0.022	-0.443
换职业	-0.017	-0.260	-0.029	-0.515	-0.021	-0.534
换组织	0.058	0.855	0.068	1.172	0.013	0.309
管理级别 1	0.082	1.187	0.032	0.544	0.060	1.437
管理级别 2	0.022	0.301	-0.032	-0.517	-0.003	-0.070
管理领域 1	0.018	0.243	0.088	1.368	0.016	0.356
管理领域 2	0.012	0.166	0.044	0.713	0.018	0.419
管理领域 3	0.155	1.954	0.061	0.889	0.006	0.128
管理领域 4	-0.038	-0.531	-0.023	-0.373	-0.029	-0.666
管理领域 5	0.146	1.975*	0.002	0.030	-0.034	-0.741
年龄	-0.091	-1.183	-0.006	-0.095	-0.074	-1.547
上司支持			0.216	3.016**	0.094	1.802

（续上表）

	Model1		Model2		Model3	
	标准 β	t	标准 β	t	标准 β	t
组织职业			0.189	2.871**	-0.046	-0.922
同事支持			0.240	3.337**	0.124	2.424*
组织规模			0.096	1.831	0.006	0.164
心理资本					0.696	15.957**
关系					-0.017	-0.429
配偶支持					0.126	3.314**

注：因变量为职业弹性；Model1 的 R^2 为 0.048，Model2 的 R^2 为 0.319，Model3 的 R^2 为 0.666；Model1 与 Model2 两模型的 ΔR^2 为 0.271、ΔF 为 28.314（$p<0.01$）；Model2 与 Model3 两模型的 ΔR^2 为 0.348、ΔF 为 97.836（$p<0.01$）。

参考文献

1. ［美］艾尔·巴比．社会研究方法基础（第八版）．邱泽奇译．北京：华夏出版社，2002

2. 陈建文，黄希庭．中学生社会适应性的理论构建及量表编制．心理科学，2004，27（1）

3. 陈志成．抗逆力——公务员能力建设的关键．中国行政管理，2005，6（240）

4. 崔丽娟，张高产．积极心理学研究综述——心理学研究的一个新思潮．心理科学，2005（2）

5. 丁亚忠．西方职业韧性研究的启示及培养途径分析．内蒙古科技与经济，2009，182（4）

6. 丁勇刚，黎恒．怎样识别富有适应力的员工．中国人力资源开发，2004（3）

7. 范燕宁．抗逆力在青少年成长过程中的两面性特点——以北京市未成年人社区矫正服刑者的情况为例．中国青年研究，2006（11）

8. 郭志文，B. I. J. M. 范·德·赫登．无边界职业生涯时代的就业能力：一种新的心理契约．心理科学，2006，29（2）

9. 国家统计局人口和就业统计司，劳动和社会保障部规划财务司．中国劳动统计年鉴（2006）．北京：中国统计出版社，2006

10. 国家统计局人口和就业统计司，劳动和社会保障部规划财务司．中国劳动统计年鉴（2007）．北京：中国统计出版社，2007

11. 国家统计局人口和就业统计司．中国人口和就业统计年鉴（2008）．北京：中国统计出版社，2008

12. 侯杰泰，温忠麟，成子娟．结构方程模型及其应用．北京：教育科学出版社，2004

13. 胡月琴，甘怡群．青少年心理韧性量表的编制和效度验证．心理学报，2008，40（8）

14. 蒋建武，赵曙明．心理资本与战略人力资源管理．经济管理，2007（9）

15. 寇冬泉，黄技．提高职业韧性应对教师职业生涯高原．广西师范学

院学报（哲学社会科学版），2008，29（3）

16. ［英］雷蒙·威廉斯．关键词：文化与社会的词汇．刘建基译．北京：生活·读书·新知三联书店，2005

17. 李海垒，张文新．心理韧性研究综述．山东师范大学学报，2006，51（3）

18. 李金珍，王文忠，施建农．积极心理学：一种新的研究方向．心理科学进展，2003，11（3）

19. 李永鑫，佘凌．人格坚韧性与健康关系的研究．心理科学，2004，27（6）

20. ［美］理查德·P. 鲁尼恩，凯·A. 科尔曼，戴维·J. 皮腾杰．行为统计学基础．王星译．北京：中国人民大学出版社，2007

21. 利翠珊．华人婚姻韧性的形成与变化：概念厘清与理论建构．第七届华人心理与行为科际学术研讨会，2004

22. 林瑞蓉．生涯自我效能、生涯复原力与职涯满足关系之研究——以生涯管理行为为中介变项．国立高雄应用科技大学硕士学位论文，2009

23. 刘取芝，吴远．压弹：关于个体逆境适应机制的新探索．湖南师范大学教育科学学报，2005，4（2）

24. 龙立荣，方俐洛，凌文辁．组织职业生涯管理与员工心理与行为的关系．心理学报，2002，34（1）

25. 龙立荣．职业生涯管理的结构及其关系研究．武汉：华中师范大学出版社，2002

26. 卢美月．企业文化、企业培训与组织绩效关系研究——以两岸企业为背景．复旦大学博士学位论文，2006

27. ［美］路桑斯等．心理资本——打造人的竞争优势．李超平译．北京：中国轻工业出版社，2008

28. 施慧琪．成人超越逆境之分析研究．暨南国际大学成人与继续教育研究所硕士学位论文，2003

29. 孙赟．浅谈员工的职业韧性管理．中国商贸，2009（13）

30. 王滨，罗伟．心理弹性发展的研究进展及评述．河南大学学报（社会科学版），2007，47（5）

31. 王雁飞，朱瑜．心理资本理论与相关研究进展．外国经济与管理，2007（5）

32. ［美］威廉·布里奇斯．创建你和你的公司——学做你人生事业的CEO. 王广学等译．北京：中国人民大学出版社，2000

33. 席居哲，桑标，左志宏．心理弹性（resilience）研究的回顾与展望．心理科学，2008，31（4）

34. 席居哲，桑标．心理弹性（resilience）研究综述．健康心理学杂志，2002，10（4）

35. 席居哲．基于社会认知的儿童心理弹性研究．华东师范大学博士学位论文，2006

36. 谢丹．进城务工农民子女自尊发展的心理弹性研究．湖南师范大学硕士学位论文，2006

37. 谢晋宇．人力资源开发概论．北京：清华大学出版社，2005

38. 许诺，凌文辁．初探职业韧性的培养．企业经济，2007（9）

39. 杨从杰，吴兴华，董国峰．管理者的复原力及其开发．人才开发，2005（3）

40. 杨从杰，吴兴华，董国峰．如何开发管理者的复原力．人才资源开发，2005（1）

41. 叶红春．如何发展运用积极心理资本．中国人力资源开发，2004（6）

42. 叶欣怡．回任人员的生涯复原力、组织承诺以及工作满意度之关系研究．大同大学硕士学位论文，2005

43. 于肖楠，张建新．自我韧性量表与 Connor-Davidson 韧性量表的应用比较．心理科学，2007，30（5）

44. 于肖楠，张建新．韧性（resilience）——在压力下复原和成长的心理机制．心理科学进展，2005，13（5）

45. 岳晓东．压弹：大学生心理素质培养的新方向．高校心理健康教育专业化研究——第八届全国高校心理健康教育与心理咨询学术交流会论文集，2004

46. 岳晓东．压弹：心理素质的新概念．教育研究（待发表）

47. 曾守锤，李其维．儿童心理弹性发展综述．心理科学，2003，26（6）

48. 张勉．企业雇员离职意向模型的研究与应用．北京：清华大学出版社，2006

49. 张倩，郑涌．美国积极心理学介评．心理学探新，2003（3）

50. 张文彤．SPSS 11 统计分析教程（高级篇）．北京：北京希望电子出版社，2002

51. 张文彤．SPSS 11 统计分析教程（基础篇）．北京：北京希望电子出版社，2002

52. 郑清祥．企业文化类型、企业战略与财务绩效的关系研究——台湾

制造业实证研究．国立中山大学企业管理研究所硕士学位论文，1991

53. 中研网统计数据库

54. 仲理峰．心理资本对员工的工作绩效、组织承诺及组织公民行为的影响．心理学报，2007（2）

55. 仲理峰．心理资本研究评述与展望．心理科学进展，2007（3）

56. 周碧凤．复原力研究的进展与方向．求索，2004（10）

57. 周文霞．职业成功：从概念到实践．上海：复旦大学出版社，2006

58. 朱森楠．青少年复原力的概念．网址：http：//www. bsjh. hcc. edu. tw/guid/guid3. htm.

59. Altman Dautoff, Diane C. *Exploring individual and organizational resilience as factors in effective transient work teams* (EdD dissertation). Pepperdine University, 2001.

60. Amrani-Cohen, I. R. *Resilience among social workers: A cross-cultural study of Americans and Israelis* (PhD dissertation). Boston College, 1998.

61. Ang, S. H. & Leong, S. M. Out of the mouths of babes: business ethics and youths in Asia. *Journal of Business Ethics*, 2000, 28 (2).

62. Arthur, M. B. & Rousseau, D. M. Introduction: The boundaryless career as a new employment principle. In M. B. Arthur & D. M. Rousseau (Eds.). *The boundaryless career: A new employment principle for a new organizational era.* New York: Oxford University Press, 1996.

63. Barner, R. The new career strategist: career management for the year 2000 and beyond. *The futurist*, 1994, 28 (5).

64. Barnett, M. D. Congress must recognize the need for psychological resilience in an age of terrorism. *Families, Systems & Health*, 2004, 22 (1).

65. Baron, R. M. & Kenny, D. A. The moderator-mediator variable distinction in social psychological research: Conceptual, strategic, and statistical consi derations. *Journal of Personality and Social Psychology*, 1986, 51 (6).

66. Bice, J. How resilient is your career? *National Business Employment Weekly*, 1999 (1).

67. Bickel, J. Career resilience: are you equipped for a long journey? *Academic Physician & Scientist*, 2009 (9/10).

68. Block, J. H. & Block, J. The role of ego-control and ego-resiliency in the organization of bebavior. In W. A. Collins (Ed.). *Minnesota Symposium of Child Psychology.* Hillsdale, NJ: Erlhaum, in press, 1980.

69. Block, J. & Kremen, A. M. IQ and ego-resiliency: Conceptual and empirical connections and separateness. *Journal of Personaliry and Social Psychology*, 1996, 70 (2).

70. Bonanno, G. A. Loss, trauma, and human resilience: Have we underestimated the human capacity to thrive after extremely aversive event? *American Psychologist*, 2004, 69 (1).

71. Borgen, W., Amundson, N. & Reuter, J. Using portfolios to enhance career resilience. *Journal of Employment Counseling*, 2004, 41 (2).

72. Brainerd, K. G. *The application of London's interactive model of career motivation to the professional career nurse* (PhD dissertation). The University of Connecticut, 1992.

73. Bridges, W. *Jobshift: How to prosper in a workplace without jobs.* Reading, MA: Addison-Wesley, 1994.

74. Brown, B. L. *Career resilience.* Columbus. OH: ERIC Clearinghouse on Adult, Career, and Vocational Education, 1996.

75. Byster, D. A critique of career self-reliance. *Career Planning and Adult Development Journal*, 1998, 14 (2).

76. Cameron, K., Dutton, J. & Quinn, R. (Eds.). *Positive organizational scholarship.* San Francisco: Berrett-Koehler, 2003.

77. Carson, K. D. & Bedeian, A. G. Career commitment: Construction of a measure and examination of its psychometric properties. *Journal of Vocational Behavior*, 1994, 44.

78. Caverley, Natasha Mary. *Mapping out occupational resiliency and coping in a public service work setting*? (PhD dissertation). Canada: University of Victoria, 2005.

79. Chang, C. J. *The relationship among corporate culture, career motivation, and organizational identity* (*original in Chinese*) (Unpublished thesis). Da – Yeh University, Chang-Hua, Taiwan, 1995.

80. Collard, B., Epperheimer, J. W. & Saign, D. *Career resilience in a changing workplace.* Columbus, OH: ERIC Clearinghouse on Adult, Career, and Vocational Education, 1996.

81. Conner, D. R. *Managing at the speed of change: How resilient managers succeed and prosper where others fail.* New York: Villard Books, 1993.

82. Connor, K. M. & Davidson, JR. T. Development of a new resilience

scale: The Connor-Davidson Resilience Scale (CD-RISC). *Depression & Anxiety*, 2003, 18 (2).

83. Coutu, D. L. How resilience works. *Harvard Business Review*, 2002, 80 (5).

84. Couzins, M. & Beagrie, S. How to ... become career resilient. *Personnel today*, 2004.

85. Cowan, P. A., Cowan, C. P. & Schulz, Mark S. Thinking about risk and resilience in families. In E. Mavis Hetherington, Elaine A. Blechman (Eds.). *Stress, coping, and resiliency in children and families*. Mahwah, NJ: L. ErLbaum Associates, 1996.

86. Crites, J. O. *Career maturity inventory: Theory and research handbook* (2nd ed.). New York: McGraw – Hill, 1978.

87. Dawis, R. V. & Lofquist, L. H. *A psychological theory of work adjustment*. Minneapolis. MN: University of Minneapolis Press, 1984.

88. Day, R. & Allen, T. D. The relationship between career motivation and self-efficacy with protege career success. *Journal of Vocational Behavior*, 2004, 64 (1).

89. Diener, E., Suh, E., Lucas, E., et al. Subjective well-being: Three decades of progress. *Psychological Bulletin*, 1999, 125 (2).

90. Doe, P. J. Creating a resilient organization. *Canadian Business Review*, 1944 (21).

91. Edwards, J. A cybernetic theory of stress, coping, and well – being in organizations. *Academy of Management Review*, 1992, 17 (2).

92. Edwards, John C. Layoffs and perceived breach of contract: An empirical study on the moderating effect of the ideology of employee self – reliance (PhD dissertation). Southern Illinois University at Carbondale, 2000.

93. Egeland, B., Carlson, E. & Stroufe, L. A. Resilience as a process. *Development and Psychopathology*, 1993 (5).

94. Farh, J. L., Tsui, A. S., Xin, K. R. & Cheng, B. S. The influence of relational demography and guanxi: the Chinese case. *Organization science*, 1998, 9 (2).

95. Fergusson, D. M. & Lynskey, M. T. Adolescent resiliency to family adversity. *Journal of Child Psychology and Psychiatry*, 1996, 37 (3)

96. Fisher, T. A. & Stafford, M. E. *The impact of career and ethnic influences*

on career resilience. Paper presented at the annual meeting of the American Educational Research Association, New Orleans, LA. (ERIC Document Reproduction Service No. ED 442959), 2000.

97. Flach, F. *Resilience: Discovering a new strength at times of stress.* New York: Fawcett Columbine, 1988.

98. FolkMan, S. Positive psychological states and coping with severe stress. *Social Science and Medicine*, 1997, 45 (8).

99. Fourie, C. & Van Vuuren, L. J. Defining and measuring career resilience. *Journal of Industrial Psychology*, 1998, 24 (3).

100. Friborg, O., Hjemdal, O., Rosenvinge, J. H., et al. A new rating scalefor adult resilience: What are the central protective resources behind healthy adjustment? *International Journal of Methods in Psychiatric Research*, 2003, 12 (2).

101. Frost, Pamela. Building career resilience. *Training & Development in Australia*, 2008, 12 -13.

102. Fu, H. *The relationships among career barriers, career motivation, and coping strategies of young female employees (original in Chinese)* (Unpublished thesis). National Chengchi University, Taipei, Taiwan, 2001.

103. Garmezy, N. Children under stress: perspectives on Antecedents and correlates of vulnerability and resistance to psychopathology. In A. I. Rabin, J. Arnoff, A. M. Barclay, and R. A. Zucker (Eds.). *Further Explorations in Personality.* New York: John Wiley and Sons, 1981.

104. Gest, S. D., Reed, M. G. J. & Masten, A. S. Measuring developmental changes in exposure to adversity: A life chart and rating scale approach. *Developmental and Psychopathology*, 1999 (11).

105. Glantz, M. D. & Johnson, J. R. (Eds.). *Resilience and development: Positive life adaptations.* New York: Plenum, 1999.

106. Gould, S. Characteristics of career planners in upwardly mobile organizations. *Academy of management Journal*, 1979, 22 (3).

107. Gowan, M. A., Craft, S. L. S. & Zimmermann, R. A. Response to work transitions by United States Army personnel: Effects of self-esteem, self-efficacy, and career resilience. *Psychological Reports*, 2000, 86 (3).

108. Greenhaus, J. H., Parasuraman, S. & Wormley, W. M. Effects of race on orga nizational experiences, job-performance evaluations, and career outcomes.

Academy of Management Journal, 1990, 33 (1).

109. Greifer, A. N. *Occupational resilience: protective factors among clinical social workers* (PhD dissertation). Michigan State University, 2004.

110. Griffith, C. Building a resilient work force. *Training*, 1998, 35 (2).

111. Grzeda, M. & Prince, J. B. Career motivation measures: A test of convergent and discriminant validity. *The International Journal of Human Resource Management*, 1997, 8 (3).

112. Gu, Q. & Day, C. Teachers resilience: a necessary condition for effectiveness. *Teaching and Teacher Education*, 2007, 23 (8).

113. Hagevik, S. Career Consultant resilience required. *Journal of Environmental Health*, 1998, 60 (10).

114. Hall, D. T. & Associates. *The career is dead: Long live the career.* San Francisco: Jossey-Bass, 1996.

115. Hall, D. T. *Breaking career routines: midcareer choice and identity development.* In: Hall, D. T. & Associates (Eds.) . Career Development in organizations. San Francisco: Jossey-Bass, 1986.

116. Hall, D. T. Careers and socialization. *Journal of Management*, 1987, 13 (2).

117. Hall, D. T. Protean careers of the 21st century. *Academy of management executive*, 1996, 11 (1).

118. Hall, M. J. *The pilot test of the London career motivation inventory* (PhD dissertation). George Mason University, 1990.

119. Handy, C. *The age of unreason.* Boston: Harvard Business School Press, 1990.

120. Heppner, P. P. & Heppner, M. J. *Writing your thesis, Dissertation & Research.* Singapore: Cengage Learning Asia Pte Ltd, 2009.

121. Higgins, G. O. *Resilient adults: Overcoming a cruel past.* San Francisco: Jossey-Bass. Inc. , 1994.

122. Hills, A. Revisiting institutional resilience as a tool in crisis management. *Journal of Contingencies and Crisis Management*, 2000, 8 (2).

123. Hind, P. , Frost, M. & Rowley, S. The resilience audit and the psychological contract. *Journal of Managerial Psychology*, 1996, 11 (7).

124. Hively, Jocelyn Dilano. *Resilience among school psychologists: Applying positive psychology to burnout prevention* (MS dissertation). California State Unvi-

ersity, Fresno, 2003.

125. Hopper, Ginny. Building career resilience-should employers get involved? *Human Resources Magazine*, 2007/2008, 12 (5).

126. Isaacs, A. J. *An investigation of attributes of school principals in relation to resilience and leadership practices* (PhD dissertation). The Florida State University, 2003.

127. Johansen, R. & Swigart, R. *Upsizing the individual in the downsized organization.* Reading, MA: Addison – Wesley, 1994.

128. Jones, Shauna Leigh. *Fostering resilience and self-reliance in employees in a contingent work environment* (MA dissertation). Canada : Royal Roads University, 2002.

129. Kakabadse, N. & Kakabadse, A. Enhancing career resilience: The new psychological contract. *Journal of Management Development*, 2000, 19 (8).

130. Kaplan, H. B. Toward an understanding of resilience: A critical review of definitions and models. In M D Glantz & J R Johnson (Eds.). *Resilience and development: Positive life adaptations.* New York: Plenum, 1999.

131. Kaye, B. L. & Farren, C. Up is not the only way. *Training and Development*, 1996, 50 (2).

132. Kidd, J. M. & Smewing, C. The role of the supervisor in career and organizational commitment. *European Journal of Work and Organizational Psychology*, 2001, 10 (1).

133. Kirk, Janis Foord. Resolve to build career resilience. *Toronto Star* (Canada), 12/31/2005.

134. Klarreich, S. Resiliency: The skills needed to move forward in a changing environment. In S. Klarreich (Ed). *Handbook of organizational health psychology: Programs to make the workplace healthier.* Madison, CT: Psychosocial Press, 1998.

135. Kobasa, S. C., Maddi, S. R. & Kahn, S. Hardiness and health: A prospective study. *Journal of Personality and Social Psychology*, 1982, 42 (1).

136. Kobasa, S. C. Stressful life events, personality and health: an inquiry into hardiness. *Journal of Personality and Social Psychology*, 1979, 37 (1).

137. Kobasa, S. C. Commitment and coping in stress resistance among lawyers. *Journal of Personality and Social Psychology*, 1982, 42 (4).

138. Kobasa, S. C., Maddi, S. R., Pucccetti, M. C., et al. Effectiveness of

hardiness, exercise, and social support asresources against illness. *Journal of Psychosomatic Research*, 1985, 29 (5).

139. LaMarch, J. The resilient worker: Employees who can cope with change. *Hospital Material Management Quarterly*, 1997, 19 (2).

140. Leung, A. S. M. & Clegg, S. R. The career motivation of female executives in the Hong Kong public sector. *Women in management review*, 2001, 16 (1).

141. Leynes, S. V. *Resilience factors of advertising sales representatives* (PhD dissertation). Capella University, 2005.

142. Lin, W. F. *The study of undergraduate students' career commitment and the effect of group intervention* (*original in Chinese*) (Unpublished dissertation). The National Taiwan Normal University, Taipei, Taiwan, 1997.

143. Liu, Yu-Ching. *Relationships between career resilience and career beliefs of employees in Taiwan* (PhD dissertation). Texas A&M University, 2003.

144. London, M. & Mone, E. M. *Career management and survival in the workplace.* San Francisco: Jossey-Bass, 1987.

145. London, M. & Bray, D. W. Measuring and developing young managers' career motivation. *Journal of Management Development*, 1984, 3 (3).

146. London, M. & Noe, R. A. London's career motivation theory: An update on measurement and research. *Journal of Career Assessment*, 1997, 5 (1).

147. London, M. & Smither, W. Career-related continuous learning: Defining the construct and mapping the process. *Research in Personnel and Human Resources Management*, 1999 (17).

148. London, M. Career motivation of full-and part-time workers in mid and late career. *International Journal of Career Management*, 1993a, 5 (1).

149. London, M. Overcoming career barriers: A model of cognitive and emotional processes for realistic appraisal and constructive coping. *Journal of Career Development*, 1997, 24 (1).

150. London, M. Relationships between career motivation, empowerment and support for career development. *Journal of Occupational and Organizational Psychology*, 1993b, 66 (1).

151. London, M. Toward a theory of career motivation. *Academy of Management Review*, 1983, 8 (4).

152. London, M. Organizational support for employees' career motivation: a

guide to human resource strategies in changing business conditions. *Human resource planning*, 1988 (11).

153. Lopes, Tobin. *Differences in dimensions of career motivation between international and domestic graduate students by age and gender* (PhD dissertation). The Pennsylvania State University, 2006.

154. Luthans, F. & Youssef, C. M. Human, social and now positive psychological capital management: Investing in people for competitive advantage. *Organizational Dynamics*, 2004, 33 (2).

155. Luthans, F. Luthans, K. W., Hodgetts, R. M. & Luthans, B. C. Positive approach to leadership (PAL): Implications for today's organizations. *The Journal of Leadership Studies*, 2002 (8).

156. Luthans, F. Luthans, K. & Luthans, B. Positive psychological capital: Going beyond human and social capital. *Business Horizons*, 2004, 47 (1).

157. Luthans, F. Positive organizational behavior: Developing and managing psychological strengths. *Academy of Management Executive*, 2002b, 16 (1).

158. Luthans, F. The need for and meaning of positive organizational behavior. *Journal of Organizational Behavior*, 2002a, 23 (63).

159. Luthar, S. S. Annotation: Methodological and conceptual issues in research on childhood resilience. *Journal of Child Psychology and Psychiatry*, 1993, 34 (4).

160. Luthar, S. S. Cicchetti, D. & Becker, B. The construct of resilience: A critical evaluation and guidelines for future work. *Child Development*, 2000, 71 (3).

161. Masten, A. S. & Coastworth, J. D. The development of competence in favorable and unfavorable environments: Lessons from successful children. *American Psychologist*, 1998, 53 (2).

162. Masten, A. S. & Reed, M. G. J. Resilience in development. In C. R. Snyder & S. Lopez (Eds.). *Handbook of positive psychology*. Oxford, UK: Oxford University Press, 2002.

163. Masten, A. S. Ordinary magic: Resilience processes in development. *American Psychologist*, 2001, 56 (3).

164. McDougall, Mary P. *The impact of adding personal counseling to traditional career services for unemployed middle-aged adults* (PhD dissertation). Wayne State Universtiy, 2002.

165. Miles, D. C. *How successful executives respond: a phenomenological study of unplanned career transition* (PhD dissertation). The George Washington University, 2002.

166. Miles, R. E. & Snow, C. C. Twenty-first century careers. In M. B. Arthur & D. M. Rousseau (Eds.). *The boundaryless career: A new employment principle for a new organizational era.* New York: Oxford University Press, 1996.

167. Mirvis, P. H. & Hall, D. T. Psychological success and the boundaryless career. In Arthur, M. B. & Rousseau, D. M. (Eds.). *The boundaryless career: A new employment principle for a new organizational era.* New York: Oxford University Press, 1996.

168. Mitchell, K. E. *The effects of cognitive restructuring and instruction in problem solving on anxiety experienced by adults considering a midlife career change* (PhD dissertation). University of San Francisco, 1993.

169. Newman, R. APA's resilience initiative. *Professional Psychology, Research and Practice*, 2005, 36 (3).

170. Noe, R. A., Noe, A. W. & Bachhuber, J. A. An investigation of the correlations of career motivation. *Journal of Vocational Behavior*, 1990, 37 (3).

171. Noordin, F., Williams, T. & Zimmer, C. Career commitment in collectivist and individualist cultures: A comparative study. *Journal of Human Resource Management*, 2002, 13 (1).

172. Operation ABLE of Michigan. *Building career and organizational resilience: An evaluation of the Operation ABLE of Michigan Kellogg career resiliency/lifelong learning project*, 1996 – 2001, Michigan, MI: Author, 2001.

173. Pazy, A. Joint responsibility: the relationships between organizational and individual career management and the effectiveness of careers. *Group and organization studies*, 1988 (13).

174. Polk, Laura V. *Development and validation of the Polk Resilience Patterns Scale* (D. N. Sc. dissertation). The Catholic University of America, 2000.

175. Price, J. L. Handbook of organizational measurement. *International Journal of Manpower*, 1997, 18 (4 – 6).

176. Pulley, Mary Lynn. *Beyond the corporate box: Exploring career resilience* (EdD dissertation). Peabody College for Teachers of Vanderbilt University, 1995.

177. Reivich, K. & Shatté, A. *The resilience factor.* New York: Broadway Books, 2002.

178. Reynolds, A. J. & Ou, S. R. Promoting resilience through early childhood intervention. In: S. S. Luthar (Ed.). *Resilience and vulnerability: Adaptation in the context of childhood adversities.* New York: Cambridge University Press, 2003.

179. Rickwood, R. R., Roberts, J., Batten, S. & Massie, K. Empowering high-risk clients to attain a better quality of life: a career resiliency framework. *Journal of employment counseling*, 2004, 41 (3).

180. Roman-Oertwig, Sandra. *Teacher resilience and job satisfaction* (edD dissertation). The University of North Carolina at Chapelhill, 2004.

181. Rutter, M. Resiliene Reconsidered: Concoptual considerations, empirical findings, and policy implications. In: J. P. Shonroff, S. J. Meisels (Eds.). *Handbook of Early Childhood Intervention.* Cambridge University Press, 2000.

182. Rutter, M. Psychosocial resilience and protective mechanisms. *American Journal of Orthopsychiatry*, 1987, 57 (3).

183. Rutter, M. Resilience: Some conceptual considerations. *Journal of Adolescent Health*, 1993 (14).

184. Sampson, R. J. & Laub, J. H. Socioeconomic achievement in the life course of disadvantaged men: Military service as a turning point, circa 1940—1965. *American Sociological Review*, 1996 (61).

185. Sandra, Roman-Oertwig. *Teacher resilience and job satisfaction* (PhD dissertation). University of North Carolina at Chapel Hill, 2004.

186. Schein, E. H. *Career survival: strategic job and role planning.* San Diego, CA: Pfeiffer & Co., 1993.

187. Schein, E. H. *Organizational psychology.* Englewood Cliffs, NJ: Prentice-Hall, 1965.

188. Scoble, K. B. *Career resilient characteristics and commitment among registered nurses: Predictors of organizational and professional retention* (PhD dissertation). Columbus University, 1991.

189. Seligman, M. & Csikszentmihalyi, M. Positive Psychology: an Introduction. *American Psychologist*, 2000, 55 (1).

190. Shores, Eleanor Karen Uber. *The development of a measure to assess core resilience in adults* (PhD dissertation). The University of Utah, 2004.

191. Stumpf, S. A. Choosing career management practices to support your business strategy. *Human Resource Planning*, 1988, 11 (1).

192. Sturges, J., Conway, N. & Liefooghe, A. What's the deal? An exploration of career management behavior in Iceland. *The International Journal of Human Resource Management*, 2008, 19 (4).

193. Sturges, J. All in a day's work: Career self-management and the management of the boundary of work and non – work. *Human Resource Management Journal*, 2008, 18 (2).

194. Sullivan, S. E. The changing nature of careers: a review and research agenda. *Journal of Management*, 1999, 25 (3).

195. Szymanski, Edna Mora. Disability, job stress, the changing nature of careers, and the career resilience portfolio. *Rehabilitation Counseling Bulletin*, 1999, 42 (4).

196. Taylor, Lynn Marie. *The relation between resilience, coaching, coping skills training, and perceived stress during a career-threatening milestone* (PhD dissertation). Georgia State Universtiy, 1997.

197. Tsang & Eric, W. K. Can Guanxi be a source of sustained competitive advantage for doing business in China? *Academy of Management Executive*, 1998, 12 (2).

198. Tsui, A. S. & Farh, J. L. Where Guanxi matters: relational demorgraphy and Guanxi in the Chinese context. *Work and Occupations*, 1997, 24 (1).

199. Wagnild, G. M, Young, H. M. Development and psychometric evaluation of the resilience scale. *Journal of Nursing Measurement*, 1993, 1 (2).

200. Waterman, R. H., Waterman, J. A. & Collard B. A. Toward a career-resilient workforce. *Harvard Business Review*, 1994, 72 (4).

201. Webster's New Collegiate Dictionary, 1981.

202. Werner, E. E. & Smith, R. S. *Overcoming the odds: High risk children from birth to adulthood.* Ithaca, NY: Cornell University Press, 1992.

203. Werner, E. E. Resilience in development. *Current Directions in Psychological Science*, 1995 (4).

204. Werner, E. E. Risk, resilience, and recovery: Perspectives from the Kauai Longitudinal Study. *Development and Psychopathology*, 1993, 5 (4).

205. Werner, E. S. & Smith, R. S. *Vulnerable but invincible: A longitudinal study of resilient children and youth.* New York: Adams, Bannister, and Cox, 1982.

206. Wessels, Francois. *Career resilience: A pastoral narrative approach* (MTh

dissertation). South Africa: University of South Africa, 2000.

207. Wolf, G., London, M., Casey, J. & Pufahl, J. Career experience and motivation as predictors of training behaviors and outcomes for displaced engineers. *Journal of Vocational Behavior*, 1995, 47 (3).

208. Wolin, S. J. & Wolin, S. Project Resilience. Website: http://www.projectresilience.com.

209. Wolin, S. J. & Wolin, S. *The Resilient Self: How survivors of troubled families rise above adversity.* New York: Villard Books, 1993.

210. Woodd, M. The move towards a different career pattern: Are women better prepared than men for a modern career? *Career Development International*, 2000, 5 (2).

211. Worline, M. C., Dutton, J. E., Frost, P. J., Kanov, J. & Maitlis, S. *Creating fertile soil: The organizing dynamics of resilience.* Paper presented at the Academy of Management, Organizational Behavior Division, national meeting. Denver, CO., 2002.

212. Wright, M. O. & Masten, A. S. Resilience processes in development. In: S. Goldstein, R. B. Brooks (Eds.). *Handbook of Resilience in Children.* Kluwer Academic/Plenum Publishers, 2005.

213. Yates, T. M. & Masten, A. S. Fostering the future: Resilience theory and the practice of positive psychology. In: Linley PA, Joseph, S. (Eds.) *Positive psychology in practice.* Hoboken. NJ: John Wiley and Sons, 2004.

214. Youssef, C. M. & Luthans, F. Positive Organizational Behavior in the Workplace: The Impact of Hope, Optimism, and Resilience. *Journal of Management*, 2007, 33 (5).

215. Youssef, C. M. *Resiliency development of organizations, leaders and employees: Multi-level theory building and individual-level, path-analytical empirical testing* (PhD dissertation). University of Nebraska, 2004.

216. Zunz, S. Resiliency and burnout: Protective factors for human service managers. *Administration in Social Work*, 1998, 22 (3).